수학 자기주도학습 지도 전략

＊ 초등학교 편 ＊

수학 자기주도학습 지도 전략

* 초등학교편 *

전도근 · 도기섭 · 김경애 · 김영이 · 김윤선 공저

학지사

머리말

수학은 인류 역사와 더불어 인간의 지적 노력에 의해서 만들어진 논리적인 체계로 구성된 정신적인 창조물이다. 수학은 물건을 헤아리거나 측정하는 것에서 시작되는 수(數) · 양(量)에 관한 학문이다. 수학은 수학에 관심을 가진 사람들의 호기심에서 출발하여 새로운 이론을 만들고 개념을 정리하고 오늘날 우리가 만든 공식으로 정립되었다. 수학은 인류의 역사상 가장 오래전부터 발달해 온 학문으로 사회생활을 하는 데도 필요하지만 과학이나 다른 학문을 공부하는 데 기본이 되는 학문이다. 따라서 수학의 발전은 국가 발전에 기여하기도 하지만 개인적으로는 논리적 · 추상적 · 창의적인 사고력을 높이고, 비판적인 능력, 형식화하는 능력, 분석 · 종합하는 능력을 높일 수 있다.

우리의 수학 교육은 주로 교과서나 학습지에 제공된 내용만을 기계적으로 학습하거나 풀도록 하고, 그에 대한 답이 옳고 그름만을 판단하는 교육이 주를 이루고 있다. 이로써 학생들은 수학이 주는 장점을 배우는 것이 아니라 문제해결이라는 목적을 위한 테크닉만을 배우게 된다. 이러한 현상은 학생들에게 수학은 무조건 싫거나, 복잡하거나, 지겹거나, 어렵다는 신념을 가지게 하고 있다. 더욱이 수학을 잘하는 것은 특별한 사람만의 능력이라고 생각하는 경우도 있으며, 수학을 암기과목으로 생각하는 경우도 많다. 이와 같은 학생들의 그릇된 신념은 수학을 가르치는 교사나 수학 교수법에 의해 많은 영향을 받는 것으로 알려지고 있다. 결국 수학에 대한 긍정적인 신념이나 부정적인 신념은 수학을 누가, 어떻게, 가르치느냐에 달려 있다고 할 수 있다.

수학 교육은 학생들이 초등학교에 입학하면서 체계적인 교육을 받으며 시작된다. 따라서 초등학교에서 처음 만나는 수학에 대한 첫인상과 신념은 평생 수학 성적을 결정한다고 해도 과언이 아니다. 이에 따라 평생 수학에 대한 긍정적인 신념을 가지게 하기 위해서는 초등학교에서부터 학생들이 흥미를 느끼고 자기주도적으로 학습할 수 있도록 해 주어야 한다.

이 책은 엄마 입장에서 학생들이 수학을 학습할 때 수학에 대하여 긍정적인 신념을 갖게 하고, 자기주도적으로 학습하는 능력을 길러 주는 데 의의가 있다 하겠다. 이 책이 수학으로 인하여 고통받고 있는 학생들에게 행복한 마음을 갖게 하고, 수학에 대한 그릇된 신념을 가진 학생들에게 수학에 대한 올바른 신념을 갖게 하는 계기가 되기를 바란다.

2013년 3월

저자 일동

차례

CONTENTS

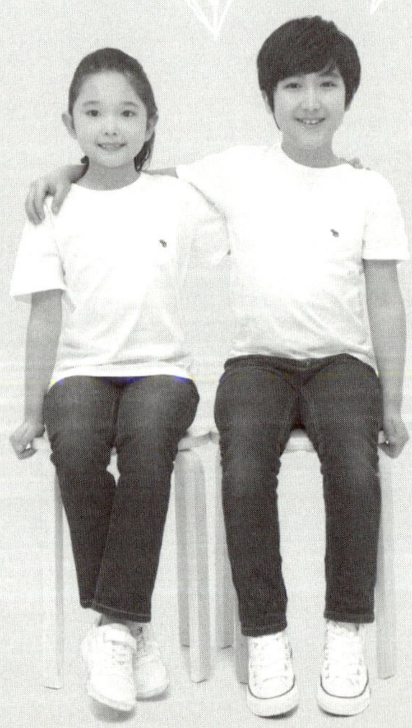

3 1학년, 수학에 호기심을 갖게 한다

4 2학년, 곱셈과 친숙하게 한다

5 3학년, 나눗셈에 주목하라

8 6학년, 소수에 집중하라

이 책의 활용법

이 책은 학원을 다니지 않고 자기주도적으로 수학을 공부할 수 있도록 다양한 프로그램으로 구성되어 있다. 이 책은 학생들이 수학을 무조건 싫어하거나, 복잡하게 생각하거나, 지겹게 생각하거나, 어렵게 생각하는 신념을 바꾸는 데 목적을 두고 있다. 또한 수학에 대해서 잘못된 생각을 가진 학생들에게 수학에 대한 올바른 이해를 갖게 하는 데 있다.

이 책은 수학 공부를 무엇을, 어떻게 해야 하는지 모르는 학생들에게 수학에 대해서 친해지고, 흥미를 갖게 하고 수학의 기초를 튼튼하게 하여 중학교, 나아가 고등학교에서도 수학 공부에 대한 긍정적인 생각과 적극적인 태도를 길러 좋은 성적을 유지하는 데 도움을 줄 것이다.

아이가 스스로 공부하고 엄마가 즐겁게 도와주는 자기주도학습이 되려면 아이에게 단순히 수학 문제 풀이에 대한 지식을 전달하는 것이 아니라 다양한 수학 공부 방법을 알려 주어야 한다. 수학 공부 방법을 알려 준다는 것은 아이가 수학에 대한 흥미를 유발하고 수학이 친숙해져 스스로 공부할 수 있는 습관을 만드는 데 중요하다. 수학에 대한 공부 방법을 지도하기 위해서는 다음을 염두에 두어야 한다.

- 수학은 연속적인 것이므로 각 단계는 연계성이 있도록 지도해야 한다.
- 학년별로 학생들의 지적 수준에 맞게 동기 유발을 할 수 있도록 지도해야 한다.
- 같은 단계라고 해도 아이의 수준이 높으면 보충 · 심화 학습을 하도록 지도해야 한다.
- 수학 공부에 대한 주도권은 아이가 가지고 학습 활동에 적극적으로 참여하도록 하고, 엄마는 학생들의 조력자 역할을 해야 한다.

- 엄마와 아이 간에는 다양한 활동을 전개하여 충분한 의사소통을 해야 한다.
- 개인차에 따라 학습시간이나 학습량을 선택할 수 있도록 지도해야 한다.
- 아이가 중간에 포기하지 않도록 지도해야 한다.
- 각 단계별로 아이의 성취 기준을 정하고, 성취 기준에 도달하지 못하면 보충 학습을 해야 한다.
- 이전 단계에서 배운 내용은 반복 학습을 통해 내면화하게 하고 자연스러운 표현을 할 수 있도록 해야 한다.
- 아이가 다음 단계로 전환하지 못할 때는 학습 결손 요인을 파악하여 문제를 해결할 수 있도록 지도해야 한다.

1

초등 수학이 평생 수학 성적을 결정한다

1

초등 수학이
평생 수학 성적을
결정한다

1 수학, 왜 중요하지

수의 시작

수학은 물건을 헤아리거나 측정하는 것에서 시작되는 수(數)·양(量)에 관한 학문으로 다른 학문의 기초가 되기도 하며, 인류 역사상 가장 오래전부터 발달해 온 학문이다. 수학의 역사는 인류의 역사와 더불어 오래되었다고 볼 수 있다. 수학은 교역·분배·과세 등 인류의 사회생활에 필요한 모든 계산을 담당해 왔으며, 농경생활에 필수적인 천문 관찰과 역(曆)의 제정, 토지의 측량 등에 직접적으로 관여해 왔다. 수학이 학문 또는 과학으로서 주목된 것은 고대 그리스(희랍)시대, 대체로 서력 기원 6세기경이라고 볼 수 있다. 물론 그 이전에도 일찍 문명의 꽃을 피운 고대의 인도·중국·바빌로니아·이집트 등에서는 수학을 발판삼아 놀랄 만한 문화가 발달하였지만 체계적인 수학으로 자리매김을 한 것은 고대 그리스시대부터라고 할 수 있다.

고대 그리스 철학자 플라톤은 자신이 세운 대학의 정문에 '기하학을 모르는 자는 들어오지 말라' 라는 현판을 걸었을 뿐만 아니라, 국가를 통치할 사람은 20세부터 30세까지 10년간 수학을 공부하도록 법률로 정해야 한다고 주장하기까지 했다. 플라톤은 지혜를 사랑하는 사람이 국가를 통치해야 한다는 이상국가론을 주장했는데, 지혜로운 사람은 수학을 많이 공부한 사람이라는 것이다. 결국 플라톤은 수학을 많이 공부한 사람이 지혜로운 사람이고, 수학 지식을 많이 가진 사람이 국가를 통치해야 한다고 생각하였다.

고대 그리스 시대의 수학은 탈래스, 아르키메데스, 피타고라스 등 위대한 수학자들에 의하여 발전했다. 특히 고대 수학은 수학의 아버지라 부르는 피타고라스에 와서 체계화

되어 빛을 보기 시작하였다. 피타고라스는 '직각삼각형의 정리'를 '피타고라스의 정리'라고 하였는데, 이는 수학 부분에서 최초의 '증명'이었다. 즉, 피타고라스는 논리적 증명이라는 개념을 처음으로 도입하여 기술에 가까웠던 산술이나 측량술을 수학의 차원으로 끌어올린 사람이고, 그래서 그를 '수학의 아버지'라고 부르는 것이다.

사람들은 연산기호가 수학이라는 학문이 생겼을 때부터 있었을 것이라고 생각하는데, +, −, ×, ÷ 같은 연산기호는 지금으로부터 500년 전쯤 콜럼버스가 대서양으로 항해를 시작한 때 만들어진 것이다. 날씨가 갑자기 변하거나 높은 파도로 암초들이 잘 안 보이는 넓은 대양에서 안전한 항해를 위해서는 빠른 계산이 필요했고, 그러한 이유로 +, −, ×, ÷ 같은 연산 기호가 탄생하였다. 복잡하고 귀찮은 계산을 처리하기 위해서 '계산사'라고 하는 계산 전문가가 생겨나기도 하였다.

근대에 들어서 나폴레옹은 수학이 나라를 부강하게 한다는 부국론을 펴고 입학시험으로 수학을 치렀으며, 수학자를 총리로 임명할 정도로 수학의 가치를 높이 평가했다. 현대에 들어와서는 현대 수학의 아버지인 힐베르트는 다른 학자들이 당연하게 생각해서 관심을 갖지 않거나, 너무 어려워서 연구를 꺼리던 수학의 기초 이론을 재검토하여 훨씬 단순하고 단단한 논리로 무장시켰다. 특히 힐베르트의 노력으로 수학의 학문적 기초가 튼튼해졌고, 수학을 이용해서 학문을 하는 물리학이나 통계학, 논리학 등 다른 분야들도 도움을 받게 되었다.

수학의 중요성을 더욱 인식하게 된 것은 제2차 세계대전 때부터라고 할 수 있다. 그전에는 기하학과 천문학과 더불어 발전하던 것이 제2차 세계대전을 맞으면서 적군의 암호를 알아 내는 암호학과 핵무기 개발을 위한 물리학의 발전을 위해 수학의 발전이 꼭 필요하다고 인식하였기 때문이다. 특히 미국은 세계적인 수학자와 물리학자를 대거 양성

하여 활용하였다.

세계 최대 부호인 미국 마이크로소프트(MS)의 빌 게이츠 회장이 하버드 대학교 법대로 입학하였지만 수학의 중요성을 깨닫고 수학과로 전과한 것을 아는 사람들은 많지 않다. 게이츠는 수학적 사고력을 발휘하여 MS를 설립하였으며 그가 집필한 저서들을 보면 수학적 사고력 · 상상력의 중요성이 잘 드러난다. 빌 게이츠는 앞으로 더욱 가속화될 혁신시대에 살아남기 위하여 수학교육을 더욱 강조하여야 한다고 주장했다.

이처럼 수학은 자체만으로도 가치가 있는 학문이지만, 인문 · 사회 · 군사 등 거의 모든 분야의 발전에 크게 기여하여 자연과학이나 기술의 발전을 이끄는 원동력이 되고 있다. 결국 수학은 국가가 발전할 수 있는 원동력인 기초 과학의 바탕이기 때문에 수학의 중요성은 아무리 강조해도 부족하지 않다.

Coaching Tip 1

큰 수와 작은 수 읽는 법

큰 수를 읽는 방법은 주로 중국과 인도에서 전래한 수사를 사용한다. 오늘날 그 수사는 우리 식으로 부르게 되었으나, 나유타, 불가사의, 무량대수 등의 큰 수는 추상적인 수라서 그렇게 큰 수를 실제로 쓸 수는 없다.

항하사(恒河沙)라는 수는, 갠지스 강 모래의 개수와 같은 큰 수라고 하니 그보다 더 큰 수는 상상의 수임이 틀림없다. 이제 큰 수를 무엇이라 부르는지 큰 수를 나열하고, 작은 수를 나열해 보자.

큰 수

일, 십, 백, 천, 만, 억, 조, 경, 해, 자, 양, 구, 간, 정, 재, 극, 항하사,
아승기, 나유타, 불가사의, 무량대수(10의 68승).

작은 수

할, 푼, 리, 모, 사, 홀, 미, 섬, 사, 진, 애, 묘, 막, 모호, 준순, 수유, 순식,
탄지, 찰나, 육덕, 허공, 청정(10의 −21승).

참고로 순수한 우리말 수사에는 하나, 둘, 셋, 넷, 다섯, 여섯, 일곱, 여덟, 아홉, 열, 스물, 서른, 마흔, 쉰, 예순, 일흔, 아흔, 온(백), 즈믄(천) 등이 있다. 현대에 와서는 이상의 수사 외에 국제적인 호칭 방법으로 새로운 수사가 여러 가지 생겨났다.

1광년 – 빛이 1년간 가는 거리(9.467×10의 12승km), 1메가톤(원자탄의 위력의 단위), 미크론, 마이크로 초(100만분의 1초), 나노초(10억분의 1초) 등은 모두 현대과학 발전상 필요에서 생겨난 새로운 수사들이다.

2 수학, 왜 공부해야 할까

수학에 대한 학생들의 반응을 보면 수학에 대한 긍정적인 생각보다는 부정적인 생각이 앞선다. '수학은 배워서 뭐하지요?' '수학은 너무 어려워요.' '수학이 너무 싫어요.' '수학은 외울게 너무 많아요.' '수학 공부만 하려면 현기증이 나요.' 등으로 표현하는 경우가 많다. 실제로 수학은 초 · 중 · 고등학교 내내 온갖 공식을 배웠지만 대학교에 이공계로 진학하거나 대학 졸업 후 수학 관련 직업에 종사하지 않는다면 아무 필요 없는 과목이라고 생각하는 학생들도 많다. 이처럼 수학에 대한 부정적인 생각을 갖게 되는 데는 수학을 왜 공부해야 하는지를 모르기 때문인 경우가 많다.

역사적으로 수학이 과학기술 발전에 기여하게 된 것은 모든 사람이 가지고 있는 일반적인 수학 지식이 아니라 일부 소수의 수학자들에 의하여 이루어졌다는 것은 부인하지 못한다. 이러한 이유 때문에 모든 학생에게 수학 공부를 강요하는 것은 말이 되지 않는다는 반론이 있을 수 있다. 하지만 수학의 중요성을 역사 발전과 기술의 발전만으로 이야기하기에는 부족하다. 수학이 중요한 이유 중 하나는 바로 우리나라 시험제도에서 수학 성적이 시험 성적을 좌우하기 때문이다. 수학 성적이 전체 시험 성적에서 차지하는 비중은 아주 높다. 결국 수학을 포기한다는 것은 시험 전체를 포기하는 것과 같은 결과를 가져온다.

실제로 수학을 포기하고는 수능시험에서 좋은 성적을 얻을 수 없을 뿐만 아니라 대학 수시 모집에서도 수학 내신만을 평가하는 대학이 있을 정도이므로 수학은 한 사람의 평생 성적을 결정한다고도 할 수 있다. 그래서 새로 생긴 신조어가 바로 수학을 포기하면 대학을 포기하게 된다는 '수포대포'라는 단어다. 수학을 포기하면 다른 공부를 아무리 열심히 해도 기본은 할 수 있을지 모르지만 좋은 시험 성적이나 좋은 대학을 가기는 어렵다는 것을 알아야 한다. 수학 공부를 단지 대학 진학을 위한 수단으로 인식하기보다는 수학 공부의 유용함과 필요성을 인식하는 것이 수학 공부를 더 능률적으로 할 수 있는 방법이 될 것이다.

수학은 성적에도 큰 영향력이 있지만 수학 공부를 통해 얻은 사고 능력 또한 다른 여러 분야에서 이용할 수 있다는 점에서 큰 의미를 가진다. 실제로 수학 공부를 하면 수학의 기본 지식, 추론 능력, 문제해결력, 수학적 아이디어, 인내, 흥미, 지적 호기심, 창의력이 길러진다. 이처럼 수학을 공부하는 과정에서 얻게 되는 비판적 사고력, 논리적 사고력, 창의력, 연역적 · 귀납적 추론 능력 등은 우리에게 문제해결력과 창의력을 주는 강력한 기반이 된다. 교육자 페스탈로치는 수학 공부를 정신체조에 비유했다고 전해진다. 그만큼 수학이 두뇌 계발에 유용하다는 이야기다. 수학 공부를 하면 두뇌 계발은 물론 사고력과 문제해결력의 향상으로 인하여 다른 과목의 시험 성적에도 영향을 미치며, 미래 인재의 조건인 창의적인 사고를 하는 데도 도움이 된다.

수학 공부는 사회적으로는 국가 발전에 중요한 요인이 되지만, 개인적으로는 시험 성적을 높이는 데 도움이 될 뿐만 아니라 인생을 결정하는 중요한 요인이 된다는 것을 명심해야 한다.

3 초등학교, 중학교, 고등학교의 차이

초등학교를 졸업하고 중학교로 입학하면 아이들은 많은 것이 낯설다. 공부해야 할 것도 많지만 시험을 치루는 과목도 배가 된다. 중학교 시험은 처음으로 반 석차와 전교 등수가 표시된 성적표를 받는다는 사실 자체가 아이들에게 공포가 될 수 있다.

아이들이 중학교에 입학해서 처음 보는 시험은 중학교 전체 성적을 좌우한다고 해도 과언이 아니다. 중학교에서 첫 시험은 지금까지 초등학교에서 공부한 것을 배경지식으로 하여 중학교에 들어와 공부한 것을 합쳐서 시험을 본 것과 같다. 초등학교 때까지는 성적이나 등수를 제대로 알기가 어려웠지만 중학교에서는 모든 것이 공개되기 때문에 객관적으로 평가할 수 있는 좋은 기회이기도 하다.

중학교에서의 첫 시험에 만족하는 경우도 있지만 그렇지 않은 경우가 더 많다. 초등학교에서 과대평가되었던 부분이 석차로 표시된 성적표를 보고 현실을 깨닫게 되는 경우가 많다. 실제로 공부를 잘한다고 하는 아이는 상위 10%에 드는 경우이고 나머지는 공부를 대충 한다거나 공부를 못한다는 평가를 듣게 된다.

초등학교에서는 단순한 지식 위주의 암기형 문제가 출제되지만 중학교에서는 시험 자체가 변별력을 요구하기 때문에 심도 있는 교과 내용을 파악하는 문제가 출제되기 때문이다. 따라서 평소 공부 방법이나 공부 습관도 바꾸어야 한다.

중학교에서는 초등학교보다 시험 과목이 배 이상 증가하고 난이도 또한 어려워진다. 시험 횟수도 두 배로 증가한다. 교육청별로 차이가 있지만 일반적으로 초등학교 때는 일 년에 두 번 시험을 보지만 중학교 때는 일 년에 중간, 기말, 중간, 학기말 시험을 치른다. 더욱이 수행평가도 성적에 반영되기 때문에 나름대로 성적 관리에 들어가야 한다. 또한 초등학교에서의 시험은 그냥 교과서의 내용을 암기만 하면 기본 성적은 얻을 수 있지만 중학교부터는 지식적인 부분만 출제되는 것이 아니라 이해나 적용 같은 사고력을 요하는 문제가 출제된다. 따라서 다양한 문제집을 많이 풀어 봐야 응용력이 생긴다.

수학 과목에서 달라진 것들을 알아보자면 중학교에 진학하면 초등학교 때는 배우지 않던 기호나 개념을 배우게 된다. 초등학교 수학과 중학교 수학은 배우는 내용은 연결되는 부분도 많지만 전체적으로 차이가 크다. 우선 중학교에서는 자연수, 정수, 방정식, 통계, 도형, 유리수, 부등식, 일차함수, 확률, 실수, 이차방정식, 피타고라스 이론 등이 나온다. 실제로 중학교에 와서 처음 배우는 내용이 전체의 50% 이상이다. 더욱이 중학교 때는 교과서 외에도 부교재로 다른 기본서나 문제집을 보아야 하기 때문에 공부할 내용도 많아진다. 그러다 보니 체감하는 난이도는 당연히 훨씬 높을 수밖에 없다.

중학교와 초등학교 공부의 차이를 만드는 가장 큰 요인이 바로 수학이다. 실제로 중학교에 진학해서 학생들의 실력 차이를 결정짓는 데 수학은 매주 중요한 과목이 되고 있다. 중학교 수학 시험은 배운 내용 위주로 평이하게 나오는 편이나 주로 빠르고 정확한 계산 능력을 요구하는 문제 위주로 출제되고 있다. 따라서 중학교에서는 공식을 정확히 외우고 여러 문제집을 풀어 문제 유형을 많이 경험하는 것이 좋다. 중학교에서 수학 성적이 오르지 않거나, 수학을 어려워하거나 중도에 포기하려고 하면 현재의 수준을 점검하여 부족한 부분을 찾아서 초등학교 때 배운 것부터 다시 시작해야 한다.

고등학교에 진학해서 만나는 수학은 중학교에 비해서 난이도나 분량이 두 배는 증가한다. 뿐만 아니라 시험은 배운 곳에서만 출제하는 것이 아니라 이전 단원까지 포함하여 시험 범위가 넓어지며, 전체적인 문제의 수준이 높아지고 복잡한 계산 문제로 변별력도 높아진다.

4 초등학교 수학 성적이 평생 성적을 결정한다

아이가 수학을 어려워하거나 싫어하면 부모의 가슴은 철렁 내려앉을 것이다. '아, 우리 애가 이제 공부에는 가망이 없구나.' '더 이상 좋은 결과를 가져오기는 어렵구나.' 라고 자포자기하거나 조바심이 날 것이다. 심지어 수학 공부에는 많은 시간이 소모되므로 다른 과목에 집중하겠다고 포기하는 경우에는 더욱 난감할 것이다. 실제로 연구 결과를 보면 우리나라 학생들이 가장 어려워하는 과목은 영어와 수학이다. 그런데 영어는 죽어라 공부하면서 수학은 아예 포기하는 학생들이 많다. 이처럼 수학 공부를 포기하게 되는 데는 수학을 어떻게 공부해야 할지 모르기 때문인 경우가 많다.

아이들은 특별한 준비를 하지 않고 학교에 들어와서 수학을 마주하게 되면 수학이 무엇인지도 모르고 기계적으로 수학을 공부하게 된다. 특히 초등학교 저학년에서는 덧셈과 뺄셈, 곱셈과 나눗셈과 같은 사칙연산을 얼마나 자유자재로 사용하느냐에 따라 아이의 실력 편차가 벌어진다. 사칙연산을 얼마나 빠르게 정확하게 하느냐가 바로 성적의 결과로 나타나기 때문이다.

초등학교 교과과정 중 수학이 어렵다고 느껴지는 시기가 있는데 그 첫 번째 고비가 초등학교 3학년부터 나오는 나눗셈에서 온다. 초등학교에서는 사칙연산의 맨 마지막 단계인 나눗셈을 배우고 그 다음으로 분수 학습의 사칙연산 등으로 내용이 확장되면서 나누어도 바로 나누어 떨어지지 않는 나눗셈을 만나면서 수학이 복잡해지고 수학이 싫다고 느끼게 된다.

예를 들어, '8÷2=4' 라고 하는 문제는 바로 나눗셈의 원리를 잘 알지 못해도 곱셈을 이용해서 문제를 풀 수가 있는데 '7÷3' 과 같은 문제는 나눗셈의 원리나 정수의 개념을 정확히 모르면 풀지 못하게 된다. 결국 아이가 이러한 문제를 만나면서 수학에 대한 자신감을 상실하게 되고, 찍기도 어렵다는 사실을 인식하는 순간부터 수학을 포기하려는 마음을 갖게 된다.

아이들은 초등학교 6학년 때 분수를 만나면서 다시 한 번 수학이 어렵다고 생각한다. 이때도 사칙연산이나 분수의 개념을 알면 어려움 없이 문제를 풀 수 있지만 분수의 개념이나 계산이 서툰 경우에는 분수 문제를 만나면 좌절하기 십상이다.

따라서 아이의 이러한 징조를 빨리 찾아내어 미숙한 부분을 보완해 주면 아이가 수학을 포기하는 것을 막을 수 있으며, 이때 학부모의 역할은 매우 중요하다. 아이가 사칙연산 중에 범하는 습관적인 오류와 부족한 부분을 찾아서 그 부분을 집중적으로 교정하고 보완하도록 지도해야 한다. 그리고 아이의 사칙연산 문제에 대한 해결이 얼마나 정확한지, 속도는 어느 정도되는지를 파악해야 한다.

초등학교 저학년 때부터 아이의 수학에 필요한 기초지식인 사칙연산에 대해 기초를 잡아 주면 아이는 초등학교뿐만 아니라 중학교나 고등학교에 입학해서도 수학에 대한 자신감을 가지고 공부를 할 수 있다. 하지만 초등학교 때부터 수학에 대해서 좌절감을 느끼기 시작한다면 점점 수학에 대해서 어렵다는 생각과 함께 공부를 해도 집중이 되지 않게 되고 중학교나 고등학교에 진학해서는 수학을 포기할 수밖에 없게 된다. 결국 초등학교에서 수학 성적이 평생 수학 성적을 결정한다는 생각을 가지고 아이가 수학에 대해서 부담을 느끼지 않도록 지도해 주어야 한다. 아이가 수학에 대하여 기본을 충실히 익히면서 스스로 공부하도록 하는 수학 자기주도학습이야말로 아이의 미래를 위한 가장 중요한 선물이 될 수 있다.

5 수학을 잘하면 뭐가 될 수 있을까

학생들은 초 · 중 · 고등학교 때 수학을 힘들게 배우지만 이것을 나중에 사회에 나가서 써먹을 수 있겠느냐 하는 회의를 갖는 학생들이 많다. 그 결과 아예 수학 공부를 포기하거나 어려운 부분을 공부하지 않으려 한다. 그러나 그것은 수학을 학문적으로만 인식한 것이지 직업적으로 인식하지 못했기 때문이다. 수학은 모든 학문의 기본이 되기도 하지만 모든 직업 선택이나 직업 생활의 밑바탕이 된다는 것을 깨닫게 해 주어야 한다.

직업을 선택하기 위해서는 직업에 대한 정보를 수집하고 자신이 가진 적성과 비교하여 직업 선택에 대한 의사결정 능력이 있어야 한다. 직업 선택에 대한 의사결정 능력을 가지기 위해서 필요한 것이 바로 논리적인 사고력, 분석력, 판단력, 문제해결 능력 등인

데, 이러한 능력들이 바로 수학적인 능력을 갖지 않고서는 제공되지 않기 때문이다. 따라서 수학적 능력이 있어야 합리적인 의사결정을 통해서 원하는 직업을 가질 수 있다.

아무리 합리적인 의사결정 능력을 갖추었다 하더라도 수학 실력이 뒷받침되어야 가능한 직업이 많다. 예를 들어, 수를 전문으로 하는 직업으로는 회계사, 보험계리사(보험상품을 개발 · 기획하는 전문가), 수학 관련 연구원, 의학자, 의사, 약사, 수학 교사, 자연계열 교수, 은행 · 보험 · 증권회사, 정보통신기술업체, 소프트웨어 개발업체, 정보처리업체, 정보보안 관련 업체, 통계조사기관, 일반 기업체의 전산실, 여론조사기관, 과학연구소 등에 이르기까지 매우 다양하다. 이처럼 수학 실력은 의학, 과학, 행정, 연구, 산업, 무역, 전산, 교육 등 다양한 분야에 큰 영향을 미치고 있다. 그리고 이러한 직업을 가지려면 기본적으로 수학을 잘해야 한다.

아이들에게 수학에 대하여 긍정적인 생각이 들게 하여 수학 공부에 대한 지구력을 갖게 하기 위해서는 수학 공부를 잘하면 이러한 직업을 선택할 수 있는 가능성이 높아진다는 것과 이러한 직업을 선택하기 위해서는 수학 능력을 높여야 한다는 것을 함께 지도해야 한다. 더욱이 앞으로의 사회는 디지털 관련 업종과 최첨단 산업이 유망 직종이 될 것이다. 결국 사회가 발전할수록 문과 계통보다는 이공계 계통의 인재가 더욱 좋은 대우를 받게 될 것이고, 지금은 힘들고 어렵더라도 수학을 공부하면 높은 소득을 올릴 가능성이 훨씬 높아진다는 것을 알려 줘야 한다. 아이들은 이를 통해서 당장은 힘들지만 수학 공부를 열심히 해야겠다는 생각을 갖게 하는 것이 중요하다.

6 수학 스토리텔링 어떻게 하는 거지

스토리텔링은 말 그대로 '이야기하다' 라는 뜻으로 '스토리(story)와 텔링(telling)' 이라는 의미로 구성되어 있는 단어다. 즉, 청자에게 들려주고자 하는 바를 재미있고 생동감 있는 이야기로 설득력 있게 전달하는 수단이다. 또 다르게 말한다면 '듣는 독서' 라고도 표현할 수 있다. 스토리텔링은 몇 년 전만 해도 우리 일상생활에서 낯선 느낌을 주었지만 결코 생소한 교육법이 아니다.

우리는 이미 옛날 어릴 적 할머니 품에서 귀 기울여 듣던 이야기를 연상하며 이해하고 구연동화와 그림책, 동화책 읽어주기, 아동극, 동시 낭송 등을 귀로 듣고 머릿속에서 이해하고 상상하고 이미지 연상을 통해 오랫동안 기억할 수 있었고 이에 익숙해 있다.

이야기는 넓은 관점으로 보았을 때 '언어로 표현되는 모든 상황' 이고, 이 모든 상황에는 허구적 상황도 포함되면서 청자가 자신만의 이미지를 그리며 상상하기 때문에 상상력, 창의력, 집중력 그리고 상호작용 단계가 포함되어 어휘력까지도 높일 수 있는 고차원적 사고인 메타인지를 하는 과정에서 생각하는 힘을 기를 수 있는 훌륭한 교육법이다.

스토리텔링(이야기체 말하기) 수학이란 수학의 개념 원리 숙지와 공식을 설명하는 것에 그치는 것이 아니라 실생활에서의 사례를 통해 마치 이야기해 주듯이 전달하는 학습 방법이다. 흥미를 유발할 수 있는 이야기와 공감 형성이 가능한 풍부한 예를 담아 구성하여 자연스럽게 이해하게 한다. 기호나 규칙, 공식의 개념을 설명하는 학습이 아니라 아이들에게 익숙한 상황과 구체물을 통해 스스로 수학의 필요성을 느끼고 흥미를 유발시켜 효과적인 학습을 유도한다. 스토리텔링 수학의 가장 대표적인 것은 '수학동화' 다. 어린이들이 친근함을 느낄 수 있는 등장인물이 나오고 아이들의 수준에 맞는 글감(소재)으로 수학의 개념과 원리를 찾아내고 해결해 가는 과정에서 아이들의 사고력, 창의력이 향상되는 것이다. 어린이가 스스로 학습의 주체가 될 수 있도록 눈높이를 맞추고 경험을 반영하여 그로인해 규칙을 찾아내고 식, 그림, 표 등을 만들어 문제해결 능력을 향상시키는 학습이다.

2013년부터 차례로 수학 교육 과정이 수학 교과서에서 수학 스토리텔링으로 바뀌게 된다. 전체적인 개편 방향은 창의, 인성교육(개인 재능, 능력, 가능성 계발 교육과 자발성 등), 수학적 과정 강화를 통해 창의성 신장, 수학교육에서 말하기, 쓰기, 수학적 의사소통 능력 강화, 융합적 성격 추구, 학습량 20%감축, 복잡한 계산 지양 등이다.

스토리텔링 수학을 이해하려면 우선 우리 사회가 요구하는 글로벌 인재상이 변하고 있다는 사실부터 인지해야 한다. 과거에는 어떤 특정 분야에서만 실력을 갖추면 능력 있는 인재로 주목을 받았지만 현대 사회가 인정하는 인재는 여러 분야에서 배경지식을 갖추고 이를 융합하여 창의적이면서 자기주도적인 사람을 원한다.

암기가 수학의 전부였던 시대는 끝났다. 아는 것은 열심히 이해하고 외우면 되지만, 하는 것은 스스로 직접 해 봐야 할 수 있는 것이다. 앞으로는 배울 학(學)보다 익힐 습(習)에 초점을 맞추는 교육이 될 것이다.

스토리텔링 수학은 생활 속 상황에 대한 이야기를 통해 수학적 원리를 익히는 것으로, 단지 문제 풀이 방법이나 기술을 배우는 것이 아니라 여러 가지 방법을 동원한 개념 원리 탐구와 실생활에 적용하며 학생들 스스로 논리적으로 사고하고 창의적으로 문제를 해결하도록 학습을 주도하기 위한 것이다. 따라서 부모가 먼저 수학에 대한 패러다임의 변화를 인식해야 한다. 지식정보화 시대로 접어들면서 국가 경쟁력의 원천이자 허브(Hub) 학문으로서 수학이 큰 주목을 받고 있고, 선진국들은 훌륭한 글로벌 인재 개발과 인재 양성 차원에서 수학 교육에 더 큰 노력과 관심을 쏟고 있다. 그러기 위해서 수학에 대한 관심과 흥미, 긍정적 인식을 높임으로써 자발적 학습 촉진 방법으로 수준별 맞춤형 스토리텔링 수학을 도입해야 한다. 지엽적 공식암기, 문제 풀이, 요약된 설명위주 구성인 현 교과서와는 차별화하여 수학적 의미, 역사적 흐름과 맥락 및 실생활 적용 활용 사례 등을 이야기식의 말하기 방식을 통해 유기적으로 연계하여 교과 간의 융합형 교육 방식으로 수학에 대한 이해와 흥미를 높인다는 것이 목표다.

실제 4년 주기로 실시되는 '수학과학성취도 추이변화 국제비교연구(TIMSS) 2011'에서 우리나라 결과가 초등학교 4학년 학생의 수학 성취도는 참가한 50개국 중에 2위를, 중학교 2학년 학생의 수학성취도는 42개국 중 1위를 차지했다고 한국교육과정평가원은 2012년 12월에 발표하였다. 이 결과에 따르면 높은 성적에 비해 자신감은 '자신 있음' 을 선택한 초등학교 4학년 학생은 11%(국제평균 16%)이고, 중학교 2학년 학생은 3%(국제평균 14%)로 낮았으며, 흥미는 '좋아한다' 고 답한 초등학교 4학년 학생은 23%(국제평균 48%), 중학교 2학년 학생은 8%(국제평균 26%)로 나타났다.

즉, 우리나라 학생은 수학성취도는 높지만 수학은 재미없고 실생활에 도움 안 되는 과목이라는 생각을 가지고 있다는 것은 단지 할 수 없이 해야 하는, 의무적으로 공부해야 하는 과목이라는 생각을 하고 있다는 것이다.

이런 문제를 해결하기 위해 스토리텔링 수학은 공식 설명 및 문제 풀이 위주로 구성된 딱딱한 수학 교과서에서 수학에 대한 호기심을 유발시킨 후 근본적으로 이해하는 과정을 거쳐 논리적이고 창의적 사고력을 강화하는 의미와 사례 중심으로 서술하는 방법으로 바꾸는 것이다.

현 수학 교과서	→	**스토리텔링 수학 교과서**
공식과 문제 위주의 무미건조한 구성		스토리텔링 등 다양하고 창의적 구성

이진법을 예로 들면 현재 대부분 수학 교과서는 이진법의 간단한 개념과 공식, 문제 풀이로 구성되어 있다. 그러나 스토리텔링 수학에는 이진법을 발명한 라이프니츠에 대한 설명, 이진법이 현대 컴퓨터 등 실생활에서 어떻게 사용되는지 설명하는 방식으로 구성되어 더 깊은 이해와 융합적 교육에 접근하고 있다.

이제껏 수학 성취도를 계산 능력 위주로 평가했다면 이제는 문제를 논리적으로 풀어나가는 과정이 수학 능력이기 때문에 논리적 사고 능력으로 문제해결력을 키우는 방향으로 갈 것이다. 또한 교과부는 아이들이 접근하기 쉽고 재미있는 수학을 만들기 위해 지나치게 추상적이거나 어려운 내용은 상위 학년으로 이동하는 등 학년별 학생의 학습 수준을 고려하여 교과를 재배치할 계획이라고 한다.

그리고 또 가장 주목해야 할 것은 융합된 창의적인 수학도 개편의 큰 흐름 중 하나다. 수학교육을 과학, 예술, 공학, 교육 등과 연계시켜 창의적인 교육을 하는 것이다.

따라서 스토리텔링형, 서술형, 수학 논술 등 수학을 언어로 평가하는 것은 전 세계적인 변화다.

수학을 배울 때 수학이 만들어진 전 과정을 재미있는 이야기로 받아들이고 실생활과 연계하여 적용해 보고 활용하면서 공부한다면 아이들은 편안해지고 수학에 대해 긍정적 마인드 형성과 함께 동기부여로 흥미를 가지고 공부할 수 있을 것이다. 그리고 왜 배우는지, 배워서 어디에 활용하는지를 안다면 수학은 수학적으로 뛰어난 아이들에게는 중심을 잃지 않고 미래 첨단산업의 유능한 인재가 되는 데 도움을 줄 것이다.

수학은 문제 풀이가 아니다. 진정으로 수학을 잘 하려면 아름답고 재미있는 수학 이야기를 많이 읽어야 한다. 수학적인 창의력은 다양하게 많은 것을 읽는 것에서 시작되고, 자연스레 이해하며, 기존의 배경지식과 새로운 지식이 조합되어 새로운 지식과 지혜를 창조해 내는 과정에서 형성된다.

2013년 스토리텔링 교과서 예시

수학 스토리텔링을 지도하기 위하여, 첫째, 매 단원마다 그 단원을 배우는 목적, 즉 학습목표를 분명하게 제시하여 왜 배우는지 알도록 하여 아이들에게 호기심을 유발시키고, 그것을 충족시키는 과정에서 수학적 창의력을 길러 주는 근원이 되고 동기부여를 통해 더 큰 시너지 효과를 가져올 수 있다. 둘째, 배우는 단원의 이론을 누가 만들었는지, 어떻게 만들어졌는지를 스토리텔링 수학을 통해 더 깊은 이해를 도와주며 결과 중심에서 과정 중심 지식습득으로 변화되도록 한다. 마지막으로 수학이 어떤 첨단산업의 원천기술이 되는지, 실생활에서 활용되고 적용되는 사례를 구체적으로 알려 주어야 한다.

대상 과목 및 예시 내용

비 교	주요내용	관련 수학적 내용
사회	사회선거와 투표, 선거구 획정, 수요와 공급 등 정치 · 경제 관련 제도와 이론 속의 수학 원리 탐구	방정식, 함수의 그래프, 확률, 자료의 해석, 미적분, 행렬 등
음악	음정, 리듬 속에 숨어 있는 수학 원리 탐구	수열, 수(ex: 평균율), 통계 등
미술	선, 면, 구도 등 미술적 표현기법 속의 원리 탐구	원근, 닮음(ex: 프랙탈), 비례(ex: 황금비), 대칭 등
체육	각종 스포츠기구, 경기장, 대진표 속에 숨어 있는 수학 원리 탐구	도형의 성질, 확률, 통계, 측정 (ex: 단위, 시간) 등

사회 · 경제 · 예체능 등 우리 생활 곳곳에서 수학과 연관되어 있는데 이전의 수학 교육은 이를 확대, 적용, 활용하는 데 소홀한 탓에, 대부분의 아이가 '현실과 동떨어진 학문'이라고 생각하게 되었다. 그러면서 우리 아이들은 단지 수학을 입시를 위한 어려운 학문으로만 생각하고 있기에 무조건 어렵다는 생각과 필요없는 공부라는 인식이 강하다. 스토리텔링 수학은 이 같은 문제를 해결하기 위한 일종의 대안이라고 할 수 있다.

7 수학에서는 뭘 배워야 할까

수학에서는 무엇을 배워야 할까? 그것은 수학과 교육과정에서 도달해야 할 목표를 보면 알 수 있다. 개정 수학과 교육과정에서는 초등학교 1학년부터 고등학교 1학년까지 추구해야 할 총괄목표를 제시한 후 초등학교, 중학교, 고등학교의 목표를 각각 세분화하여 제시하였다.

초등학교 수학과의 목표

기초적인 수학적 지식과 기능을 습득하고 수학적으로 사고하고 의사소통하는 능력을 길러, 생활 주변에서 일어나는 현상과 문제를 합리적으로 해결하는 능력을 기르며, 수학에 대한 긍정적 태도를 기른다.

생활 주변에서 일어나는 현상을 수학적으로 관찰하고 조직하는 경험을 통하여 수학의 기초적인 개념, 원리, 법칙을 이해하는 능력을 기른다.

수학적으로 사고하고 의사소통하는 능력을 길러, 생활 주변에서 일어나는 문제를 합리적으로 해결하는 능력을 기른다.

수학에 대한 관심과 흥미를 가지고, 수학의 가치를 이해하며, 수학에 대한 긍정적 태도를 기른다.

수와 연산, 도형, 측정, 확률과 통계, 규칙성과 문제해결

개정 교육과정에서는 수학 교육의 최근 경향을 반영하여 수학적 의사소통 능력을 강조하였고, 또한 최근 관심이 증대되고 있는 정의적 측면과 관련하여 수학에 대한 긍정적 태도를 새롭게 추가하였다. 수학에 대한 긍정적 태도와 바람직한 가치관은 수학 학습을 성공적으로 수행하는 데에 중요한 역할을 하며, 수학 교수-학습 활동에 활력을 줄 수 있다.

8 초등학교 수학과 영역별 내용 체계

수와 연산 영역

학 년	내 용		
1	• 100까지의 수	• 간단한 수의 덧셈과 뺄셈	• 두 자리 수의 덧셈과 뺄셈
2	• 1000까지의 수 • 곱셈	• 두 자리 수의 덧셈과 뺄셈 • 분수의 이해	• 세 자리 수의 덧셈과 뺄셈
3	• 10000까지의 수 • 나눗셈	• 네 자리 수의 덧셈과 뺄셈 • 분수	• 곱셈 • 소수의 이해
4	• 다섯 자리 이상의 수 • 분모가 같은 분수의 덧셈과 뺄셈	• 자연수의 사칙 계산 • 소수	• 여러 가지 분수 • 소수의 덧셈과 뺄셈
5	• 약수와 배수 • 분모가 다른 분수의 덧셈과 뺄셈	• 약분과 통분 • 분수의 곱셈과 나눗셈	• 소수와 분수 • 소수의 곱셈과 나눗셈
6	• 분수의 나눗셈	• 소수의 나눗셈	• 분수와 소수의 혼합 계산

도형 영역

학 년	내 용		
1	• 입체도형의 모양	• 평면도형의 모양	
2	• 기본적인 평면도형	• 입체도형의 구성	
3	• 각과 평면도형	• 평면도형의 이동	• 원의 구성 요소
4	• 각과 여러 가지 삼각형	• 다각형의 이해	
5	• 직육면체와 정육면체의 성질	• 합동	• 대칭
6	• 각기둥과 각뿔의 성질	• 원기둥과 원뿔의 성질	• 여러 가지 입체도형

측정 영역

학 년	내 용		
1	• 양의 비교	• 시각 읽기	
2	• 시각과 시간	• 길이	• 측정값 나타내기
3	• 시간	• 길이	• 들이 • 무게
4	• 각도 • 어림하기(반올림, 올림, 버림)	• 평면도형의 둘레 • 수의 범위(이상, 이하, 초과, 미만)	• 직사각형과 정사각형의 넓이
5	• 평면도형의 넓이	• 무게와 넓이의 여러가지 단위	
6	• 원주율과 원의 넓이	• 겉넓이와 부피	• 원기둥의 겉넓이와 부피

확률과 통계 영역

학 년	내 용	
1	• 한 가지 기준으로 사물 분류하기	
2	• 표와 그래프 만들기	
3	• 자료의 정리, 자료의 특성(막대그래프, 간단한 그림그래프)	
4	• 꺾은선 그래프	• 자료를 목적에 맞는 그래프로 나타나기
5	• 줄기와 잎 그림, 그림그래프	• 평균
6	• 비율그래프(띠그래프, 원그래프)	• 경우의 수와 확률

규칙성과 문제해결 영역

학 년	내 용	
1	• 규칙적인 배열에서 규칙 찾기 • 100까지의 수 배열표에서 규칙 찾고 말하기 • 실제로 해보기, 그림 그리기, 식 만들기 등으로 문제를 해결하기	• 자신이 정한 규칙에 따라 배열하기 • □를 사용한 식
2	• 다양한 변화의 규칙 찾기 • 곱셈표에서 여러 가지 규칙 찾기 • 규칙 찾기, 거꾸로 풀기 등으로 문제를 해결하기	• 수 배열에서 규칙 찾고, 규칙에 따라 수 배열하기 • 미지수 구하기 • 식 만들기
3	• 규칙에 따라 여러 가지 무늬 꾸미기 • 표 만들기, 예상과 확인 등으로 문제를 해결하기	
4	• 다양한 변화 규칙을 수로 나타내고 설명하기 • 규칙적인 무늬 만들기 • 단순화하기, 논리적 추론 등으로 문제를 해결하기	• 규칙을 추측하고 말이나 글로 표현하기 • 규칙과 대응 • 문제 해결 과정 설명하기
5	• 비와 비율 • 주어진 문제에서 필요 없는 정보, 부족한 정보 찾기	• 하나의 문제를 여러 가지 방법으로 해결하기 • 문제 해결의 타당성 검토하기
6	• 방정식 • 비례식 • 문제 해결 방법 비교하기 • 문제 해결 과정의 타당성 검토하기	• 연비와 비례배분 • 정비례와 반비례 • 문제의 조건을 바꾸어 새로운 문제 만들기

2

수학 자기주도학습, 어떻게 시작하지

2

수학
자기주도학습,
어떻게
시작하지

Coaching Tip 1

구구단 외우기

구구단은 초등 2학년 2학기에 처음 소개된다. 하지만 수학에서 쓰이는 구구단은 그 중요성에 비해 한 단원에 부분적으로 간략하게 소개되어 있어서 단기간에 개념과 원리를 깨치면서 외워야 한다. 요즘에는 초등 2학년이 되기 전에 선행학습하는 것이 보편화되어 일찍부터 구구단을 달달 외우고 있다. 하지만 원리는 소홀히 하여 왜 그렇게 되는지 이유를 모른 채 앵무새처럼 단순히 암기하고 있다.

먼저 구구단의 개념부터 익혀야 한다. 예를 들면, '4곱하기 7은 28이다.' 라고 단순히 외우기보다는 '4개의 장난감이 7묶음이 있으면 28개가 된다.' 라며 그림 또는 도구를 활용해서 직접 익히는 것이 좋다.

구구단에는 상대적으로 작은 수인 2단과 3단을 익히고, 그다음 5단, 4단, 6단과 7단, 8단과 9단의 순으로 익히는 것이 좋다. 이해가 안 되면 각 단의 곱이 얼마씩 커지는지 확실히 알고, 그 원리를 생각하며 외우도록 하는 것이 효과적이다.

1 엄마표 자기주도학습의 조건

수학 공부를 잘하는 학생들에게 물어보면 수학을 공부하는 방법은 분명히 있다고 한다. 또한 수학을 가르치는 선생님들도 수학은 단기간에 고득점이 가능한 과목이라고 말한다. 그들은 수학 공부를 잘하는 비결은 '연습과 성실의 결과'라고 단호하게 말한다. 수학은 많이 풀어 본 사람이 승리하는 '왕도'가 없는 정직한 학문이라는 것이다. 그렇다면 어떻게 하면 수학 공부를 효과적으로 지도할 수 있을까? 그 방법을 보면 다음과 같다.

흥미를 가지고 꾸준히 하게 한다

수학 공부를 잘하는 비결은 자신의 수준에 맞는 교재로 꾸준히 반복하면서 문제를 풀고, 열심히 노력하면 좋은 성적을 얻을 수 있다는 것이다. 그러기 위해서 필요한 것이 바로 흥미다. 수학을 싫어하는데 수학 문제를 풀고 열심히 노력하려는 아이는 없다. 흥미를 갖고 공부해야 계산 문제만 풀면서도 지루해하지 않으며, 반복하면서 문제를 풀고 열심히 노력할 수 있기 때문이다. 따라서 아이들이 수학에 대한 흥미를 가지게 하려면 문제를 풀면서 성취감을 느끼게 해 주어야 한다. 흥미만 갖고 꾸준히 공부한다면 초등학교에서는 수학의 기초적인 지식을 다루기 때문에 수학을 아무리 못하는 학생이라도 6개월 정도만 수학에 몰두하면 1학년부터 6학년까지의 과정을 전부 공부할 수 있다.

수학의 원리를 알려 주어야 한다

수학은 유아 · 초등과정뿐만 아니라 고등학교까지 원리가 전부라고 해도 과언이 아니다. 그런데도 불구하고 수학을 무조건 암기하는 것이 중요하다고 생각하는 학생들이 많다. 그러한 영향은 초등학교에서 구구단을 기계적으로 암기하는 경험을 가졌기 때문이다. 그러나 구구단도 기계적으로 암기하기보다는 곱셈의 원리를 안다면 암기하지도 않고 쉽게 문제를 풀 수 있었을 것이다. 따라서 암기보다 중요한 것은 다양한 방법의 원리를 단계별로 알려 주고 아이들이 가장 쉬운 방법을 선택하도록 지도하는 것이다. 원리를 지도하는 것에 대해서 익숙하지 못하면 아이들이 원리를 깨우칠 수 있게 도와주는 교재를 추천해 주는 것도 좋은 방법이다.

기초를 완벽히 해야 한다

초등학교에서 배운 수학은 중학교에 가면 50%가 반복적으로 나오지만 난이도가 높아진다. 뿐만 아니라 중학교에서 처음 배우는 내용이라고 해도 초등학교에서 배운 수학의 기초를 바탕으로 하는 경우가 많다. 따라서 중학교나 고등학교에 진학해서도 수학을 잘하려면 결국 초등학교에서 기초를 완벽하게 익혀야 한다.

문제를 많이 풀어 보게 한다

뭐니 뭐니 해도 수학의 가장 좋은 공부 방법은 문제를 많이 풀어 보는 것이다. 문제를 다양하게 풀어 보면 문제 유형에 대한 분석력이 생기게 되고, 변형된 문제에 대해서는 적응력이 길러진다. 그러다 보면 문제 풀이에 자신감을 갖게 되고 결국에는 학교시험에서도 좋은 성적을 얻게 되는 계기가 마련된다.

부족한 부분을 진단할 줄 알아야 한다

수학은 오랫동안 많은 공부를 해야 하는 과목이다. 따라서 수학 공부를 잘하기 위해서는 아이가 부족한 부분이 어디인지 진단해 그에 꼭 맞는 대책을 마련해 줘야 한다. 엄마나 교사는 아이가 무엇을 모르고, 왜 틀렸는지, 그 원인은 무엇이고, 어디를 학습해야 하는지를 정확하게 진단하고 출발점을 제시해 주는 과학적인 지도를 해야 한다.

모르는 것은 반드시 알고 넘어가게 한다

수학은 체계적인 학문이다. 단원 간에 분리된 것 같지만 서로 연계되어 있다고 할 수 있다. 특히 중 · 고등학교로 올라갈수록 복합적인 문제들이 많이 출제되므로 기초가 없으면 다음 단계로 넘어가기 어려워진다. 따라서 수학 공부를 할 때는 모르는 것이 있으면 반드시 알고 넘어 가는 습관을 길러 주어야 한다.

부모나 선생님이 이끌어 주어야 한다

수학을 잘하는 아이들은 수학처럼 쉽고 재미있는 과목도 없다고 한다. 수학은 논리적이고 체계적이기 때문에 기초부터 차근차근 공부하면 누구든 쉽게 따라갈 수 있다. 그러나 아이들이 무엇이 기초인지, 무엇이 중요한지를 잘 모르기 때문에 개인별 · 능력별 교재와 개개인의 학습 상태를 꼼꼼히 챙겨 주는 선생님, 그리고 학부모의 능동적인 지도가 필요하다.

2 효과적인 수학 자기주도학습 지도 방법

효과적인 수학 자기주도학습을 하는 방법은 수학을 지도하고자 하는 엄마나 교사가 여러 가지 지도 방법에 대하여 각각의 특징을 알고, 지도하고자 하는 내용이나 목표, 학습자의 상태 등에 맞추어 적절한 지도 방법을 선택하고, 아이가 스스로 학습할 수 있도록 지도해 주어야 한다. 아이가 수학 과목에서 자기주도학습을 할 수 있도록 지도하는 방법을 보면 다음과 같다.

원리 · 개념 학습 지도, 문제 해결 방법 찾기, 발문식 지도, 발견 학습 지도, 프로그램식 지도, 개별화 지도 등을 통하여 수학 자기주도학습을 가능하도록 한다.

원리나 개념을 스스로 찾을 수 있도록 지도한다

엄마나 교사가 아이에게 미리 준비한 개념이나 원리 등을 주입식으로 지도하면 수학에 대한 효율성을 극대화할 수는 있지만 기계적으로 수식을 주입하게 되고 의존하게 된다. 따라서 아이가 스스로 개념이나 원리를 찾아낼 수 있도록 호기심이나 문제 해결력을 키워 주는 것이 좋다.

문제 푸는 방법을 찾도록 지도한다

수학 문제를 익숙하게 풀기 위해서는 똑같은 문제를 반복하여 풀게 하는 것보다는 비슷한 문제나 새로운 문제를 제시하고 문제를 해결하는 방법을 찾도록 도와주는 것이 좋다.

발문법을 이용한 지도를 한다

엄마나 교사가 학습 상황에 대하여 충분히 파악된 상태에서 학생에게 질문하고, 학생은 그에 대하여 응답하거나 또는 질문을 하고, 자신의 답을 생각해 내도록 지도한다.

발견 학습식 지도를 한다

엄마나 교사가 아이에게 문제를 풀 수 있는 다양한 정보를 제공하고 아이가 주도적으로 해결 방법을 발견하도록 진행되는 방식으로, 아이가 시행착오를 최소화할 수 있도록 지도한다.

프로그램식 지도를 한다

엄마나 교사는 아이가 해야 할 수학의 학습 내용을 최소 단위로 세분화하여 이들 내용의 위계와 학습 순서를 정하여 학습하도록 지도해야 한다.

능력에 맞도록 지도한다

수학은 학년이 올라갈수록 난이도가 높아지므로 아이 수준에 적합한 내용과 능력에 맞는 학습 양과 속도 등을 개별화하여 학습을 지도해야 한다.

아이에게 자기주도적으로 수학 학습을 하게 하려면 아이의 장단점을 파악하고, 아이 수준에 맞는 학습 내용을 선정하고, 학습 목표와 학습 시간을 종합적으로 고려하여 적절한 지도를 해야만 효과가 있다.

3 초등학교 입학 전 수학과 친해져라

초등학교 입학 전 아이들에게는 수학이 무엇인지, 수학을 안다는 것이 무엇인지, 수학을 왜 공부해야 하는지, 그리고 수학에 대한 자신만의 신념을 만들어 주는 것이 좋다. 이렇게 굳어진 신념은 초등학교에 입학하여 아이들이 수학 공부에 대한 생각과 수학 학습을 어떻게 할지 결정하는 데 중요한 영향을 준다.

초등학교 입학 전 아이들은 세상을 경험하면서 자신만의 수학에 대한 직관적 개념을 발전시킨다. 초등학교 입학 전 아이들은 자연스럽게 수의 개념을 익히고, 물건을 세는 방법을 익힌다. 그리고 나름대로 덧셈과 뺄셈을 익히게 된다. 이러한 수학의 기본적인 배경은 초등학교에서 수학을 배우면서 배경지식이 되며, 수학과 친해지게 한다. 따라서 초등학교 입학 전 아이들에게는 수학에 대해서 흥미를 가질 수 있도록 재미있는 수학 놀이를 통해 자연스럽게 수학의 기본을 익히게 하는 것이 좋다. 부모의 욕심으로 지나친 선행학습을 시키거나 공식을 외우게 한다면 아이는 수학에 대한 부정적 생각을 갖게 될 뿐만 아니라 역효과가 생기기 쉽다.

초등학교 입학 전 아이들에게 자기주도적으로 수학을 학습하게 하기 위해서는 놀이 속에서 자연스럽게 수학을 배울 수 있도록 장난감을 세거나, 더하기, 빼기 놀이처럼 개념만 잡아 주는 것이 좋다. 놀이 속에서 수학을 배우는 데 좋은 방법은 수학 교구를 이용하는 것이다. 수학 교구는 수학에 흥미가 없거나 수학을 힘들어하는 아이, 응용력과 집중력이 부족한 아이에게 자연스럽게 수학에 흥미를 갖게 하는 데 특히 효과적이다.

또한 아라비아 숫자에 대한 친근감을 심어 주기 위하여 아라비아 숫자의 유래와 숫자의 원리,세는 방법을 알려 주는 것이 좋다. 이렇게 수학에 대한 기본 개념을 형성했다면 초등학교 입학 전에 최종적으로 학습지나 초등학교 준비용 문제집을 사서 10자리 수의 더하기, 빼기까지 익히도록 지도한다.

이렇게 수학을 지도하면 아이는 초등학교에 입학하여 1학년 수업을 손쉽게 따라갈 수 있으며, 수학에 대한 이해 속도가 부쩍 빨라지고 학습 수준이 높아진다. 이러한 수학 조기교육은 무엇보다 아이가 학교 수업에 자신감을 갖게 되고 결국에는 수학에 자신감을 얻게 된다.

아라비아 숫자

본래는 인도에서 처음 발달했으나 아라비아에 소개되고, 그 후 12세기에 아라비아 사람들에 의해 유럽으로 전해지면서 이러한 이름이 붙게 됐다. 이 숫자가 우리나라에는 언제 도입되어 사용되기 시작했는지에 대해서는 정확히 알 수 없으나, 일본에는 메이지 시대 초기에 서양 산술과 함께 도입됐다. 보통 산술에서 쓰는 0, 1, 2, 3, 4, 5, 6, 7, 8, 9의 10개의 숫자를 말한다.

4 기초연산은 수학의 시작과 끝

수학에서 덧셈과 뺄셈, 곱셈과 나눗셈 같은 기초연산은 수학의 시작과 끝이라고 할 수 있다. 기초연산을 모르고는 수학을 할 수 없기 때문이고 아무리 복잡한 문제도 결국에는 기초연산을 응용한 것이기 때문이다.

사칙연산에서는 덧셈을 기초로 잡고 확장된 개념으로 곱셈을 연결해서 배우고 이를 정확하게 계산하도록 가르치는 것이 가장 중요하다. 의외로 1~2학년 과정의 덧셈을 대충 넘어가는 경우가 있는데, 기초공사를 단단하게 해야 하는 것처럼 바로 이 단계가 수학의 기초를 쌓는 가장 중요한 단계라 생각하고 지도해야 한다.

덧셈을 잘 하면 덧셈의 변형된 형태인 뺄셈을 잘 하게 되고, 곱셈을 잘 하면 곱셈의 변형된 형태인 나눗셈도 자연스레 잘 하게 되므로 문제가 생기는 아이라면 어디에서 어려움을 겪는지 진단해서 그 부분부터 다음과 같이 지도하면 된다.

덧셈

덧셈에서 기초는 제일 먼저 10의 보수를 이해하고 10 이상 20 이내의 덧셈에 능숙해야 한다. 그러자면 1학년에서의 10 가르기 기초 개념이 튼튼해야 한다. 수를 배우는 데 있어 1대1 대응에 의한 수를 정확하게 인지하도록 가르치고 6은 5 + 1, 7은 5 + 2, 8은 5 + 3, 9는 5 + 4의 개념을 이해하여야 수 가르기를 통한 10의 보수 개념을 덧셈[예: 7 + 8 = (7 + 3) + 5]에 활용할 수 있다.

또한 이 단계에서 틀리지 않고 계산이 가능하다면 두 자리, 세 자리, 네 자리의 계산도 정확하게 해결할 수 있다.

뺄셈

뺄셈도 마찬가지로 20 이내의 수에서 10의 보수를 이용한 뺄셈을 능숙하게 풀 수 있어야 한다[예: 14 - 8 = (10 - 8) + 4]. 덧셈과 같은 원리가 들어간다. 또한 뺄셈도 덧셈의 역원으로 수학에서 뺄셈은 덧셈의 다른 표현이다. 따라서 덧셈에서의 개념, 기초 교육이 중요하다.

결국 덧셈과 뺄셈에서는 십진법 원리의 기초인 10의 보수를 이해하고 이를 통해 십진법의 개념과 자릿수를 아는 것이 핵심이 되고, 20 이내의 덧셈과 뺄셈 원리를 완벽하게 이해하고 이후 계산이 정확해지면 두 자리, 세 자리, 네 자리, 무한자리의 덧셈과 뺄셈도 정확하게 계산할 수 있다. 덧셈과 뺄셈은 10을 만들어서 자리가 올라가거나 10을 풀어서 자리가 내려가거나 하는 반복 과정을 거치게 되는 것이다. 또한 100은 10이 10개이거나 1이 100이라는 개념을 알기 때문에 여러 자릿수의 덧셈과 뺄셈에서 원리를 스스로 터득하게 되는 것이다. 따라서 덧셈과 뺄셈에서는 10의 보수를 이해하여 십진법의 원리를 알고 20 이내의 덧셈과 20 이내의 뺄셈을 정확하게 하면 이후 난해의 여러 자릿수의 덧셈과 뺄셈은 스스로 원리를 찾아가게 하는 것이 좋다.

정리하면 덧셈을 잘하려면 1대1 대응에서 시작하여 수 가르기 개념이 확실하게 잡혀야 한다. 구체적 조작과 연습으로 개념을 잡아야 하고 그런 후에 연습문제를 많이 풀어봐야 한다. 그 후에 20 이내의 덧셈을 개념에 입각하여 입으로 설명하며 풀어 보게 한 후 이 과정이 만족스럽다면 다음에 제시한 100문제 같은 문제를 연습삼아 풀어서 덧셈에서 틀리는 일이 없이 정확하게 계산하는 연습을 한다.

아마도 5~6학년이 되어서도 덧셈에서 자꾸 셈이 틀리는 아동이 있다면 1~2학년 수준의 수 가르기와 10의 보수와 20 이내의 덧셈 과정 개념을 잡아 지도하고 100문제 정도를 연습하여 능숙하게 셈을 하도록 하면 여러 자릿수의 덧셈과 뺄셈의 부정확성을 잡아 줄 수 있다. 덧셈이 정확해지면 뺄셈은 덧셈의 역연산이기 때문에 자연스럽게 정확해진다.

곱셈

덧셈의 확장된 개념으로 같은 수의 무리를 지어 같은 수가 몇 번 반복되어 더해지는지 알아내는 셈이다. 따라서 같은 수의 무리를 분류할 수 있는 기초를 다진 후에 구구단을 외우게 하는 것이 좋다. 그러한 기초 없이 구구단을 외우는 것은 개념을 모르고 노래하는 것과 같다. 때문에 무작정 구구단을 외우는 것보다는 같은 수의 무리를 여러 방법으로 묶어서 표현해 보는 활동을 많이 하는 것이 곱셈 개념을 잡는 좋은 방법이 될 수 있다.

이러한 과정이 만족스럽게 진행되었다면 구구단 공부를 시작한다. 일단 구구단 공부를 시작하면 2단은 2의 연속 덧셈 과정을 쓰게 한다.

예
$2 = 2$
$2 + 2 = 4$
$2 + 2 + 2 = 6$
$2 + 2 + 2 + 2 = 8$
⋮

이런 식으로 그 외의 단도 쓰게 해서 곱셈은 같은 수가 반복되어 더해지는 과정을 쉽게 하기 위한 약속이란 것을 이해하게 한다. 그런 후에 구구단을 외우게 하는데 잘 외우는 아이는 그대로 외우게 한다. 하지만 아무리 반복해도 잘 외우지 못하는 아이도 있기 마련이다. 그럴 경우 다음과 같은 방법을 추천한다.

경험상 2단과 5단처럼 쉬운 단부터 외우는데 각 구구단의 1에서 9까지 못 외울 때 1에서 5까지만 반복해서 외우도록 한다.

예 $2 \times 1 = 2$
$2 \times 2 = 4$
$2 \times 3 = 6$
$2 \times 4 = 8$
$2 \times 5 = 10$

그런 후에 6($2\times6 = 12$)과 7($2\times7 = 14$)을 외운 후 1부터 7까지 외우게 하고 그런 후에 8($2\times8 = 16$)과 9($2\times9 = 18$)를 외우게 한다. 그러고 나서 처음(1)부터 끝(9)까지 외우게 하고 읽게 한다.

2학년 2학기 때부터 구구단을 배우게 되는데 아침마다 반복적으로 읽고 쓰게 한다. 구구단은 앞으로 공부하게 될 모든 계산의 기초이기 때문에 일단 외웠다고, 단원이 지나갔다고 넘어가지 말고 아침마다 반복적으로 외우게 한다.

나눗셈

엄밀한 의미에서 수학에서 나눗셈이라는 것은 역원을 곱하는 연산을 간략하게 표시한 것으로 볼 수 있다. 따라서 곱셈의 다른 모습이다. 즉, 수학에서 나눗셈은 곱셈의 다른 표현으로 나눗셈은 존재하지 않는다고 할 수 있다. 때문에 나눗셈은 곱셈의 역원으로 도입하는 것이 정확하고 곱셈을 정확하게 하면 나눗셈도 따라서 정확해진다.

그래서 구구단이 중요한 것이다. 단지 입으로만 구구단을 외우는 것이 아니라 개념을 이해하는 것이 중요하다. 구구단을 2학년 교과과정에 맞추어 외우는 것은 늦다고 생각하고 초등학교 들어가기 전부터 미리 노래하듯 외우는데, 개인적으로 이것은 삼가야 한다. 얼마나 어린 나이에 구구단을 외웠느냐는 중요하지 않다. 가장 중요한 것은 구구단의 개념을 이해했느냐의 여부다.

Coaching Tip 2

덧셈보다 곱셈을 먼저 계산?

토끼 한 마리와 호랑이 한 마리가 있습니다. 합치면 모두 얼마일까요? 호랑이가 토끼를 잡아먹을 테니 호랑이만 남겠지요. 또 사람 두 명과 비행기 한 대를 합치면 모두 얼마일까요? 사람이 비행기에 타 버리면 비행기만 남겠지요.

덧셈은 같은 것끼리 있는 경우에만 가능하다(동류항). 같은 것으로 분류된 경우에만 가능하다는 뜻이다. 가령, 책에서 토끼와 호랑이가 같은 유치원에 다니는 친구로 설정되어 있는 경우에는 토끼와 호랑이는 친구라는 생각을 할 수 있으니까 더할 수 있다. 하지만 그런 전제 없이 다른 것을 더하라고 하는 문제는 틀린 문제다.

6차 교육과정의 수학 교과서를 보면 인형 두 개와 비행기 한 대를 합치면 모두 얼마가 되는지 알아보는 장면이 있는데 이것은 아이들을 혼란스럽게 하는 문제다. 하지만 곱셈은 그렇지 않다. 같은 것끼리가 아니더라도 셈할 수 있나.

51 수학 문제를 풀 때 꼭 버릇을 들여놓아야 하는 것이 바로 단위를 붙이는 것이다. 단위를 붙여서 식을 만들면 덧셈보다 곱셈을 먼저 계산해야 하는 이유를 자연스럽게 알 수 있게 된다. 다음의 문제를 한 번 생각해 보자.

예 1 공원 입장료가 어른은 800원, 어린이는 200원입니다. 어른이 2명, 어린이가 3명 있다면 모두 얼마를 지불해야 합니까?

풀이 800원/명 × 2 명 + 200원/명 ×3명 = 1600원 + 600원 = 2200원

예 2 현우는 자전거를 타고 시속 7km로 3시간 달리다가 속도를 줄여서 시속 6km로 2시간 달렸습니다. 현우가 자전거로 달린 거리는 모두 몇 km입니까?

풀이 7 km/시간× 3시간 +6km/시간 × 2시간 = 21km + 12km = 33km

덧셈이란 같은 종류의 것이 아니면 할 수 없다고 했다. 따라서 예 1)에서 1명당 입장료와 사람 수를 더할 수 없고, 예 2)에서 속도와 시간을 더할 수 없다. 그러니까 곱셈을 먼저 계산해서 예 1)은 단위를 '원'으로 예 2)는 단위가 'km'로 같게 한 후에야 비로소 같은 종류가 되므로, 덧셈이 가능해지는 것이다.

5 수는 여러 종류가 있다

교과서대로 약수와 배수를 왜 배우는지 설명을 하면 배수는 공배수를 배우는 데 이용되며 공배수는 통분과 최소공배수를 구하는 데 이용된다. 약수는 공약수를 배우는 데에 이용되며, 공약수는 약분과 최대공약수를 구하는 데에 이용되기 때문이다. 또한 최소공배수로 통분하면 분모의 크기가 작아지기 때문에 분수의 크기 비교, 덧셈과 뺄셈을 직관적으로 쉽게 이해할 수 있다. 최대공약수로 약분하면, 분모와 분자의 수가 작기 때문에 분수의 비율을 직관적으로 쉽게 이해할 수 있다.

교과서에서 "배수란 5를 1배, 2배, 3배, 4배 …… 한 수 5, 10, 15, 20 ……을 5의 배수라고 한다."라고 정의(약속)했고 "약수란 6을 1, 2, 3, 6으로 나누면 나누어 떨어질 때 1, 2, 3, 6을 6의 약수라고 한다."라고 정의(약속)했다. 약수와 배수에 관한 자료는 중국에서 가장 오래된 수학책인 『구장산술(九章算術)』이란 책에서도 찾을 수 있다.

수학을 배울 때에는 다양한 수가 나온다. 한 자연수를 두 자연수의 곱으로 나타낼 때 1과 자기 자신의 곱으로만 표현되는 소수(prime number)와 그 이외의 수들의 곱으로 나타낼 수 있는 합성수(composition number)는 좋은 예다.

바둑돌을 놓는 방법으로 합성수와 소수를 설명하면 4개의 바둑돌이 있을 때 이것을 직사각형 모양으로 늘어놓는 방법은 몇 가지 있을까? 또, 12개의 바둑돌이 있을 때는 몇 가지 방법이 있을까? 아래 그림에서 가로, 세로로 늘어놓은 바둑돌의 개수는 4또는 12의 약수다.

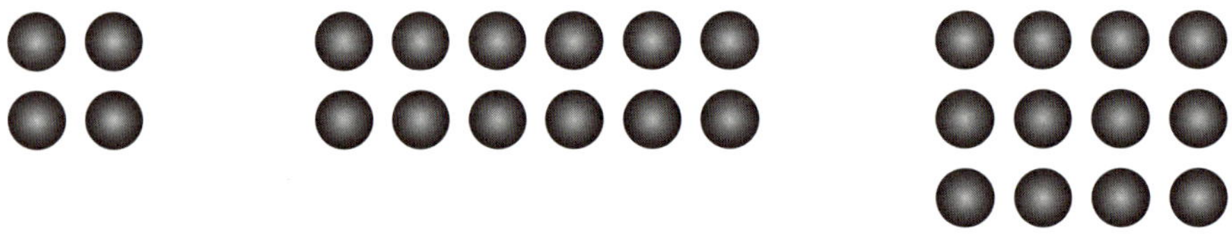

그러나 11개의 바둑돌은 직사각형 모양으로 늘어놓을 수 없다. 왜냐하면 자기 자신과 1만을 약수로 갖는 수만큼의 바둑돌이 있다면 이때는 일직선으로 늘어놓을 수밖에 없기 때문이다. 이런 수를 소수라고 한다. 그러면 소수는 자연수에서 어떤 의미를 지니는지 생각해 보자.

1이 있을 때 1을 두 번 더하면 2, 세 번 더하면 3…… 이와 같이 1과 덧셈만 있으면 모든 자연수를 만들어 낼 수 있다. 이번에는 곱셈으로 자연수를 만들어 보자. 1을 한 번 곱하면 1, 두 번 곱해도 1, 세 번 곱해도 1……. 1은 아무리 여러 번 곱해도 항상 1이므로 1과 곱셈만으로는 자연수를 모두 만들어 낼 수 없다. 그러면 2를 여러 번 거듭하여 곱하면 모든 자연수를 만들어 낼 수 있을까? 2를 두 번 곱하면 4, 세 번 곱하면 8……. 그러면 2를 몇 번 곱하면 6, 15를 만들 수 있을까? 이 수들은 2를 아무리 여러 번 거듭하여 곱해도 만들 수 없고, 3 또는 5가 필요하다. 그러면 곱셈으로 121을 만들기 위해서는 어떤 수가 필요할까? 이와 같이 곱셈으로 모든 자연수를 만들려면 2, 3, 5, 7, 11…… 등과 같은 소수가 모두 필요하다.

이때, 아주 중요한 성질을 하나 발견할 수 있다. 8은 2를 세 번 거듭하여 곱해서 만들어지는 수이므로 8의 성질은 2의 성질을 알면 추측할 수 있다. 또, 45는 3을 두 번, 5를 한 번 곱해서 만들어지는 수이므로 45는 3과 5의 공통적인 성질을 갖게 된다. 이런 이유로 수학자들은 소수에 관심을 갖게 되었고, 자연수에 대하여 연구할 때도 소수에 대해서만 집중적으로 연구하는 계기가 되었다.

수학에서 수는 그 성질에 따라 다양하게 분류할 수 있다. 이유는 많은 수를 더 쉽게 이해하기 위한 사람들의 노력의 결과라 할 수 있다.

6 고득점을 위한 수학 공부법은 따로 있다

수학 시험에서 고득점을 얻기 위한 공부 방법은 다음과 같다.

중요한 공식은 꼭 암기한다

수학을 싫어하는 학생 가운데에는 공식을 암기하는 것이 귀찮기 때문이라는 학생이 있다. 그러나 수학은 공식을 암기하지 않고는 풀 수 없는 문제가 많다. 공식을 알면 바로 계산하여 답을 찾을 수도 있고, 답을 찾지 못해도 문항을 대입해 보면 무엇이 정답이고 오답인지를 알 수 있다. 따라서 공식만 암기하면 수학에 대한 자신감을 갖게 되고, 흥미를 돋우며, 시험을 치를 때 많은 도움이 되어 좋은 점수를 받을 수 있다.

초등학교 수학에서는 공식이 그리 많지 않으며 대부분 넓이를 구하는 공식들이 많지만 중학교 수학에서는 방정식을 배우면서 공식도 많아진다. 공식이 나온다고 해서 무조건 모조리 암기하기보다는 체계적으로 공식의 우선순위를 따져 보는 것이 필요하다. 얼마나 자주 출제되는지, 얼마나 다양하게 사용되는지, 공식을 대체할 방법이 있는지 없는지, 선생님이 중요하다고 강조했는지에 따라 정리하여 공식과 문제 해결을 같이 암기하고 응용하는 힘을 키워야 한다.

응용문제를 많이 풀어 본다

공식은 암기만이 중요한 게 아니라 실제로 적용해서 풀어 보는 것이 중요하다. 자꾸 비슷한 문제를 풀어보는 것은 공식의 유도 과정을 충분히 이해하게 하여 어떠한 문제도 쉽게 풀 수 있게 하기 위해서다. 실제로 교과서에 있는 문제는 잘 풀지만 조금만 변형하면 틀리는 경우가 비슷한 유형의 문제를 많이 풀어보지 않았기 때문인 경우가 많다.

기초가 부족하면 처음부터 다시 시작해야 한다

수학은 영어와 마찬가지로 기초가 없으면 따라가기 어려운 과목이다. 수학은 기초를 모르고도 '나중에 공부하면 되지.' 라는 생각을 허락하지 않는다. 따라서 기초가 부족하다고 생각하면 그 문제의 기초가 되는 학년의 교과서나 참고서를 가지고 공부를 다시 해야 한다.

복습을 많이 해야 한다

수학은 영어와 마찬가지로 내신이나 수능에서도 과목의 비중이 큰 과목이다. 따라서 수학 과목의 점수를 높게 받고 싶으면 어떤 일이 있어도 그날 배운 수학 교과 내용은 그날 그날 복습을 해서 완벽하게 내 것으로 만들어야 한다. 그렇지 않고 나중에 공부하려고 하면 기억도 나지 않을뿐더러 혼자 공부해야 하기 때문에 결국은 수학을 포기하게 된다. 다른 과목도 마찬가지지만 수학은 꼭 복습을 습관화해야 잘 할 수 있다.

오답노트를 작성한다

수학은 문제 위주로 되어 있기 때문에 문제를 많이 풀게 된다. 따라서 문제를 풀다 보면 틀리는 문제들이 발생하는데 이때에는 꼭 오답노트를 작성하여 틀린 부분이 어디인지를 체크해서 시험이 가까운 때에 복습에 활용하면 비슷한 문제가 출제되었을 때 틀리지 않을 수 있다.

공식을 모르면 대입해 보라

수학 문제는 다른 과목과는 달리 주관식 문제가 어울리지만, 재섬을 빠른 시긴 내에

해야 하고, 평가의 다양화를 위하여 객관식으로 시험문제를 출제한다. 주관식은 모르면 전혀 쓸 수 없지만 5지선다형의 객관식 문제는 아무 번호나 한 개를 체크했을 때, 맞을 수도 있다. 맞을 확률이 1/5이 되는 것으로 확률이 높은 것이다. 특히 수학문제 중에서 풀이 방법을 모르면 정답을 찾기가 곤란하나, 문항에서 적당한 것을 골라 문제에 대입해 보면 쉽게 정답이나 오답을 찾을 수 있는 문제들이 많다.

이해하고 암기해야 한다

수학은 암기하기보다는 이해하는 과목이라고 생각해서 암기를 하지 않는 학생들이 있다. 그러나 엄밀하게 말하면 수학에서도 암기는 꼭 필요하다. 굳이 비율을 따지자면 수학 공부는 암기 10%와 이해 90%로 이루어진다고 할 수 있다. 암기의 비율이 10%라고 해서 그 중요성이 떨어지는 것은 아니다. 암기한 공식을 이해해야만 공식을 문제에 적용할 수 있다. 암기는 했는데 이해가 안 되면 무엇을 어디에 대입해야 하는지, 어떻게 문제를 푸는지 몰라서 쩔쩔매게 된다.

쉬운 문제부터 풀어라

수학 시험을 볼 때는 배점이 같은 경우 전체적으로 시험지를 보면서 어려운 문제는 표시를 해 두고 쉬운 문제부터 풀어야 한다. 시간이 남는 경우에 어려운 문제를 풀어야 한다. 그러나 배점이 다른 경우에는 배점이 높은 문제부터 풀어야 한다. 시간이 부족하면 쉬운 문제도 답하지 못하고 놓치는 경향이 있기 때문이다.

문제를 풀고 검토를 하라

수학은 숫자로만 구성되어 있는 것이 아니라 기호나 부호가 많이 사용된다. 따라서 숫자로 된 것은 다 맞지만 기호나 부호가 틀리면 오답으로 처리되니 꼼꼼히 검토해서 기호나 부호가 빠지거나 틀리지 않았는가를 확인해야 한다.

7 문장제 문제에 익숙하게 하라

수학을 잘하는 학생이나 수학을 어려워하는 학생 모두가 보자마자 주춤하는 문제 유형이 있다. 바로 '문장제 문제'다. 수학적 언어가 아닌 일반 문장으로 서술된 문제를 문상세 문제라고 하는데, 공식에 의한 문제 풀이에 익숙한 학생들에게 문장제 문제는 더욱 성가시고 당혹스러운 대상이 된다. 문제를 읽고 어떤 해결 방식으로 식을 세워야 할지, 어떤 방법으로 접근해야 하는지에 대한 이해와 판단이 필요하기 때문이다.

문장제 문제를 어려워하는 학생들은 글로 표현된 문제에 대한 수학적 이해가 부족하다. 하지만 문장제 문제가 대부분의 학생에게 익숙한, '공식을 활용하는 문제'에 비해 난이도가 특별히 높은 것은 아니다. 일상 언어로 제시된 문제를 수학적 언어로 표현하는 것에 익숙하지 않아 어렵게 느껴지는 것이다. 그럴 때 필요한 것이 문제 해결 전략을 세우는 일이다.

문제 해결 전략이란 문제 해결에 도움이 되는 일반적인 절차나 해법의 실마리가 되는 생각, 발견의 실마리를 얻도록 하는 방법 등의 사고 전략을 뜻한다. 문제 해결 전략은 문제에서 주어진 것과 구하려는 것 사이의 관계를 파악하기 위해 이용하기도 하며 주어진 문제를 올바르게 해결하기 위해 계획을 세우는 단계에서 이용하기도 한다.

계산 문제는 풀면서 문장제 문제가 나오면 어려워하는 아이가 의외로 많다. 하지만 숫자를 10 이내의 작은 수로 바꾸어서 풀게 하면 직관적으로 문제가 해결되기 때문에 쉽게 해결하는 경우가 많다.

문장제 문제가 어려울 때는 10 이내의 작은 수로 바꾸어 직관적인 연산 방법을 찾은 후에 원래의 수를 넣어 계산을 한다. 또한 문장을 완전히 이해하여 구하려는 미지수가 무엇인지, 주어진 조건이 무엇인지 정확하게 파악하게 하는 것이 중요하다.

예 도현이와 소현이는 매달 3000원씩 저금하기로 하였다. 이번 달에 도현이는 3450원, 소현이는 2970원을 저금하였다. 누가 저금을 더 많이 하였나?

철사 $\frac{3}{4}$m의 $\frac{8}{9}$을 가지고 고리를 만들었다. 고리를 만드는 데에 사용한 철사는 몇 m인가?
다시 바꾸면 철사 4m의 $\frac{1}{2}$을 가지고 고리를 만들었다. 고리를 만드는 데에 사용한 철사는 몇 m인가?

3학년 1학기의 문제와 5학년 1학기의 문제인데 의외로 어떤 연산을 해야 할지 선택을 못하는 경우가 많다. 이럴 때 [도현이와 소현이는 매달 3원씩 저금하기로 하였습니다. 이번 달에 도현이는 4원, 소현이는 2원을 저금하였습니다. 누가 저금을 더 많이 하였습니까?] 로 바꾸면 문제가 원하는 것이 무엇인지(누가 저금을 더 많이 하였습니까?) 암산(2원)으로 가능하기 때문에 필요 없는 조건(매달 3원씩 저금하는 것)과 필요한 조건(도현이는 4원, 소현이는 2원 저금)을 구분하고 필요 없는 조건 때문에 고민할 필요 없이 문제를 해결할 수 있다.

숫자가 커지면 그 자체에 바로 부담을 느껴서 문제에서 원하는 미지수가 무엇인지, 불필요한 조건과 필요한 조건이 무엇인지 집중하지 못하고 단지 큰 숫자에만 집중해서 문제 해결력을 잃어버리게 된다. 때문에 단순하게 직관적으로 암산으로 계산할 수 있도록 바꾸어 주면 이를 방향 삼아 문제 해결을 쉽게 해 나가는 길잡이가 된다.

얼마나 이해했는지 알아보려면 문장제 문제를 만들어 보게 한다. 아동의 이해 척도를 가늠할 수 있다. 이 또한 문장제를 이해하는 좋은 방법이기도 하다. 실제로 『초등학교 수학 이렇게 가르쳐라』를 쓴 리핑마는 미국과 중국의 교사에게 수학을 얼마나 이해하고 가르치고 있는지 알아보기 위해 $1\frac{3}{4} \div \frac{1}{2}$ 문제를 제시하였다. 의외로 미국의 우수하다고 여겨지는 교사들조차 올바른 문장제를 만들지 못해 많은 충격을 주었다고 한다. 서울교대 배종수 교수도 분수의 나눗셈을 현직 교사가 얼마나 이해하고 있는지 조사해 보았는데, 의외로 한국 교사들도 이 문제를 제대로 이해하지 못한채 문장제를 만들어 냈다는 결과를 얻었다. 즉, 계산을 잘 하는 것보다 이를 완전히 이해하여 문장제로 만드는 것은 더 깊은 이해력을 필요로 한다는 것이다.

아이들이 수학을 이해하려면 결국 그 학습 지도자인 교사나 부모들이 수학에 대해 더 깊은 이해를 해야 한다. 현 초등학교 수학 과정은 대부분 실생활에서 그 수학적 원리를 깨닫고, 수학의 필요성을 인식하고, 수학적 약속들을 받아들이게 되어 있다. 하지만 이러한 과정들은 더디게 진행되기 때문에 실제 학교 수업에서는 이루어지기 힘든 면도 있다. 아이들에게 보다 깊은 수학적 이해를 심어 주기 위해서는 부모들이 가정에서 경험하게 해 주고 탐구하게 해 주어야 한다.

8 방학은 수학을 정복하는 황금의 기회

방학이 되면 아이들을 학원에 보내는 부모들의 대부분은 다음 학기나 다음 학년의 선행학습을 원한다. 그래야 학교 수업에 뒤처지지 않는다고 생각하기 때문이다. 하지만 아이가 수학과 친하지도 않은데 무조건적인 선행학습을 하는 것은 극약처방일 수 있다. 수학에 대한 무조건적인 선행학습은 점점 수학을 싫어하는 과목으로 내몰게 하는 원인이 되기도 한다.

수학은 의외로 학습 시간이 많이 걸리는 과목이다. 방학은 정해진 학습 시간도 없고, 시험도 없기에 느긋하게 생각하며 문제를 풀 수 있는 황금 같은 시간이다. 방학을 이용하여 100% 효과를 보는 수학 공부 방법은 다음과 같다.

자신의 실력을 점검하라

학생들은 이미 배운 내용에 대해서는 다 알거나 쉽다고 생각하는 경향이 크므로, 실제로 그런가를 점검해 보아야 한다. 부모가 아이와 함께 학기 내내 공부를 잘했다 하더라도 잠시 방심하거나 집안에 일이 생기거나 여행 등 잠깐 공부에 집중하지 못할 때가 있다. 그때의 진도를 잘 체크하여 어떤 단원이 부족해지는지 체크하여 방학 때 그 부분을 보충해 주도록 한다. 그 부분을 빠지더라도 특별하게 시험에 직접적인 영향이 없을 수도 있다. 하지만 대부분 위 학년으로 올라갔을 때 문제가 발견된다. 방학 중 점검하는 방법은 지난 학기나 지난 학년에 배웠던 단원의 문제를 풀어 보거나 서술형 문제를 풀어 봄으로써 아이의 부족한 점을 찾는 것이 중요하다. 부족한 부분이 어디인가를 찾았다면 교과서에서 그 부분에 대한 내용을 찾아서 보충하는 것이 필요하다.

다음 학기의 기초 공사-기본 개념 잡기

건물을 지을 때에도 기본 공사가 튼튼하지 않으면 금방 무너지는 것처럼 특히 수학 공부에서도 기본 개념이 머릿속에 탄탄히 있지 않으면 신유형이나 응용문제가 나왔을 경우 풀지 못하고 포기하게 된다.

다양한 문제를 풀어본다

학기 중에는 진도를 따라가고 시험에 대비하느라 바쁘게 문제만 풀었다면 한 문제에 대해 여러 가지 방법으로 접근할 수 있도록 느긋하게 문제 풀이 시간을 주는 것도 수학에 대한 적용과 응용력을 기르는 데 도움이 된다.

상위권이라고 해서 무조건 어려운 문제집만 풀게 하는 것도 좋지 않다. 그럴 경우 문제를 푸는 데 스트레스를 받아 좋아했던 과목에 오히려 상처를 받고 싫어하는 과목이 되기도 한다.

수학을 다룬 철학책을 많이 읽는다

수학을 그저 골치 아픈 과목으로만 생각하지 말고 수학을 다룬 철학자들의 책을 많이 읽어 보자. 사고의 기본 논리부터 키운 후 수학을 공부하면 수학의 언어가 쉽게 다가올 것이다. 방학 동안 수학의 기본인 논리적 사고를 길러 주는 철학책을 많이 읽어 보자. 기본부터 단계를 밟는 것이 넓게 보면 훨씬 시간도 절약되고 효율도 높아진다.

경험학습의 기회로 삼는다

방학 동안에 수학을 선행학습 차원에서 지도하기보다는 경험학습의 기회를 제공하는 것이 중요하다. 특히 초등 고학년이 되면 기하 부분에 대한 체험학습이 필요하다. 예를 들면, 정십이면체나 정이십면체처럼 자주 접하지 못하는 입체도형들을 직접 만들어 보게 함으로써 꼭지점, 면, 선 등의 개념을 파악할 수 있다. 이러한 체험은 수학을 책을 통한 간접 경험이 아닌 직접 경험으로 즐길 수 있게 해 준다.

이러한 부분들은 일대 다수가 수업하는 학교 수업에서는 간과될 때가 많다. 그 부족한 부분을 방학 동안 부모가 채워 줄 필요가 있다. 기하 부분은 중학교나 고등학교에서도 등장하고, 이런 체험학습을 했던 학생들이 더 높은 이해도를 보이기 때문이다.

방학 중 수학 학습에 대한 순서도를 확인해 보면 다음과 같다.

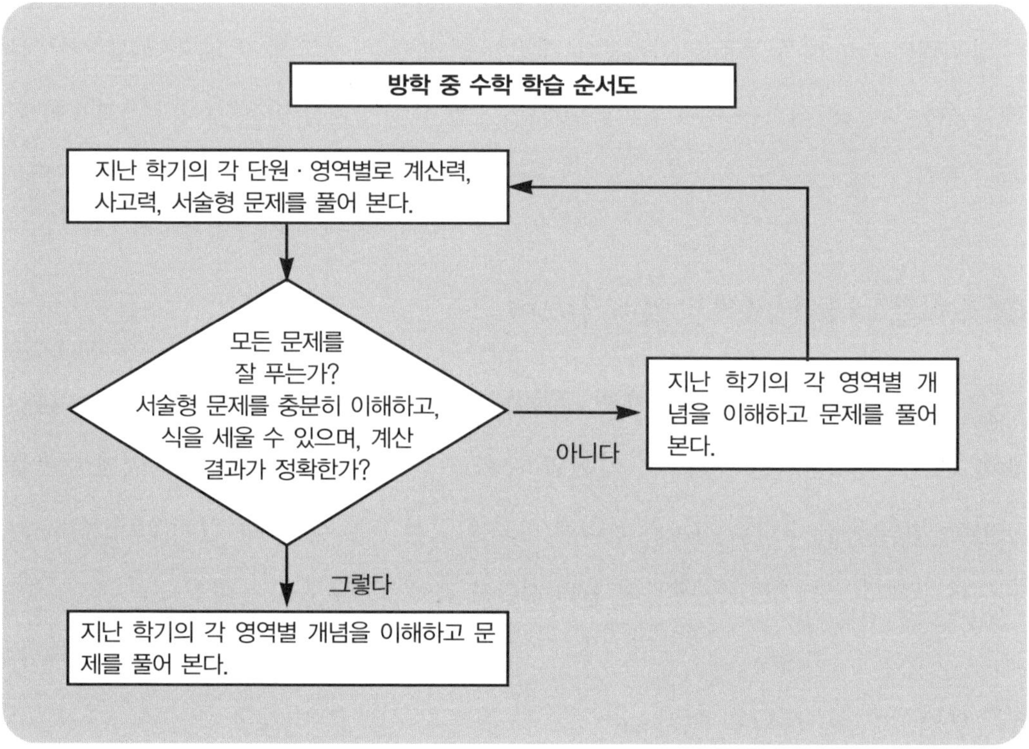

Coaching Tip 3

새롭게 바뀐 초등 수학 교과 과정

학 년	1학기	2학기
1	1. 5까지의 수 2. 9까지의 수 3. 여러 가지 모양 4. 더하기와 빼기 5. 비교하기 6. 50까지의 수 7. 문제 푸는 방법 찾기	1. 100까지의 수 2. 여러 가지 모양 3. 10을 가르기와 모으기 4. 덧셈과 뺄셈(1) 5. 시계 6. 덧셈과 뺄셈(2)
2	1. 세 자리 수 2. 덧셈과 뺄셈(1) 3. 여러 가지 모양 4. 덧셈과 뺄셈(2) 5. 길이 재기 6. 식 만들기 7. 시간 알아보기 8. 곱셈	1. 곱셈구구 2. 덧셈과 뺄셈(1) 3. 길이 재기 4. 덧셈과 뺄셈(2) 5. 분수 6. 표와 그래프 7. 문제 푸는 방법 찾기
3	1. 10000까지의 수 2. 덧셈과 뺄셈 3. 평면도형 4. 나눗셈 5. 평면도형의 이동 6. 곱셈 7. 분수 8. 길이와 시간	1. 덧셈과 뺄셈 2. 곱셈 3. 도형 4. 나눗셈 5. 들이 재기 6. 분수와 소수 7. 자료 정리하기 8. 문제 푸는 방법 찾기

학 년	1학기	2학기
4	1. 큰 수 2. 곱셈과 나눗셈 3. 각도 4. 삼각형 5. 혼합계산 6. 분수 7. 소수 8. 규칙 찾기	1. 분수의 덧셈과 뺄셈 2. 소수의 덧셈과 뺄셈 3. 수직과 평행 4. 사각형과 다각형4 5. 평면도형의 둘레와 넓이 6. 수의 범위와 어림 7. 꺾은선 그래프 8. 규칙 찾기와 문제 해결
5	1. 약수와 배수 2. 약분과 통분 3. 분수의 덧셈과 뺄셈 4. 분수의 곱셈 5. 도형의 합동 6. 직육면체와 정육면체 7. 평면도형의 넓이 8. 여러 가지 단위	1. 분수와 소수 2. 분수의 나눗셈 3. 도형의 대칭 4. 소수의 곱셈 5. 소수의 나눗셈 6. 자료의 표현과 해석 7. 비와 비율 8. 문제 해결 방법 찾기
6	1. 분수의 나눗셈 2. 소수의 나눗셈 3. 각기둥과 각뿔 4. 여러 가지 입체도형 5. 원주율과 원의 넓이 6. 비율 그래프 7. 비례식 8. 연비와 비례 배분	1. 분수와 소수의 혼합 계산 2. 원기둥과 원뿔 3. 겉넓이와 부피 4. 원기둥의 겉넓이와 부피 5. 경우의 수와 확률 6. 방정식 7. 정비례와 반비례 8. 문제 해결 방법 찾기

2

3

1학년,
수학에 호기심을
갖게 한다

3

1학년,
수학에 호기심을
갖게 한다

수학의 기초를 다지려면 초등학교 1학년 수학부터 확실하게 공부하도록 지도해야 한다. 아무리 수학을 싫어하는 아이도 초등학교 1학년 수학은 하루 정도만 공부하면 충분히 학습할 수 있는 분량이다. 처음 학교에 가서 수학이라는 세계를 접해 보면 그리 어렵지 않은 일상생활에서 쓰이는 수들로 이루어진 세계를 맞게 된다.

다음의 표는 초등학교 1학년에서 다루는 내용이다. 따라서 초등학교에서 수학 성적을 올리려면 다음 표에 입각해서 공부 방법을 지도하는 것이 중요하다.

영역 단계	수와 연산	도 형	측 정	확률과 통계	규칙성과 문제 해결
1–1	**(가) 50까지 수** • 수 개념, 세기, 쓰기, 읽기 • 순서, 크기 비교 • 십진기수법 기초 • 분해와 합성 **(나) 간단한 덧셈과 뺄셈** • 의미 이해 • 합이 9 이하 덧셈 • 한 자리 수끼리의 뺄셈 **(다) 덧셈과 뺄셈 활용** • 덧셈, 뺄셈이 관련된 문제 해결	**(가) 입체도형 모양** • 여러 가지 물건의 관찰 • 직육면체, 원기둥, 구의 구분 • 기본적인 입체도형의 감각 익히기	**(가) 양의 비교** • 구체물의 길이, 들이, 무게, 넓이 비교	**(가) 분류하기** • 1가지 기준에 따라 분류하고 개수 세기	**(가) 규칙 찾기** • 규칙적인 배열에서 규칙 찾기
1–2	**(가) 100까지 수** • 수 개념, 세기, 쓰기, 읽기 • 순서, 크기 비교 (〉, 〈 사용) • 십진기수법 이해	**(가) 평면도형의 모양** • 사각형, 삼각형, 원의 구분 • 기본적인 평면도형 만들기 • 여러 가지 모양 꾸미기	**(가) 시각읽기** • 몇 시, 몇 시 30분까지 시각 읽기		**(가) □를 사용한 식** • 덧셈식, 뺄셈식에서 □의 의미 이해 **(나) 규칙 찾기** • 규칙적인 배열에서 규칙을 찾기 • 규칙에 따라 배열하기

영역 단계	수와 연산	도 형	측 정	확률과 통계	규칙성과 문제 해결
1-2	**(나) 여러 가지 방법으로 수 세기** • 묶어 세기, 뛰어 세기 **(다) 한 자리 수의 덧셈과 뺄셈** • 합이 10인 덧셈식 10(몇)의 뺄셈 • 한 자리 수끼리의 덧셈 • 한 자리 수의 연가 감산 **(라) 두 자리 수 범위의 덧셈과 뺄셈** • 덧셈과 뺄셈 • 덧셈과 뺄셈의 관계이해 **(마) 덧셈과 뺄셈의 활용** • 덧셈과 뺄셈 문제 상황을 여러 가지 방법으로 해결하기	**(나) 공간 감각** • 점판에서 여러 가지 삼각형, 사각형 만들기 • 점판에 제시된 도형을 보고 만들기			• 1~100까지의 수 배열표에서 규칙 찾기 **(다) 문제 해결 방법** • 그림그리기, 실제로 해보기, 식 만들기 등으로 해결하기

1 0부터 100까지의 수

1학년 1학기에서 다루는 수의 범위는 0에서 50까지다. 1학년 2학기에서는 0에서 100까지 수 세기 활동을 바탕으로 100까지 다루고 있다. 1학년 수학 수업의 목표는 수를 차례로 세어 보기와 숫자 순서를 적는 활동이다. 또한 10씩 묶어서 '열, 스물, 서른……' 으로 세는 방법과 '십, 이십, 삼십……' 으로 세는 방법으로 능숙하게 차례로 셀 수 있도록 지도해야 한다.

수의 순서 알아보기

물건의 개수를 셀 때는 하나, 둘, 셋, 넷, 다섯으로 세고, 이것을 수 1, 2, 3, 4, 5……로 나타내고, 읽을 때에는 일(하나), 이(둘), 삼(셋), 사(넷), 오(다섯)……로 읽는다는 것을 이해하게 한다. 특히 사물의 개수를 나타낼 때는 25개 → 스물다섯 개로 읽으며, 수의 순서를 나타낼 때는 앞에서부터 차례로 첫째, 둘째, 셋째, 넷째, 다섯째 등으로 '~째' 를 붙여서 나타낸다.

첫째	둘째	셋째	넷째	다섯째	여섯째	일곱째	여덟째	아홉째	열째
1	2	3	4	5	6	7	8	9	10

많고 적음 알아보기

하나 더 많은 것, 하나 더 적은 개념을 동물 스티커나 그림 · 점을 이용하여 쉽게 이해하도록 한다. 이러한 한 자리 수의 이해를 바탕으로 10개씩 묶음, 낱개로 나타내었던 것을 십의 자리, 일의 자리로 나타내 보게 한다. 아파트의 층수, 호수, 출석번호 등을 수로 나타낼 수 있으며, 그 의미도 알게 한다.

	하나 더 많은 것 → ← 하나 더 적은 것		하나 더 많은 것 → ← 하나 더 적은 것		하나 더 많은 것 → ← 하나 더 적은 것		하나 더 많은 것 → ← 하나 더 적은 것	
1 일 하나		2 이 둘		3 삼 셋		4 사 넷		5 오 다섯

두 수의 크기 비교 알아보기

두 수의 크기 비교		
	사과는 레몬보다 많다.	5는 4보다 크다.
	사과는 5개다.	5 〉 4
	레몬은 사과보다 적다.	4는 5보다 작다.
	레몬은 4개다.	4 〈 5

또, 다음과 같이 바꿀 수 있도록 연습한다.

는 보다 많습니다. → 5는 4보다 큽니다.

은 보다 적습니다. → 4는 5보다 작습니다.

또한 100까지의 수를 나열해서 같은 것, 많은 것, 적은 것 찾기 등의 활동을 통하여 수의 크기를 선택할 수 있도록 지도한다. 두 수의 크기를 비교할 때는 '~보다 크다.' '~보다 작다.'는 표현을 할 수 있고, 물건은 '~보다 많다.' '~보다 적다.'의 양의 개념과 부등호(〈, 〉)로 나타낼 수 있게 한다.

숫자 쓰기

숫자 쓰기도 중요하다. 1~10까지를 또박또박 예쁘게 쓰는 것을 지도해 보자. 같은 숫자를 반복해서 쓰기보다는 1~10까지 순서대로 정확하게 적어 나가는 것이 중요하다. 특히 숫자 5와 8은 쓰는 순서를 정확하게 알려 주어야 한다.

이 부분이 중요한 이유는 저학년 때 굳어진 숫자 쓰는 법은 고학년 때 고치기가 힘들기 때문이다. 간혹 아이 스스로 0과 6을 자신이 써 놓고도 제대로 읽지 못해, 틀린 계산을 하는 경우도 있다.

0의 개념 알아보기

아무것도 없는 것을 나타낼 때 '0'이라고 쓰고, '영'이라고 읽는다. 특히 0을 '공'이라고 읽지 않도록 조심시킨다. 접시에 아이가 좋아하는 과일이나 과자, 사탕을 가지고 하나씩 먹어서 없어지는 것으로 숫자가 적어진다는 개념과 하나도 남지 않았을 때 아무것도 없는 상태를 0이라고 하는 것을 직접 체험하면서 익히게 한다.

100까지의 수 읽기

1	2	3	4	5	6	7	8	9	10
11	12	13	14	15	16	17	18	19	20
21	22	23	24	25	26	27	28	29	30
31	32	33	34	35	36	37	38	39	40
41	42	43	44	45	46	47	48	49	50
51	52	53	54	55	56	57	58	59	60
61	62	63	64	65	66	67	68	69	70
71	72	73	74	75	76	77	78	79	80
81	82	83	84	85	86	87	88	89	90
91	92	93	94	95	96	97	98	99	100

연습문제

[한 자릿수의 순서 적기] 1. □ 안에 알맞은 수를 넣으시오.

[5] → □ → □ → [8] → □

□ → 11 → □ → 13 → □

[두 자릿수의 순서 적기] 2. 빈칸에 알맞은 수를 써 넣으시오.

69 – □ – □ – 72

□ – 58 – 59 – □

□ – 50 – □ – 70 – 80 – □

[한 자리 숫자 읽기] 3. 같은 것끼리 선으로 이으시오.

○	둘	1
★★★	하나	2
♤♤	셋	4
□□□□	넷	3

[두 자리 숫자 읽기] 4. 같은 것끼리 선으로 이으시오.

열둘	25
삼십	30
이십오	15
열다섯	12

[두 자리 숫자 읽기] 5. 같은 것끼리 선으로 이으시오.

쉰 •	• 60 •	• 칠십
아흔 •	• 50 •	• 육십
예순 •	• 90 •	• 오십
일흔 •	• 70 •	• 구십

[두 자리 숫자 읽기] 6. 빈칸에 알맞은 수를 써 넣으시오.

10묶음	낱개
3	7

→ 3 7

10묶음	낱개
6	9

→ ☐

10묶음	낱개
7	8

→ ☐

[수의 대소 비교] 7. ☐ 안에 알맞은 수를 써 넣으시오.

하나 더 적은 수　　　하나 더 많은 수

☐ - 5 - ☐

[수의 대소 비교] 8. 더 큰 수에 ○표 하시오.

○○(2)　　　○○○(3)

(　　)　　　(　　)

[0의 개념] 9. 아무것도 없는 것을 뜻하는 숫자를 고르시오.

① 1　② 3　③ 5　④ 0

[수의 대소 비교] 10. 두 수 사이에 〉, 〈를 써 넣으시오.

83 ◯ 68　　69 ◯ 96

67 ◯ 78　　89 ◯ 78

2 10진법의 원리를 지도한다

10진법은 0, 1, 2…… 9의 10개의 숫자를 한 묶음으로 하여 1자리씩 올려가는 방법으로 사람의 손가락 수에 의해 유래하였다. 10진법을 이해하기 위하여 두 수 가르기와 두 수 모으기와 보수를 사용하는 것을 지도한다. 10진법을 실제적으로 지도하려면 33의 경우 10개씩 묶음을 나타내는 3과 낱개를 나타내는 3이라는 숫자는 같지만 나타내는 자리에 따라서 크기가 30과 3으로 다르다는 것을 자연스럽게 이해하도록 지도한다.

가르기와 모으기

수 2부터 10까지의 수를 가르고 모으기를 자유로이 할 수 있도록 연습한다.

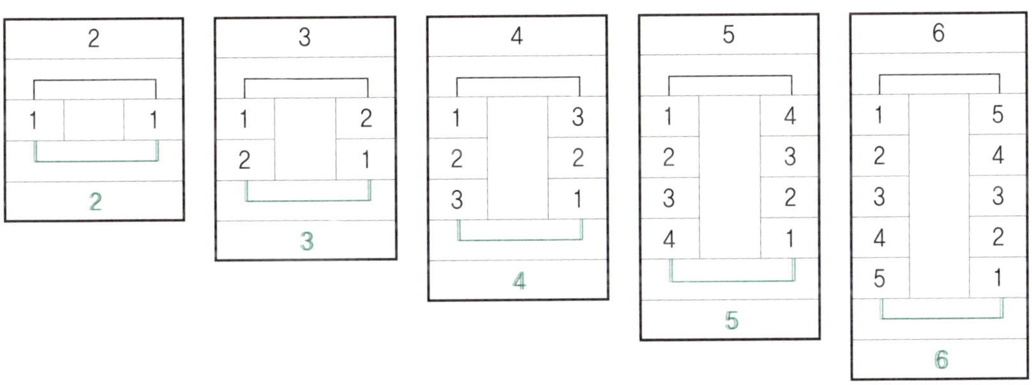

7		
1		6
2		5
3		4
4		3
5		2
6		1
7		

8		
1		7
2		6
3		5
4		4
5		3
6		2
7		1
8		

9		
1		8
2		7
3		6
4		5
5		4
6		3
7		2
8		1
9		

10		
1		9
2		8
3		7
4		6
5		5
6		4
7		3
8		2
9		1
10		

9 이하인 수의 범위에서 두 수로 가르기와 합이 9 이하인 두 수의 모으기 활동을 바탕으로 10을 두 수로 가르기와 합이 10이 되는 두 수의 모으기를 이해하게 한다. 또한 두 수의 합이 10이 되는 덧셈식에서 더해지는 수 또는 더하는 수를 구하고, 빼어지는 수가 10인 뺄셈식에서 빼는 수를 구하게 하여 10에 대한 보수를 인식시킨다. 이 과정은 바로 한 자릿수의 덧셈과 이와 관련된 뺄셈을 해결하는 바탕이 되는 활동이므로 충분한 경험을 하게 하면 자연스럽게 뺄셈과 덧셈의 원리를 알게 된다. 아이와 함께 구슬이나 블럭을 가지고 가르기와 모으기를 연습하면서 묶음수의 개념과 자연스럽게 받아올림을 이해할 수 있도록 도와준다.

3 덧셈과 뺄셈을 생활 속에서 활용하게 한다

덧셈

- 3과 2를 더하는 것을 '3 + 2' 라고 쓰고 '3 더하기 2' 라고 읽는다.
- 3 + 2 = 5를 '3 더하기 2는 5와 같습니다.' 또는 '3과 2의 합은 5입니다.' 라고 읽는다.

뺄셈

- 5에서 3을 빼는 것을 '5 − 3' 이라고 쓰고 '5 빼기 3' 이라고 읽는다.
- 5 − 3 = 2를 '5 빼기 3은 2와 같습니다.' 또는 '5와 3의 차는 2입니다.' 라고 읽는다.

덧셈식과 뺄셈식의 관계

- 덧셈식을 보고 뺄셈식 만들기

4 + 2 = 6 ↗ 6 − 2 = 4
↘ 6 − 4 = 2

• 뺄셈식을 보고 덧셈식 만들기

$6 - 2 = 4$ ↗ $4 + 2 = 6$

$6 - 2 = 4$ ↘ $2 + 4 = 6$

본격적으로 계산이라는 것과 만나는 것이 바로 덧셈과 뺄셈이다. 덧셈과 뺄셈은 수학의 기본이고 일상생활에서도 기본 상식이다. 덧셈은 1개의 수에 또 하나의 수를 합하는 계산법이다. 덧셈을 의미하는 용어로는 '합한다' '더한다' '보탠다' '~보다 큰 수' 가 있다. 뺄셈은 어떤 수에서 다른 수만큼을 빼는 계산법이다. 뺄셈을 의미하는 용어로 '뺀다' '덜어 낸다' '차' '~보다 얼마 작은 수' 가 있음을 지도한다.

'내가 가지고 있는 사탕에 엄마가 2개를 더 주시면?' 처럼 계산 과정으로 가기 전까지의 보태는 과정을 '더하기' 라고 하고 '내가 사탕 4개가 있는데 엄마가 3개를 더 주시면 모두 몇 개가 될까요?' 의 과정처럼 더하기 부호(+)를 가지고 계산하여 값을 구하는 것을 덧셈이라고 하고 덧셈의 결과 값을 '합이라고 한다.

한 자릿수끼리의 덧셈과 뺄셈은 합이 10 미만, 10에 대한 보수 관계를 바탕으로 합이 10이 넘는 경우를 다룬다. 뺄셈은 빼는 수를 빼어지는 수의 낱개에서 먼저 빼고 남은 것을 낱개와 합하는 감가법 등이 있다. 덧셈과 뺄셈이 익숙해지면 암산으로 합이나 차를 구할 수 있도록 습관화시켜야 한다. 덧셈 및 뺄셈은 우리의 일상생활과 밀접한 관련이 있으므로 일상에서 생기는 계산에 대해 칭찬해 주면 좋다. 이런 활동 속에서 아이가 적게는 덧셈과 뺄셈의 재미에 빠지도록 하고 크게는 수학에 대한 유용함을 인식하게 해야 한다.

반복적으로 쓰는 학습이 중요한 시기다. 이때 너무 많은 양을 시켜 아이가 쓰는 것을 싫어하게 될 수도 있으니, 적절히 양을 조절해 주어야 한다. 또, 아이가 잘 하는 부분을 할 수 있도록 해 주어, 성공 경험을 늘려 주는 것도 좋다.

연습문제

[두 수 모으기] 1. 그림을 보고, 오른쪽의 □ 안에 알맞은 수를 써 넣으시오.

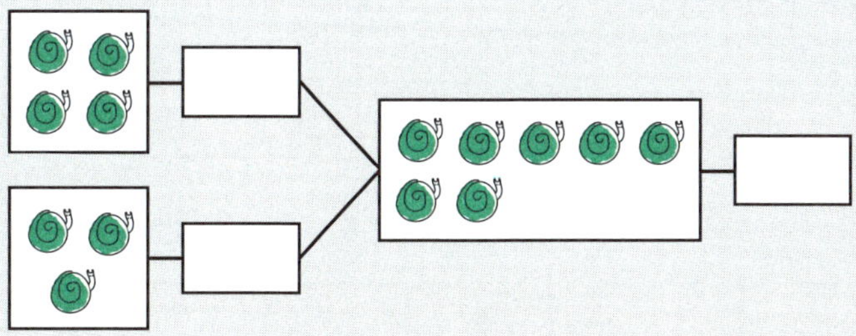

[두 수 모으기] 2. 다음을 10개씩 묶어 보고, 모두 몇 개인지 □ 안에 알맞은 수를 써 넣으시오.

10개씩 □ 묶음과 낱개가 □ 개 이므로 모두 □ 개입니다.

[보수] 3. 식에 알맞게  를 지우고 □ 안에 알맞은 수를 써 넣으시오.

$$10 - \square = 7$$

[보수] 4. □ 안에 알맞은 수를 써 넣으시오.

(1) 10 − □ = 3　　(2) 10 − □ = 9

(3) 10 − □ = 6　　(4) 10 − □ = 5

[보다 큰 수] 5. 큰 수에 ○표 하시오.

22	19

37	47

29	25

[덧셈] 6. 다음 덧셈을 하시오.

(1) 8 + 2 = □　　(2) 3 + 7 = □

(3) 4 + 6 = □　　(4) 9 + 1 = □

[뺄셈] 7. 다음 뺄셈을 하시오.

(1) 10 − 2 = □　　(2) 10 − 6 = □

(3) 10 − 8 = □　　(4) 10 − 9 = □

[덧셈과 뺄셈] 8. 배구공 6개와 축구공 2개가 있다. 다음 물음에 답하시오.

공은 모두 몇 개인지 덧셈식으로 나타내어 보시오.

□ + □ = □

위의 덧셈식을 보고 배구공의 수를 알아보는 뺄셈식을 쓰시오.

□ − □ = □

4 도형의 개념과 활용을 지도하라

도형은 점 · 선 · 면 · 입체 또는 이들 집합으로 이루어진 것으로 모든 물체는 위치 · 모양 · 크기 · 빛깔 · 무게 등을 가지고 있다. 초등학교 1학년 1학기에는 도형의 개념과 기본적인 직육면체, 원기둥, 구의 모양을 찾고, 그 특징을 직관적으로 파악하도록 지도한다. 또한 여러 가지 물건을 모양에 따라 분류하게 하고, 분류된 물건들의 모양에서 공통적인 특징을 찾아내어 설명하게 한다.

초등학교 1학년 2학기에는 평면도형의 모양과 공간 감각을 익숙하게 하는 내용이 나오므로 이들에 친숙해지도록 하는 것이 좋다. 사물의 모양에서 사각형, 삼각형, 원 등 평면도형의 모양을 찾고, 그 특징을 직관적으로 파악하도록 지도한다. 또한 평면도형의 개념에 네모, 세모, 동그라미 등의 일상적인 용어를 사용하여 친숙해지도록 하며, 사물을 본뜨는 활동을 통하여 평면도형을 이해하게 하고, 기본 평면도형의 모양을 가지고 겹쳐 보거나 오려 보는 활동을 통하여 기본 평면도형의 기초 개념을 이해하도록 지도한다.

일반적으로 지각된 공간은 자기의 신체를 중심으로 상하 · 좌우 · 전후의 방향으로 나뉘며, 자기로부터의 거리의 원근에 따라 구별된다. 아이의 공간 감각은 사물을 따라서 만들어 보는 활동을 통해서 기를 수 있다.

연습문제

[도형의 개념] 1. 상자 모양에 □, 둥근 기둥 모양에 △, 공 모양에 ○표 하시오.

(1)  ( )

(2)  ( )

(3) 

( )

[도형의 개념] 2. 다음 물건을 종이 위에 대고 그렸을 때 나오는 모양과 그 이름을 맞게 이어 보시오.

(1) 수학책 •   • 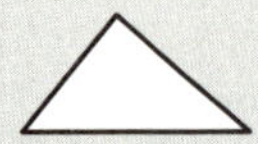 •   • 세모

(2) 삼각자 •   •  •   • 동그라미

(3) 동전 •   • 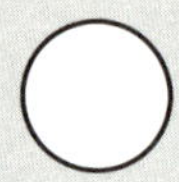 •   • 네모

[평면도형] 3. 교실에서 네모, 세모, 동그라미 모양을 3가지 이상 찾아 이름을 써 보시오.

(1)  (　　　　　　　　　　)

(2) 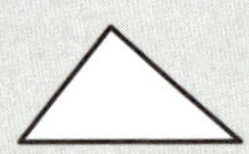 (　　　　　　　　　　)

(3)  (　　　　　　　　　　)

5 측정은 어른도 아리송하다

측정은 어떤 장치를 이용하여 길이 · 깊이 · 높이 · 무게 · 질량 · 온도 · 압력 · 시간 등을 수치로 나타내는 것을 말한다. 초등학교 1학년 1학기에는 2~3개의 길이 · 깊이 · 높이 · 무게 · 질량이 나오며 2학기에는 시각을 읽는 것이 나온다. 측정 부분은 쉬운 것 같지만 아이들에게는 새로운 개념이기에 어렵게 여겨진다. 이 부분에 대한 정확한 개념을

파악하지 못하면 초등학교 측정 영역 부분을 어렵게 생각하게 되며 자신감을 잃게 된다. 뿐만 아니라 성인이 되어서도 측정에 대한 표현에 대해서 주관적 요소를 가지게 되어 문제 해결력이 떨어지게 된다.

초등학교 1학년 1학기에서는 두 가지 이상의 물건의 길이 · 높이 · 무게 · 넓이 · 들이(양)의 비교 개념이 나오는데, 1학년 아이들에게는 그림으로 비교하면서 개념을 설명하는 것이 어렵고 헷갈릴 수도 있다. 직접 실물을 보면서 말로 표현해 보면서 개념을 확실히 익히는 방법이 가장 도움이 된다.

길이 비교하기

길이 비교는 풀이나 연필을 같이 놓고 '풀은 지우개보다 더 깁니다.' '지우개는 풀보다 더 짧습니다.' 로 표현할 수 있도록 하며, 비교할 때는 한쪽 끝을 맞추어 다른 쪽이 더 튀어나온 것이 더 길다고 설명해 준다. 길이를 비교하면서 가로 세로의 개념을 확실히 익히도록 하는데, 눕혔을 때, 왼쪽에서 오른쪽으로 길게 줄을 긋는 것을 연습을 통해 가로의 개념을 알게 한다.

지우개, 풀, 연필 등 세 가지 물건 이상을 비교할 때는 '연필이 가장 깁니다.' '지우개'가 가장 짧습니다.' 로 표현할 수 있도록 도와준다.

높이 비교하기

높고 낮음을 비교하여 세워 놓은 것은 **'세로'** 라는 개념을 알게 해 준다. 의자, 식탁 등을 비교하여 '식탁이 의자보다 더 높습니다.' '의자가 식탁보다 더 낮습니다.' 처럼 **높이 비교**를 할 수 있게 한다. 친구끼리 키를 비교하여 '창용이가 다예보다 더 큽니다.' 와 '다예가 창용이보다 더 작습니다.' 처럼 비교 표현할 수 있도록 도와준다.

무게 비교하기

크기가 큰 것은 보통 무겁고 작은 것은 가볍다는 것을 설명해 준다. 그와 반대로 풍선과 쇠구슬의 비교는 직접 무게를 손으로 들어 보아 무게를 느끼게 해 주며, 저울로 직접 측정해 보여 주고 크지만 가벼울 수도 있다는 것도 함께 알게 해 준다.

직접 물건으로 비교하여 '책은 지우개보다 더 무겁습니다.' '지우개는 책보다 더 가볍습니다.' 라고 자연스럽게 표현할 수 있도록 도와준다.

넓이 비교하기

보통 물건의 크기가 크면 넓고, 작은 것은 좁다는 것을 보여 준다. 텔레비전을 손으로 펼쳐 넓이를 느껴 보게 해 주고 책을 손바닥으로 가려서 더 좁다는 개념을 같이 익혀 준다.

'텔레비전은 책보다 더 넓습니다.' '책은 텔레비전보다 더 좁습니다.' 라고 자연스럽게 표현할 수 있도록 도와준다.

들이 비교하기

들이는 어떤 그릇 안에 들어가는 액체의 양으로 그릇, 컵 안에 들어가는 물의 양을 보게 해 준다. 두 컵의 모양과 크기가 같은 경우에 물의 높이가 높을수록 물이 많이 들어있는 경우와 두 컵의 모양은 같지만 크기가 다른 경우 물의 양을 같은 용기 안에 비워 실제 양을 비교할 수 있도록 도와준다. '가 컵에 물이 더 많이 들어있습니다.' '나 컵에 물이 더 적게 들어있습니다.' 라고 자연스럽게 표현할 수 있도록 도와준다.

둘을 비교할 때에는 '더' 를 쓰고 셋 이상을 비교할 때에는 '가장' 이라는 용어를 구별해서 사용할 수 있도록 지도한다. 길이, 높이, 무게, 넓이, 들이에 대한 개념이 익숙해지면 생활 주변에서 볼 수 있는 물체에 대해서 길이, 높이, 무게, 넓이, 들이를 말로 나타내고, 이를 활용할 수 있도록 지도한다.

시각 읽기

초등학교 1학년 2학기에는 시각 읽기가 나온다. 이를 위해서 아이들의 생활을 소재로 하여 직접적인 경험과 관련지어서 시각에 대한 관심을 가지게 하고, 시계를 보며 '몇 시' '몇 시 30분' 으로 시각을 말할 수 있게 한다. 반대로 '몇 시' '몇 시 30분' '몇 시 몇 십 분' 등의 시각을 이용해 자신의 하루 생활을 말할 수 있게 지도한다.

연습문제

[무게] 1. 가장 많이 들어 있는 컵에 ○표, 가장 적게 들어 있는 쪽에 △표 하시오.

( ) ( ) ( )

[길이] 2. 다음 두 물건 중에서 더 긴 쪽에 ○표 하시오.

( ) ( )

[넓이] 3. 더 넓은 것에 ○표 하시오.

(1) 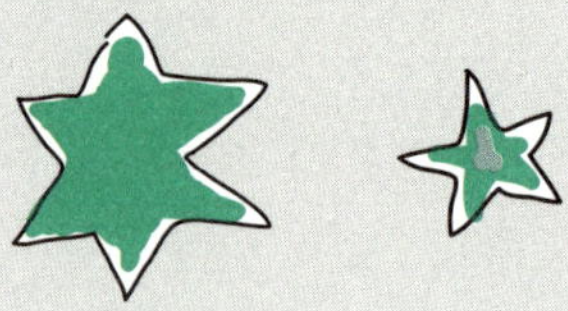

(   ) (   )

(2) 

(   ) (   )

[시각] 4. 다음 시계 그림을 보고, 몇 시인지 써 보시오.

(1) 

☐ 시

(2) 

☐ 시

[시각] 5. 시계를 보고, 몇 시 몇 분인지 쓰시오.

(1) 

☐ 시 ☐ 분

(2) 

☐ 시 ☐ 분

6 기준에 따라 분류하고 수를 세게 한다

확률은 하나의 사건이 일어날 수 있는 가능성을 수로 나타낸 것으로 같은 원인에서 특정의 결과가 나타나는 비율을 뜻한다. 통계는 집단 현상을 구체적인 양으로 나타낸 것을 말한다. 초등학교 1학년 1학기에는 확률과 통계의 기초로 색깔과 모양, 크기가 다른 여러 가지 사물을 일정한 기준에 의하여 나누는 것이 나온다. 따라서 주어진 문제를 한 가지의 기준에 따라 분류하여 각각의 개수를 셀 수 있게 지도한다. 1학년 때에는 V 표나 X 표 등을 하여 세면서 지우는 습관을 들여 이미 센 것을 두 번 세 번 세지 않도록 주의해야 한다.

일상생활에서 확률이나 함수와 친해지게 하려면 고무 스탬프나 인주를 이용하여 규칙적인 무늬찍기 놀이를 하는 것이 좋다. 나아가 무늬찍기 놀이에서 반복되는 배열을 가지고 포장지 만들기, 책 표지나 그림 액자의 테두리 만들기 등의 활동을 해 보면 확률과 통계의 기초를 형성하는 데 도움이 된다.

연습문제

[일정한 기준에 의하여 나누기] 1. 다음 그림을 보고 모양을 그리고 수를 적으세요.

△ △ △ △ △ △ △ △ △ △ △ ○
○ ○ ○ ○ ○ ○ ◇ ◇ ◇ ☆ ☆ ☆
☆ ☆ ☆ ☆ ☆ ☆ ♡ ♡ ♡ ♡ ♧ ♧

모양						
개수						

개수기 가장 많은 모양을 그려보시오. (   )

[배열에서 규칙 찾기] 2. 숫자 5가 나오는 부분을 색칠하면 어떤 모양이 나타날까?

0	1	2	3	4	5	6	7	8	9
10	11	12	13	14	15	16	17	18	19
20	21	22	23	24	25	26	27	28	29
30	31	32	33	34	35	36	37	38	39
40	41	42	43	44	45	46	47	48	49
50	51	52	53	54	55	56	57	58	59
60	61	62	63	64	65	66	67	68	69
70	71	72	73	74	75	76	77	78	79
80	81	82	83	84	85	86	87	88	89
90	91	92	93	94	95	96	97	98	99

7 생활 속에서 규칙 찾기를 연습한다

초등학교 1학년 2학기에는 규칙성과 사물이나 무늬 등의 규칙적인 배열에서 규칙을 찾고, 이 규칙을 자신이 정한 방법에 따라 다시 배열하는 내용이 나온다. 따라서 아이들에게 주어진 규칙적인 배열(패턴)에서 배열의 기본 단위를 확인하고 그 배열에 대한 새로운 표현을 만들어 내도록 지도한다. 예를 들면, 일상생활에서 쉽게 볼 수 있는 상품 포장지, 벽지, 보도블록의 무늬, 장판지의 무늬 등 여러 개로 구성되어 있는 것들에 대해서 기준을 주고 분류하는 연습을 하면 규칙 찾기에 익숙해지는 데 도움이 된다.

연습문제 **[규칙 찾기]** 3. 규칙에 맞게 □ 안에 들어갈 것을 말해 보시오.

[규칙 찾기] 4. 규칙을 찾아서 (   ) 안에 들어갈 것을 그려 보시오.

☆ □ ○ ☆ (   ) ○ ☆ (   )

[규칙 찾기] 5. 규칙에 따라 알맞게 색칠해 보시오.

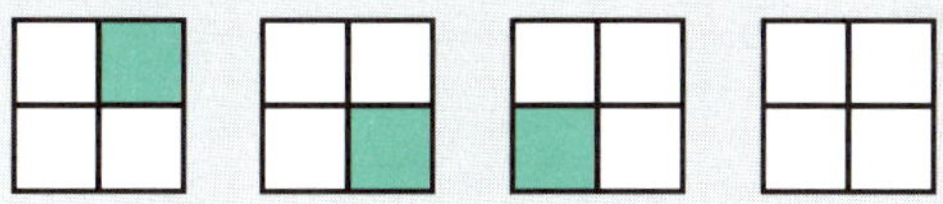

8 문제 해결에 자신감을 갖게 한다

문자와 식은 초등학교 1학년 2학기에 나오는 내용으로 □를 사용한 식과 문제 해결 방법이 나온다. 이 단원에서 아이들은 스스로 식을 만들어 보고 해결하면서 문제 해결력과 수학의 응용성에 대해서 이해하게 한다.

'□'는 덧셈식이나 뺄셈식에서 답을 적거나 알맞은 수를 적을 때 사용한다. 그러나 꼭 '□'가 나오는 것은 아니고 □대신에 △, ○, ( ) 등 다른 기호도 사용할 수 있다.

수학에서 문제를 해결하는 방법은 다양하다. 따라서 이 단원에서는 아이가 덧셈과 뺄셈이 관련된 문제를 실제로 만들어 보고 이를 여러 가지 방법으로 해결할 수 있도록 지도한다. 아이가 식을 만들어 해결하는 방법에 대해서는 최대한 존중하여 문제 해결에 대한 자신감과 흥미를 가지게 지도한다.

연습문제

[문제 해결] 1. 다음을 계산하시오.

(1) $7 - 2 + 4 = \square$

(2) $4 + 2 + 3 = \square$

(3) $5 + 4 + 0 = \square$

(4) $9 - 5 + 2 = \square$

(5) $3 + 4 - 7 = \square$

[문제 해결] 2. 다음 덧셈을 하시오.

(1) $\begin{array}{r} 70 \\ +\ \ 3 \\ \hline \square \end{array}$ (2) $\begin{array}{r} 3 \\ +\ 50 \\ \hline \square \end{array}$

(3) $60 + 30 = \square$

(4) $20 + 50 = \square$

[식 만들기] 3. 구슬이 모두 몇 개인지 알아보는 식을 써 보시오.

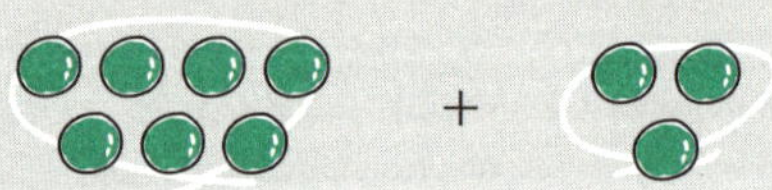

$\square + \square = \square$

2

4

2학년,
곱셈과
친숙하게 한다

4

2학년,
곱셈과
친숙하게 한다

초등학교 2학년 수학은 1학년 때 공부하던 내용에서 난이도가 높아졌다는 것이 특징이다. 큰 차이라면 2학기 때부터 곱셈이 등장한다는 것이다. 곱셈은 아이들이 일상생활에서 잘 쓰지 않던 분야라 생소하게 여기는 부분이다. 따라서 2학년 수학에서는 아이들에게 곱셈과 친해지게 하는 것이 중요하다.

다음의 표는 초등학교 2학년에서 다루어지는 내용이다. 초등학교 2학년에서 수학 성적을 올리려면 다음의 표에 입각해서 공부 방법을 지도하는 것이 중요하다.

영역 단계	수와 연산	도 형	측 정	확률과 통계	규칙성과 문제 해결
2-1	**(가) 1000까지의 수** • 1000까지 수 이해 • 수 읽기, 쓰기 • 수 계열, 크기 비교 **(나) 두 자리 수의 덧셈과 뺄셈** • 덧셈과 뺄셈 • 연가 감산 • 덧셈과 뺄셈의 관계 **(다) 곱셈의 도입** • 같은 수 더하기와 배의 개념을 통한 곱셈 이해 **(라) 덧셈과 뺄셈의 활용** • 실생활 문제 해결	**(가) 기본적인 평면도형** • 선분과 직선, 삼각형, 사각형, 원의 이해와 모양 그리기나 만들기 • 기본적인 평면도형 도형의 구성 요소 **(나) 공간 감각** • 옮기기, 뒤집기, 돌리기 활용	**(가) 길이** • 1cm 단위와 길이 재기 • 어림 재기 • 양감 기르기 **(나) 시각과 시간** • 몇 시 몇 분까지 시각 읽기 • 1시간 = 60분 • 1시간, 1일, 1주일, 1개월, 1년의 상호 관계		**(가) □의 값 구하기** • 어떤 수를 □로 나로 나타내기 • 간단한 덧셈, 뺄셈의 등식에서 어떤 수의 값 구하기 **(나) 문제 만들기** • 식에 알맞은 문제 만들기 **(다) 규칙 찾기** • 규칙을 찾아 설명하기 • 1~100까지의 수 배열표에서 뛰어 세는 규칙 찾기

영역 단계	수와 연산	도 형	측 정	확률과 통계	규칙성과 문제 해결
2-2	**(가) 곱셈구구** • 곱셈구구의 이해와 익히기 **(나) 덧셈, 뺄셈, 곱셈의 활용** • 여러 가지 실생활 문제 해결 **(다) 세 자리 수의 범위에서 덧셈과 뺄셈** • 덧셈과 뺄셈 • 세 자리 수의 덧셈과 뺄셈	**(가) 입체도형의 구성** • 쌓기 나무로 만들어진 입체도형을 보고 똑같이 만들기 • 주어진 쌓기나무로 여러 가지 입체도형 만들기	**(가) 길이** • 1m의 단위 • 길이 재기 • 단명수와 복명수로 나타내기 • 길이 어림하기 • 양감 기르기 • 길이의 덧셈과 뺄셈 **(나) 측정값 나타내기** • 조금 더 된다, 조금 못 된다. • 약	**(가) 표의 작성** • 자료의 크기를 표로 나타내기 • 표시나 간단한 그림을 이용하여 그래프로 나타내기, 자료의 크기 비교	**(가) 식 만들기** • 문장을 식으로 나타내기 **(나) 미지항 구하기** • 덧셈, 뺄셈, 곱셈 식에서 미지항 구하기 **(다) 문제 해결 방법** • 표 만들기, 거꾸로 생각하여 풀기 등 여러가지 방법으로 해결하기 **(가) 규칙 찾기** • 곱셈표에서 여러 가지 규칙 찾기

1 1000까지 수는 어떻게 세나요

10개씩 10묶음으로 100을 도입하고, 일 · 십 · 백의 자릿값의 의미와 자리 잡기에 의한 십진기수법의 원리를 이해하게 한다.

구체물을 세는 활동을 통하여 낱개가 10개 모이면 10개씩 묶고, 10개씩 묶음이 10묶음이면 100개씩 묶는 활동을 통하여 자리 잡기의 원리를 이해시키고, 일의 자리, 십의 자리, 백의 자리 등의 자릿값의 의미를 알게 한다. 또한 숫자 3이 놓인 자릿값에 따라 3, 30, 300을 나타낸다는 것과 숫자는 높은 자리에 위치할수록 그 값이 큰 수가 된다는 점을 깨닫게 하여 자리 잡기에 의한 십진기수법을 이해하도록 한다. 이를 바탕으로 세 자리 수의 기수법, 명수법을 익히도록 하고, 1000은 999의 다음 수로서 단순하게 취급하도록 한다.

99까지는 우리나라 고유의 수사가 있으며, 일상생활에서도 널리 사용되고 있지만, 100 이상의 수에서는 우리말과 한자어가 혼합되어 사용하고 있으므로 이에 대한 학습이 충분히 이루어져 습관화되도록 한다. 이름을 나타내는 수이거나 연속량일 경우, 예를 들면 567kg일 경우에는 '오백육십칠 킬로그램' 이라고 읽지만 567명과 같은 경우에는 '오백예순일곱 명' 으로 읽는 것을 충분히 익히도록 한다.

사칙연산(덧셈, 뺄셈, 곱셈, 나눗셈)의 알고리즘을 학습하여 활용하기 위해서는 자릿값에 대한 철저한 이해가 필수적이다. 자릿값 개념의 발달은 수 감각을 향상시키는 데 많은 도움을 준다. 이 부분을 잘하기 위해서는 묶기와 교환하기에 대한 명백한 규칙이 적용되도록 지도하여야 하고, 일관적으로 지킬 수 있도록 해야 한다.

10개의 1을 1개의 십으로 묶고, 1개의 백을 10개의 십으로 교환할 수 있게 지도한다. 이 부분은 나중에 소수 부분에도 유용하게 쓰일 수 있다. 일은 10개 중의 1개로 되기 때문이다.

또한 자릿값 개념에서 숫자 0의 인식도 중요하다. 숫자 0이 나타내는 의미가 그 자릿값에 해당하는 양이 없다는 것을 알게 해 주어야 하는데, 이 부분을 자주 접하게 해 줄 필요가 있다.

연습문제

[수 계열] 1. 100씩 뛰어서 세어 보시오.

200 - (   ) - 400 - (   ) - 600

[수 쓰기, 수 읽기] 2. ( ) 안에 알맞은 수와 말을 넣으시오.

999 다음의 수는
➜ (　　　　)이라고 쓰고, (　　　　)이라고 읽습니다.

[수 계열] 3. 25씩 뛰어서 세어 보시오.

15 – (　　　　) – 65 – (　　　　)

2 999 다음 받아올림이 뭐예요

아이들에게 1의 자리, 10의 자리, 100의 자리에 대한 설명을 충분히 숙지시킨 뒤 세 자리 수를 읽어 보게 한다.

세 자리 수의 계열은 차례로 세어보기(1씩 뛰어 세기), 10개씩 뛰어 세기, 100씩 뛰어 세기를 통하여 지도하고, 세 자리 수를 수직선에 나타내어 수의 대소를 비교할 수 있게 한다. 기수법의 자리 잡기 원리의 이해를 바탕으로 백의 자리의 숫자부터 차례로 크기를 비교하여 수의 대소를 판단하고, 이를 부등호로 나타낼 수 있게 한다. 또, 아이에 따라 부등호의 방향을 종종 헷갈려하는 경우가 있으니, 엄마 손을 악어 입 모양으로 만들어 "어느 쪽 과자를 먹을래?" 라고 표현해 주는 것도 좋은 방법이다.

자리 잡기를 제대로 해 주어야 4학년 때 등장하는 큰 수를 자연스럽게 이해할 수 있다. 다음의 그림을 이용해 보자.

3	3	3
백의 자리	십의 자리	일의 자리

4	3	3
백의 자리	십의 자리	일의 자리

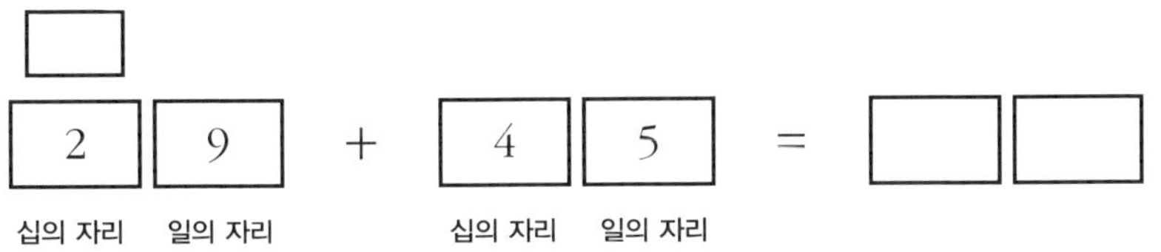

자리 잡기를 제대로 한 아이들에게 넘치거나 모자람이 생기는 두 자리 수의 덧셈과 뺄셈은 그야말로 쉽다. 받아올림이나 받아내림이라는 생소한 단어를 적용하기 전에 다음의 그림을 보며 함께 풀어 보자.

덧셈이나 뺄셈에서 일의 자리부터 계산하는 순서를 이미 알고 있는 아이들은 이 계산식을 보며 9와 5를 먼저 더한다는 것은 알 것이다. 계산한 값이 14가 되었을 때, 아이들은 그 수를 그대로 쓰는 경우가 있다. 그래서 어이없게 답을 614라고 쓰는 아이들이 종종 있다. 엄마 입장에서 보면 어처구니가 없지만, 아이들에게 자리 잡기를 해 주지 않았을 때 이런 일이 일어난다. 그래서 처음 이런 문제를 접한 경우에는 십의 자리 위에 작은 자리를 마련해 주는 것이 좋다. 그리고 아이가 일의 자리를 더했더니 14가 되었다고 했을 때, 1은 십의 자리이고 4는 1의 자리인 것을 아이가 인지했는지 엄마가 확인해 보는 과정이 필요하다.

그런 후 답 란의 일의 자리에 4를 쓰게 도와준다. 각각의 숫자가 집을 찾아가는 과정이다.

그럼 나머지 십의 자리에 1은 어떻게 하냐고 아이가 물을 것이다. 그럴 때 엄마가 마련해 둔 작은 자리에 1을 쓰면 된다고 얘기를 해 준다. 자, 그다음은 어떻게 될까? 아이는 십의 자리에 있는 숫자들을 더할 것이다. 새로운 십의 자리가 생겼으니 모두 세 개의 수를 아이가 더하면, 아이는 받아올림을 완벽하게 이해하게 된 것이다. 이와 같은 방법으로 받아올림이 있는 (두 자리 수) + (한 자리 수), 받아올림이 두 번 있는 (두 자리 수) + (두 자리 수)를 지도해 주면 아이는 고학년이 되어서도 받아올림 때문에 실수하는 일은 없을 것이다. 뺄셈도 자리를 잘 마련해 놓으면 그 다음은 아이의 몫이 된다.

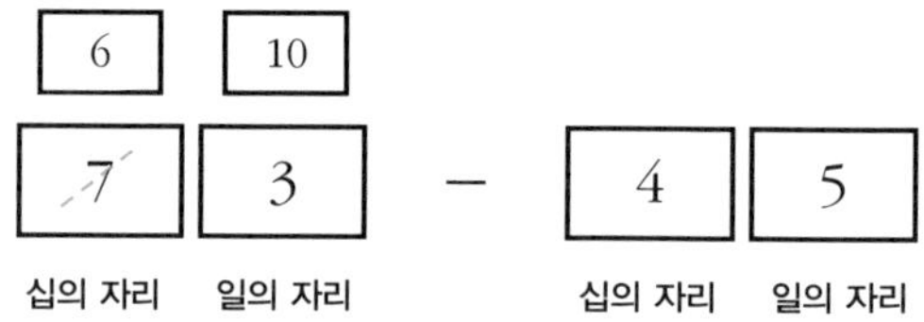

아이는 덧셈에서와 마찬가지로 일의 자리끼리의 뺄셈을 먼저 시도한다. 이런 경우 32라고 답을 쓰는 아이들도 종종 있다. 받아내림의 경우도 받아올림을 할 때와 마찬가지로 자리매김을 제대로 해 주면 아이가 계산하는 데 어려워하는 일은 드물 것이다. 이러한 덧셈과 뺄셈의 계산은 자주 해 보아야 숙달이 되므로, 비슷한 유형의 문제를 많이 풀어 보도록 도와주는 것이 좋다.

중국의 수학교사들은 이 부분에서 받아내림하라고 하기보다는 리그루핑(regrouping)을 훈련해야 한다고 한다. 73이 60과 13으로 다시 묶음이 되면, 60에서 40을 빼고, 13에서 5를 빼는 방식을 적용할 수 있기 때문이다. 요즘은 여러 교재에서 다양한 방법으로 문제 풀이법이 제시되고 있다. 아이가 자릿값에 대해 자신감이 부족하다면, 이러한 방법을 적용해 보자. 물론 이 모든 과정을 통해 아이는 수에 대한 이해가 넓어질 수 있다.

두 자리 수 범위에서 덧셈, 뺄셈을 능숙하게 할 수 있다면, 덧셈과 뺄셈의 관계를 알게 해 주고, 역연산이 적용되는 것을 경험하게 도와주자. 또, 두 자리 수를 세 수 이상 적용하여 더하거나 빼는 것을 통해 덧셈의 교환성을 경험시켜 준다.

아이가 암산으로 계산한다고 하여 칭찬해 줄 것이 아니라, 자릿값을 지켜서 정확히 풀이를 하고 있는지 과정에 대한 칭찬이 동반되어야 할 때다. 암산으로 수학을 시작한 아이가 고학년이 되어 연필을 잡기란 참으로 어려운 일이기 때문이다.

연습문제

[수 이해] 1. 백의 자리의 숫자가 5인 수에 ○표 하시오.

273 910 154 536 345

[수 크기 비교] 2. 영미는 색종이를 529장 가지고 있고, 미수는 394장 가지고 있습니다. 누가 색종이를 더 많이 가지고 있습니까?

[ ]

[수 읽기] 3. 487을 읽는대로 쓰시오.

[ ]

[수 쓰기] 4. 칠백칠을 숫자로 쓰시오. [ ]

[수 이해] 5. 100이 3, 10이 9인 수는 [ ] 입니다.

[수 이해] 6. 387은 100 이 [ ], 10이 [ ], 1 이 [ ] 인 수입니다.

[수 크기 비교] 7. 다음 ○ 안에 〉, 〈를 사용하여 나타내시오.

526은 562보다 작습니다. ⇒ 526 ○ 562

[덧셈과 뺄셈] 8. 여러 가지 방법으로 덧셈과 뺄셈을 하여 답을 구해 봅시다.

(1) 76 + 9 = [ ]　　(2) 8 + 36 + 19 = [ ]

(3) 43 − 8 = [ ]　　(4) 74 − 9 − 17 = [ ]

[덧셈과 뺄셈] 9. □ 안에 알맞은 수를 넣으시오.

(1) $57 + 8 = (57 + 10) - \square$

$= 67 - \square = \square$

$57 + 8 = (57 - 2) + \square$

$= 55 + \square = \square$

(2) $64 - 7 = (64 - 10) + \square$

$= 54 + \square = \square$

$64 - 7 = (64 + 3) - \square$

$= 67 - \square = \square$

[덧셈과 뺄셈] 10. 22 + 15 = 37을 보고, 뺄셈식을 만들어 보시오.

예. $37 - 22 = \square$

$\square - \square = \square$

[덧셈과 뺄셈] 11. 28 − 12 = 16을 보고, 덧셈식을 만들어 보시오.

$16 + \square = 28$

[덧셈과 뺄셈] 12. 다음을 계산하시오.

(1) $19 + 8 = \square$ (2) $34 + 8 = \square$ (3) $13 + 18 = \square$ (4) $29 + 27 = \square$

[덧셈과 뺄셈] 13. 다음 □ 안에 알맞은 수를 써 넣으시오.

(1) 88 − 3 + □ = 92

(2) 79 − 5 + □ = 83

(3) 87 − 3 + □ = 90

[덧셈과 뺄셈] 14. 다음 문제를 읽고 식을 세워 답을 구하시오.

(1) 36에 7을 더하여 5를 빼면 얼마가 됩니까?

(식) □ (답) □

(2) 85에 8을 더하여 3을 빼면 얼마가 됩니까?

(식) □ (답) □

(3) 장미꽃이 234송이, 백합꽃이 306송이 피어 있습니다.
모두 몇 송이의 꽃이 피어 있습니까?

(식) □ (답) □ 송이

(4) 버스가 363대, 트럭이 204대 지나갔습니다.
지나간 버스와 트럭을 합하면 모두 몇 대입니까?

(식) □ (답) □ 대

[덧셈과 뺄셈] 15. 다음 덧셈을 하시오.

(1) 437 + 252 = □

(2) 653 + 134 = □

2학년

문장제 문제를 어려워할 경우 [덧셈과 뺄셈]

다음의 예를 보고, 제대로 지켜지고 있는지 확인해 본다.

희주네 학교 2학년 학생 중에서 남학생은 327명이고, 여학생은 318명입니다. 희주네 학교 2학년 학생은 모두 몇 명입니까?

► 구해야 할 내용:
모두는 '더한다' '합한다' 라고 얘기할 수 있나 확인한다.

1. 정보확인: 남학생 327명, 여학생 318명
2. 식 세우기: 가로셈: 327 + 318 = 645

세로셈:

$$\begin{array}{r} 327 \\ +318 \\ \hline 645 \end{array}$$

3. 답: 645명

TIP 단위도 꼭 쓰도록 지도한다.

3 구구단은 꼭 외워야 하나요

초등학교 2학년이 되면 곱셈이 등장하기 시작한다. 이때 학부모들이 원하는 것은 아이의 구구단 외기! 그렇다면 구구단은 꼭 외워야 하는가?

답은 '꼭 그렇지만은 않다.' 는 것이다. 물론 외워 두면 편하기야 하겠지만, 원리를 모르고 외우는 건 바람직하지 않다. 또한 원리를 아는 아이들은 꼭 외울 필요도 없이 저절로 외워지니 괜히 아이들에게 구구단 외우라 닦달하지 않길 바란다. 구구단 실력이 수학 실력이라면 19단을 외우는 인도 아이들이 우리나라 아이들보다 수학을 더 잘해야 하지 않을까? 아이들에게 낯선 곱셈과의 만남은 덧셈을 통해 자연스럽게 이뤄질 수도 있다. 곱셈은 단순하다. 동수누가(同數累加), 즉 같은 숫자가 반복해서 너해지는데 그걸 계속 더하고 있는 것보다 곱셈을 이용하는 게 편하다는 걸 가르쳐 주면 되는 것이다.

이런 것들을 곱셈식으로 이용해서 표현하는 법을 알려 주고, 묶어 세기, 뛰어 세기, 또 동수누가로 곱을 구하게 해 보는 것이 좋다. 생활에서 충분한 기초 활동을 제공해 주는 것이 좋다.

문제를 빨리 풀기 위해 19단까지 외우는 것이 좋기는 하지만, 아이가 힘들어하는데 굳이 외우게 할 필요는 없다. 그것보다 우선되어야 할 것은 아이 스스로 곱셈이 덧셈과 연관되어 같은 숫자가 몇 번 반복되어 더해졌는지 천천히 생각해 볼 수 있도록 도와준다.

구구단의 원리를 이해하기 쉬운 방법으로는 슈타이너 구구단 익힘법이 있다. 독일 출신 수학자 슈타이너가 발견한 것으로 0에서 출발해서 다시 0으로 돌아올 때까지 선으로 연결하면 예쁜 그림이 그려진다. 2단을 예를 들자면 원 안을 0부터 9까지 10등분해 표시하고, 0부터 시작해 2칸씩 뛴 점을 연결하면서 다시 0으로 오도록 그리면 오각형 모양의 도형이 나온다.

아이들과 함께 두꺼운 마분지나 박스를 잘라서 그 위에 숫자를 나눠 10등분한 후 핀을 꼽아서 그 위를 실이나 긴 고무줄로 2칸씩 뛴 점을 직접 연결해 보면서 2단 2의 배수의 개념을 익히며, 4칸씩 건너 뛰면서 별모양을 만들어 보면서 4단을 직접 익혀 보도록 한다.

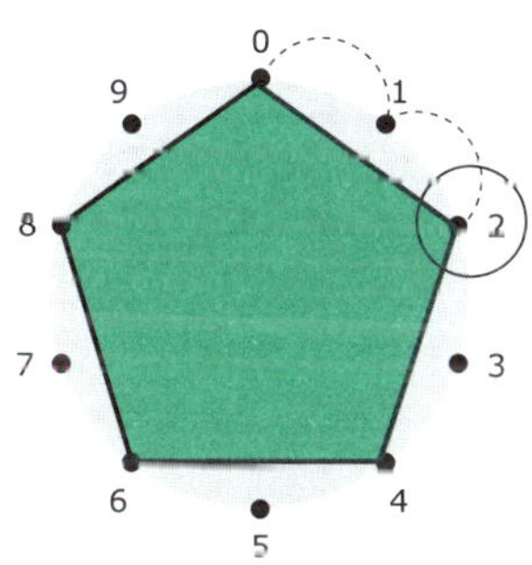

2단은 2칸씩 뛰어서 연결하면
0 → 2 → 4 → 6 → 8 → 0

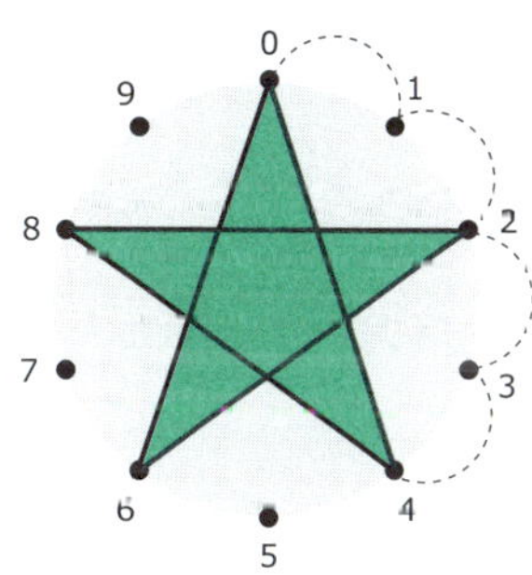

4단은 4칸씩 뛰어서 연결하면
0 → 4 → 8 → 2 → 6 → 0

그리고 아이들이 제일 어려워 하는 9단의 쉬운 규칙은 다음과 같다.

9 X 1 = 9
9 X 2 = 18
9 X 3 = 27
9 X 4 = 36
9 X 5 = 45
9 X 6 = 54
9 X 7 = 63
9 X 8 = 72
9 X 9 = 81

1씩 커짐
1씩 작아짐

십의 자리 수는 하나씩 올라가고
일의 자리 수는 하나씩 내려온다.

또 9의 단 곱의 십의 자리 숫자와
일의 자리 숫자를 더하면 항상 9가 되는
것도 보여 준다.

18 → 1+8 = 9
27 → 2+7 = 9
36 → 3+6 = 9

연습문제

[곱셈구구의 이해] 1. 다음 그림을 보고 □ 안에 알맞은 수를 넣으시오.

배가 [4] 개씩 [   ] 묶음, 모두 [   ] 개 있습니다.

이것을 덧셈식으로 [   ] + [   ] + [   ] 로 나타낼 수 있으며,

곱셈식으로 [   ] × [   ] 라고 쓰고,

[   ] 라고 읽습니다.

[곱셈구구의 이해] 2. 다음 그림을 보고 □ 안에 알맞은 수를 쓰시오.

하트가 [3] 개씩 □ 묶음, 모두 □ 개 있습니다.

이것을 덧셈식으로 □ + □ + □ + □ + □ + □ 로

나타낼 수 있으며 곱셈식으로 □ × □ 라고 쓰고,

□ 라고 읽습니다.

[곱셈구구의 이해] 3. 다음을 3개씩 묶어 보시오. 모두 몇 묶음입니까?

[곱셈구구의 이해] 4. 다음과 같이 나타내시오.

5의 3배	**6의 4배**
→ 5 + 5 + 5 = 15	→
→ 5의 3배는 15	→
→ 곱셈식 5 × 3 = 15	→

[곱셈구구의 이해] 5. 다음을 곱셈식으로 쓰고, 읽는대로 쓰시오.

(1) 6의 7배는 42입니다.

① 곱셈식: [ ]

② 읽 기: [ ]

[곱셈구구의 이해] 6. 다음을 곱셈식으로 나타내고 얼마인지 알아보시오.

(1) 세발자전거가 5대 있습니다. 바퀴는 몇 개입니까?

① 곱셈식: [ ]

② 답: [ ]

[곱셈구구] 7. 다음 구구셈의 답을 쓰시오.

(1) $5 \times 2 =$ [ ]　　(2) $5 \times 7 =$ [ ]

(3) $4 \times 6 =$ [ ]　　(4) $4 \times 2 =$ [ ]

(5) $3 \times 2 =$ [ ]

2학년

문장제 문제를 어려워할 경우 [곱셈구구]

다음의 예를 보고, 제대로 지켜지고 있는지 확인해 본다.

한 봉지에 8개의 사탕이 들어 있는 봉지가 3개 있습니다. 이 사탕을 모두 꺼내어 한 봉지에 6개씩 넣으면 몇 봉지가 됩니까?

1. 그림으로 설명하기

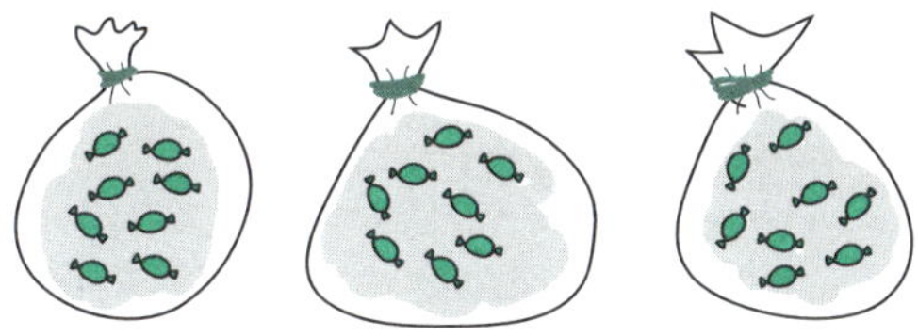

8 8 8

2. 사탕의 개수 = 8+8+8 같은 숫자를 3번 더한 것을 곱셈으로 표현할 수 있는가?

= 8 × 3 = 24(개)

3. 사탕을 6개씩 담으면 → 6 × ☐ = 24

'6'을 몇 번 더해야 '24'가 되는지 또는 24 − 6 − 6⋯ = 0 이 되는지로 '6'이 몇 번 들어가는지 알아본다. ☐

→ 덧셈과 뺄셈이 길어지는 것을 이용하여 '구구단'의 필요성을 인식시킨다.

4 세모에서 삼각형으로 동그라미에서 원으로

2학년이 되면 도형의 정확한 이름을 배우기 시작한다. 삼각형, 사각형을 배우면서 도형의 둘레가 선분이라는 것과 또 두 개의 직선이 만날 때 각이 생기며, 그 한 점이 꼭지점이라는 것을 배우게 된다. 아이들에게 이러한 것은 다소 생소한 명칭일 수 있으니 충분히 반복해서 알려 주는 것이 좋다. 또, 명칭을 정확하게 말해 주어야 고학년이 되어서도 그 개념이 분명하게 인식되어 있을 수 있다.

이제 이런 도형들을 가지고 옮기기나 뒤집기, 돌리기 등을 해 보며 그 변화를 관찰하게 도와주자. 칠교판 등을 이용해서 놀이를 해도 좋다. 도형이 공부가 아닌 놀이로 인식되어야 아이들이 사고하는 데 도움이 된다. 숫자는 좌뇌, 도형은 우뇌에서 작용하는데, 아이들에게 공부라는 말을 하는 순간 좌뇌를 사용하려 하기 때문이다.

도형에 대해 지도할 때에는 각 도형의 정의가 '주어진 것' 이 아니고, '만들어 낸 것' 이 되어야 한다. 서로 비슷한 모양의 물건을 찾아내고 각각에서 공통적인 부분을 찾아 정의를 유도하게 해 주자. 또 정의를 이용해서 물건을 분류할 수 있게 한다. 정의를 한 후에는 각각의 성질을 발견할 수 있다(이것은 작도와 증명에 활용되므로 중요하다).

같은 모양의 여러 장의 도형이나 무늬 카드를 준비하여 각자가 가진 카드를 주어진 카드의 모양이 되도록 만들게 하는 활동, 주어진 모습대로 몸을 움직여서 만드는 활동 등 여러 가지 방법으로 이동(옮기기, 뒤집기, 돌리기 등)에 대한 공간 감각을 기르게 한다.

원의 경우에는 접시나 동전 등을 이용하여 본을 뜨는 활동으로 원을 만들고 관찰하게 한다.

쌓기 나무로 2차원의 도면을 3차원화하는 활동을 해 본다. 쌓은 모양을 똑같이 흉내 내어 쌓아 본다거나, 쌓기 나무를 여러 가지 모양으로 만들어 보고, 쌓은 것이 쌓기 나무 몇 개로 완성되었는지를 학습하는 동안 아이들은 공간에서의 물체의 위치, 모양, 모양을 이루는 물체의 개수 등을 통해 입체도형의 특성과 개념을 파악하게 된다.

연습문제

[평면도형] 1. 다음 도형에서 삼각형은 어느 것입니까? (　　　)

①  ②  ③  ④ 

[평면도형] 2. 4개의 선분으로 둘러싸인 도형을 [   ]라고 합니다.

[평면도형] 3. 두 점 사이를 곧게 이은 선을 무엇이라고 합니까? (   )

(1) 직선 (2) 사각형 (3) 선분 (4) 원

[평면도형] 4. 선분을 양쪽으로 끝없이 늘인 곧은 선을 [   ]라고 합니다.

[공간감각] 5. 다음 쌓기 나무는 몇 개로 쌓여 있습니까?

① ② ③ ④

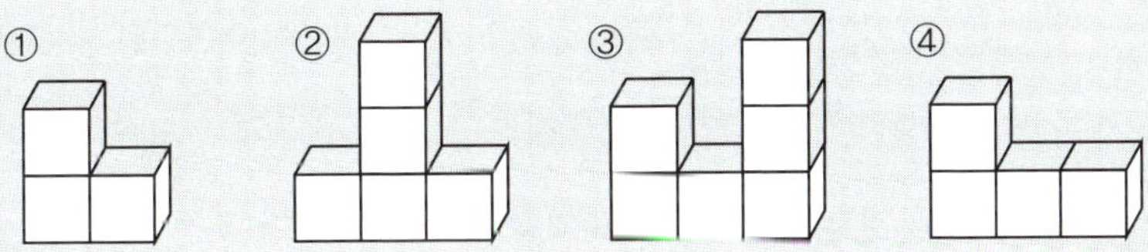

(　　)개 (　　)개 (　　)개 (　　)개

5 한 뼘, 두 뼘, 세 뼘……

실생활에서 자가 없을 때 우리가 곧잘 쓰는 방법이 뼘 재기다. 아이와 함께 집 안의 물건들의 길이를 뼘으로 재 보자. 이러한 뼘을 우리는 '임의 단위'라고 할 수 있다.

책상은 엄마 뼘으로는 4뼘, 아이 뼘으로는 7뼘이라고 하자. 이런 뼘을 이용해서는 정확한 길이를 알 수 없다는 걸 알고, 정확한 단위의 필요성을 느끼게 해 주는 것이 중요하다. 이런 과정을 통해 길이의 단위를 설명해 주는 것이 좋고, 이런 것들은 사람들과의 약속이라서 어디서든 변하지 않는다는 것을 알려 준다. 가능하면 cm만 표시되어 있는 자를 이용해서 여러 가지 길이를 재어 본다.

정확한 길이가 나오지 않을 때는 몇 cm 더 된다. 또는 몇 cm 못 된다고 표현할 수 있도록 알려 준다. 좀 더 정확한 측정이나, 큰 길이의 측정을 위한 보조단위 1mm, 1cm, 1m, 1km가 필요함을 알게 해 준다. 쌀, 콩과 같이 작은 물건을 아이와 직접 측정해 보며 mm의 단위를 사용한다는 것을 알게 해 주고, 지우개 · 연필 등은 cm, 우리가 머물고 있는 방, 교실, 칠판, 학교 운동장 등은 m, 학교에서 집까지의 거리, 서울에서 대구까지의 거리는 km의 측정 단위를 사용한다는 것을 알려 준다.

시계를 보면서 1시간이 60분으로 이루어졌다는 것을 알려 준다. 긴 바늘이 한 칸씩 움직일 때마다, 5분씩 시간이 흐름을 인식하면서 5단 곱셈구구와 연관시켜 본다. 또, 60분이 넘는 시간은 시간과 분으로 나누어서 표기할 수 있게 도와준다. 하루는 오전 12시간, 오후 12시간으로 나뉘어 있음을 알려 준다.

달력을 보면서 1주일, 1달, 1년이 있음을 알아 본다.

1년은 12개월인데, 매달 날 수가 달리 변한다. 이 부분을 외우는 것도 만만찮다. 이 모든 것을 섞이지 않게 기억할 수 있도록 지도해 주어야 한다.

유치원 때부터 생활에서 훈련이 된 아이들은 시간이나 날짜, 요일에 쉽게 적응하겠지만 그렇지 못한 아이들은 난처할 수 있다. 이제부터라도 의식적으로 생활 속에서 시간, 날짜, 요일에 대한 훈련이 필요하다. 생일과 연관지어, 생일이 몇 주 남았는지, 며칠 남았는지, 또 무슨 요일인지 알아보게 한다. 일상생활에서 주요 관심사를 시간으로 표현하고 계산해 보게 한다.

연습문제

[길이 재기] 1. 다음은 단위 길이의 몇 배입니까?

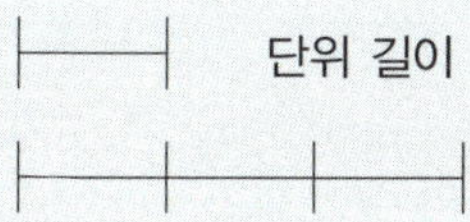

단위 길이

(　　　　)배

[길이 재기] 2. 우리 몸에서 칠판의 긴 쪽 길이를 재기에 알맞은 부분은 어디입니까? (　　　)

① 손가락　② 두 팔　③ 두 발　④ 머리

[길이 재기] 3. 길이만큼 색종이 테이프 자르기

(1) 빨간색 테이프　15cm　(2) 노란색 테이프　27cm　(3) 파란색 테이프　32cm

[길이 재기] 4. 크레파스와 연필의 길이를 재어 보고, □ 안에 알맞은 수나 말을 넣으시오.

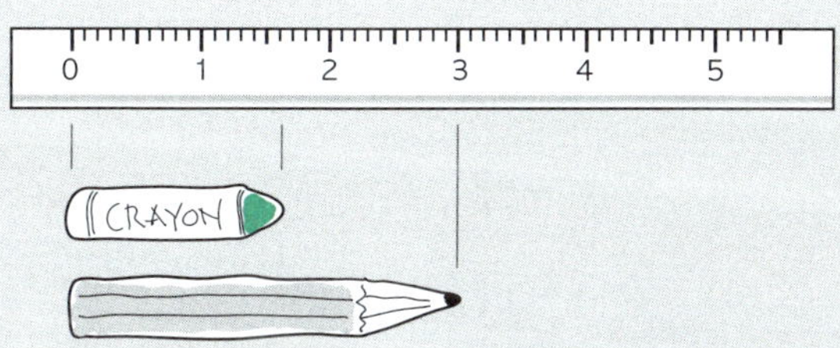

(1) 크레파스는 □ cm 조금 □ 됩니다. 그리고 약 □ cm입니다.

(2) 연필은 □ cm 조금 □ 됩니다. 그리고 약 □ cm입니다.

[길이 재기] 5. 다음을 계산하시오.

(1) 3 m 25 cm + 4 m 45 cm = □ m □ cm

(2) 5 m 75 cm − 4 m 65 cm = □ m □ cm

(3) 274 cm + 4 m 65 cm = □ m □ cm

[길이 재기] 6. 길이가 2m 56㎝인 테이프에 1m 13㎝되는 테이프를 맞대어 이었습니다. 이은 테이프의 길이는 얼마입니까?

(식) ☐ (답) ☐ m ☐ ㎝

[길이 재기] 7. 길이가 2m 65㎝인 고무줄이 있습니다. 이 고무줄을 양쪽에서 잡아당기니까 3m가 되었습니다. 고무줄은 얼마나 더 늘어났습니까?

(식) ☐ (답) ☐ m ☐ ㎝

[시각과 시간] 8. 다음 ☐ 안에 알맞은 수를 넣으시오.

(1) 78분은 ☐ 시간 ☐ 분입니다.

(2) 1시간 45분은 ☐ 분입니다.

(3) 1일 8시간은 ☐ 시간입니다.

(4) 3주일은 ☐ 일입니다.

(5) 1년 6개월은 ☐ 개월입니다.

(6) 21일은 ☐ 주일입니다.

[시각과 시간] 9. 다음을 계산하시오.

(1) 오늘은 6월 15일 목요일입니다. 우리 학교에서는 돌아오는 6월 27일에 수영장 현장학습을 할 예정입니다. 수영장 현장학습 가는 날은 무슨 요일일까요?

답 ☐ 요일

(2) 지혜네 집에서 학교까지 걸어가는 데 걸리는 시간은 30분이라고 합니다. 지혜가 집에서 8시 40분에 출발한다면 학교에 도착하는 시간은 몇 시 몇 분일까요?

답 □ 시 □ 분

6 어려워지는 서술형 문제는 이렇게 대비하라

대부분의 초등학교에서는 문제 푸는 방법 찾기 단원이 마지막에 있어 기말고사가 끝난 뒤라 소홀히 다루는 경향이 있다. 학년이 올라갈 때마다 이런 현상이 지속되면 아이들도 등한시하게 되는데, 초등학교 수학에서 가장 중요한 부분을 꼽으라면 바로 이 부분이라고 말하고 싶다. 중 · 고등학교 때 등장하는 미지수 x가 바로 '어떤 수'이기 때문이다. 이 부분을 제대로 이해하면 서술형 문제도 간단하게 해결할 수 있다. 초등학교에서는 어떤 수를 □, △, ○, ( ) 등으로 나타낸다.

이를 포함하는 간단한 덧셈, 뺄셈의 등식에서 어떤 수의 값을 실제로 구해 보기, 그림 그리기, 표 만들기, 거꾸로 생각하기 등의 문제 해결 전략을 사용하여 구할 수 있게 한다.

연습문제

[식 만들기] 1. 공원에 16마리의 비둘기가 앉아 있다가 날아가고 7마리만 남았습니다. 날아간 비둘기는 몇 마리일까요? □로 나타내어 식을 만들고 답을 알아보시오.

(식) □ (답) □

[식 만들기] 2. 마을 창고에 어제까지 벼 48가마를 넣었고, 오늘 넣은 것을 합하니 64가마가 되었습니다. 오늘 창고에 넣은 벼는 몇 가마일까요? □로 나타내어 식을 만들고 답을 알아보시오.

(식) ________ (답) ________

[식 만들기] 3. 버스에 승객들이 타고 있습니다. 다음 정거장에서 17명이 타니 모두 48명이 되었습니다. 처음 버스에 타고 있었던 승객은 몇 명입니까? (□를 사용한 등식 사용)

(식) ________ (답) ________

[식 만들기] 4. 9에서 20까지의 수가 있습니다. 이중에서 두 수를 더하였더니 32가 되었습니다. 어떤 수끼리 더하였는지 식을 모두 쓰시오.(표를 만들어 구하기)

9	10	11	12	13	14	15	16	17	18	19	20

(1) (식) ________

(2) (식) ________

(3) (식) ________

(4) (식) ________

[식 만들기] 5. 수미는 구슬을 가지고 있습니다. 윤희에게 파란 구슬을 13개 주고, 철수에게서 빨간 구슬을 12개 받았더니 구슬이 모두 15개가 되었습니다. 수미가 처음 가지고 있던 구슬은 몇 개입니까? (거꾸로 생각하기)

(식) ________ (답) ________

[식 만들기] 6. 동화책을 하루에 20쪽씩 4일 동안 읽었더니 15쪽이 남았습니다. 동화책은 모두 몇 쪽입니까?

(식) ☐ (답) ☐

[식에 알맞은 문제 만들기] 7. 다음 식에 알맞은 문제를 만들어 보시오.

23 + 9 − 14 = ( ) ☐

[자료 분류하기] 8. 여러 가지 방법으로 나누어 보시오.

(1) 원모양의 단추는 몇 개입니까? ☐ 개

(2) 사각형 모양의 단추는 몇 개입니까? ☐ 개

(3) 구멍이 2개인 단추는 몇 개입니까? ☐ 개

(4) 원모양이고 구멍이 4개인 단추는 몇 개입니까? ☐ 개

(5) 다른 방법으로도 나누어 보시오.

☐

[자료 분류하기] 9. 다음 그림을 보고 표를 만들어 보시오.

과일 조사표

과일	토마토	배	사과	딸기	복숭아	참외	계
개수	3	2					

(1) 조사표에서 사과는 ☐ 개입니다.

(2) 딸기는 ☐ 개입니다.

(3) 복숭아는 ☐ 개입니다.

(4) 참외는 ☐ 개입니다.

(5) 토마토는 사과보다 ☐ 개 더 많습니다.

(6) 조사표를 보고 알맞은 수만큼 색칠하여 봅시다.

토마토	○○○○○	딸 기	○○○○○
사 과	○○○○○	복숭아	○○○○○
배	○○○○○	참 외	○○○○○

7 생활 속 규칙 찾기

우리 주변에서 물체나 무늬의 다양한 변화의 규칙을 찾아 설명하게 해 본다.

다음은 일정하게 발전해 가는 배열의 한 형태다.

♡♧♡♧♧♡♧♧♧♡♧♧♧♧……

이와 같이 일정하게 늘어 놓는 배열에서 규칙을 찾을 수 있게 하고, 활용할 수 있게 한다.

다음에 올 모양이나 어떤 규칙을 가지고 늘어놓았는지를 물어보는 것도 좋은 방법이다. 배열에 활용되는 물체나 무늬는 생활에서 자주 접할 수 있는 것을 활용한다.

예) 그림과 같이 일정한 규칙에 따라 전구의 색깔이 변하고 있습니다. 열 번째 전구의 색깔을 알아보시오.

(1) 첫 번째에 켜진 전구의 색깔은?

(2) 두 번째에 켜진 전구의 색깔은?

(3) 어떤 규칙으로 전구의 색깔이 변하고 있는지 이야기해 보시오.

(4) 열 번째에 켜진 전구의 색깔은?

100까지의 수 배열표에서 모두 노란색 스티커를 붙여 보고 어떤 모양이 되는지 알아보게 한다. 3씩 건너뛴 수들에 빨강색 스티커를 붙이면 어떤 모양이 나타나는지 살펴보고, 노랑 스티커와 빨강 스티커가 함께 붙은 수들은 어떤 수들인지 차례로 말해 보게 한다. 5씩 건너뛴 수, 9씩 건너뛴 수, 11씩 건너뛴 수들에 각각 색을 칠하면 어떤 모양이 나타나는지 알아보게 한다. 또, 색칠된 수들은 얼마씩 커지는지 알아보게 한다.

이와 같이 수 배열표에서 뛰어 세는 수들의 규칙을 찾는 다양한 활동을 통하여 자연스럽게 곱셈 · 구구단의 기초 경험을 가지게 한다.

연습문제

[규칙 찾기] 1. 수 배열표를 보면서 아래 그림을 연필로 완성해 보시오. 아래 수 배열표에서 2씩 건너뛰어 센 수는 △, 5씩 건너뛰어 센 수는 ○로 표시해 보시오.

1	2	3	4	5	6	7	8	9	10
11	12	13	14	15	16	17	18	19	20
21	22	23	24	25	26	27	28	29	30
31	32	33	34	35	36	37	38	39	40
41	42	43	44	45	46	47	48	49	50
51	52	53	54	55	56	57	58	59	60
51	52	53	54	55	56	57	58	59	60

[규칙 찾기] 2. 다음 빈칸에 알맞은 수를 써 보시오.

(1)

12	13			
	23	24	25	
			35	

(2)

	43		45	
52		54		56
	63		65	

[규칙 찾기] 3. 곱셈표에서 2의 곱이 되는 수들을 색칠해 보고, 3의 곱이 되는 수들을 색칠해 보게 한다. 각각 어떤 모양이 나타나는지 살펴보게 한다.

가로로 셋째 줄에 있는 수들은 어떤 규칙을 가지고 있는지, 또 이 수들은 얼마씩 커지고 있는지 알아보게 한다. 또, 대각선을 따라 접는다면, 어떤 숫자들이 서로 만나는지 알아본다.

1	2	3	4	5	6	7	8	9
2	4	6	8	10	12	14	16	18
3	6	9	12	15	18	21	24	27
4	8	12	16	20	24	28	32	36
5	10	15	20	25	30	35	40	45
6	12	18	24	30	36	42	48	54
7	14	21	28	35	42	49	56	63
8	16	24	32	40	48	56	64	72
9	18	27	36	45	54	63	72	81

[식 만들기] 4. 다음 그림과 같이 사과가 있습니다. 사과는 모두 몇 개인지 알아보시오.

(1) 6개씩 몇 줄입니까?

(2) 곱셈식으로 나타내 봅시다.

(3) 4개씩 몇 줄입니까?

(4) 곱셈식으로 나타내 봅시다.

(5) 두 수를 서로 바꾸어 곱하면 어떻게 됩니까?

[식 만들기] 5. 팽이는 모두 몇 개인지 여러 가지 방법으로 알아보시오.

5

3학년, 나눗셈에 주목하라

5

3학년,
나눗셈에
주목하라

학생들은 수학에 흥미를 갖고 3학년을 맞이한다. 보도에 따르면 미국의 4학년 학생들의 $\frac{3}{4}$ 정도가 수학을 실용적이고 중요한 것으로 생각하고, 수학을 좋아한다고 한다. 수학이 계속 흥미 있고 이해할 수 있는 것으로 보여야, 학생들은 계속 공부할 마음이 들 것이다. 만약 배우는 것이 단순하게 흉내 내고 기억하는 과정이 된다면 학생들의 흥미는 감소할 것이다.

3~5학년 과정의 내용을 보면 크게 세가지 중요한 수학적 주제로 되어 있다. 즉, 곱셈적 사고력, 동치, 계산의 유창성이다. 곱셈의 원리에 대한 초점은 학생들이 비례적 추론이 강조되는 중학년으로 이행할 때 발달된다. 곱셈적 추론의 한 부분으로서 3~5학년에 학생들은 전체에 대한 부분으로서, 그리고 나눗셈으로서 분수를 이해해야만 한다.

이 시기 학생들의 수학 학습을 구체화하는 데 수학 교사들의 교과 지도에 대한 전문성이 한층 더 요구된다. 몇몇 초등학교들은 교육과 전문적인 개발에서 다른 교사들을 지원할 수 있는 '수학 교사-지도자'를 두고 있다. 또 다른 학교에서는 초등학교 고학년 수준에서 '수학 전문가'를 두고 있는데 이들은 더 규모가 큰 그룹의 학생들에게 수학을 지도하는 기본적인 책임을 맡게 된다. 이런 각각의 모델들은 3~5학년의 학생들의 수학 교육을 향상시키기 위해 시도될 필요가 있다.

영역 단계	수와 연산	도 형	측 정	확률과 통계	규칙성과 문제 해결
3-1	(가) 10000까지 수 (나) 세 자릿수의 덧셈과 뺄셈 • 실생활 문제에 활용하기 (다) 나눗셈의 도입 • 나눗셈의 의미 이해 • 곱셈과 나눗셈의 관계	(가) 각과 평면 도형 • 각, 직각의 이해 • 직각삼각형, 직사각형의 이해 (나) 공간 감각 • 옮기기, 뒤집기, 돌리기 활동	(가) 길이 • 1mm, 1km 단위의 이해 • 1cm와 1mm, 1km와 1m의 관계 • 길이를 단명수와 복명수로 나타내기 (나) 시간(시, 분) • 시각과 시간 • 분 단위까지 시간의 덧셈과 뺄셈		

(단명수: 한 가지 단위만 사용 / 복명수: 두 가지 이상의 단위 사용)

영역 단계	수와 연산	도 형	측 정	확률과 통계	규칙성과 문제 해결
3-1	**(라) 곱셈과 나눗셈** • 두 자릿수와 한자릿수의 곱셈 • 나누어 떨어지는 (두자릿수) ÷ (한 자릿수)의 계산 • 몫의 의미 **(마) 곱셈과 나눗셈의 활용** • 실생활 문제에 활용 하기 **(바) 분수의 이해** • 등분할 의미로 분수 이해, 읽기, 쓰기 • 분수의 양만큼 표시하기				
3-2	**(가) 네 자릿수의 덧셈과 뺄셈** • 덧셈과 뺄셈 • 세 수의 덧셈과 뺄셈 **(나) 곱셈과 나눗셈** • 세 자릿수와 한 자릿수, 두 자릿수끼리의 곱셈 • (두 자릿수)÷(한 자릿수)의 계산 • 나머지의 이해 **(다) 단위분수와 진분수** • 의미와 관계 • 분모가 같은 진분수의 크기 비교, 간단한 단위분수의 크기 비교 **(라) 소수(첫째 자리)까지의 이해** • 분모가 10인 진분수를 통한 소수 표현 • 소수의 읽기, 쓰기, 크기 비교	**(가) 원의 구성 요소** • 원, 중심, 반지름의 이해 • 컴퍼스를 사용하여용하여 여러 가지 모양 그리기 **(나) 공간 감각** • 거울에 비치는 상 관찰하기	**(가) 들이** • 1ℓ, 1mℓ 단위의 이해 • 들이의 측정 • 들이의 덧셈, 뺄셈 • 들이에 대한 양감 기르기	**(가) 자료의 정리** • 실제적인 자료들을 수집, 분류, 정리하여 표와 막대 그래프로 나타내고 읽기 • 자료 수집, 분류, 정리한 그래프에서 여러 가지 사실을 찾기	**(가) 문제 해결 방법** • 규칙찾기, 예상과 확인 등 여러 가지 방법으로 해결하기 • 문제 해결의 과정 설명하기 **(나) 규칙 찾기** • 자신이 정한 규칙에 따라 여러가지 무늬 꾸미기

1 가득 찬 수 10000의 변화

이제까지 학습한 자리 잡기에 의해 10000까지의 수를 표기할 수 있다. 우리말에서 숫자는 4자리 단위로 끊어 읽기 때문에, '0' 이 4자리를 차지한 만(10000)은 아이들이 처음 접하는 가득 찬 수이기도 하다.

이제까지의 자리매김으로 아이들은 매 자릿수마다 10씩 묶어져서 올라간다는 것을 충분히 이해하였을 것이다. 이 부분을 이해하지 못한다면, 다시 10단위 매김부터 확실한 설명이 필요할 것이다.

묶음과 교환하기를 통해 10과 100, 100과 1000, 1000과 10000의 관계를 이해하고 있는지 알아본다. 10씩, 100씩, 1000씩 뛰어 세기와 수직선을 이용하여 수 계열을 익히고, 십신법의 원리로 네 자릿수의 대수를 비교할 수 있도록 한다.

연습문제

[10000까지 수] 1. 아래의 그림을 보고 □ 안에 알맞은 수를 써 넣으시오.

100이 9이면 □ 이고, 10이 4이면 □ 입니다.

[10000까지 수] 2. □ 안에 알맞은 수를 써 넣으시오.

(1) 1000은 100이 □ 인 수입니다.

(2) 90보다 10 큰 수는 □ 이고, □ 이라고 읽습니다.

(3) 700보다 100 큰 수는 □ 입니다.

[10000까지 수] 3. 아래의 그림을 보고 □ 안에 알맞은 수를 써 넣으시오.

● 2270은 1000이 2, 100이 □, 10이 □ 인 수입니다.

[10000까지 수] 4. 수 4210에서 10, 100, 1000 뛰어서 센 수를 빈칸에 써 넣으시오.

10 뛰었을 때	4210	
100 뛰었을 때	4210	
1000 뛰었을 때	4210	

2 암산은 단추 끼우듯

세 자릿수끼리의 덧셈과 뺄셈이나 네 자릿수+세 자릿수의 계산까지도 확장하여 계산할 수 있게 된다. 모든 숫자는 자릿값이 있다는 것을 항상 알려 주는 것이 좋으며, 그런 것은 생활에서도 적용된다. 이런 부분이 잘 학습된 아이들은 자릿수가 많아지더라도 복잡하다고 생각하지 않는다. 아이들이 조금 더 늘어난 자릿수 때문에 고생을 한다면, 옆에서 단추 끼우듯 차근히 해야 한다는 점을 강조하며, 조금 느긋하게 기다려 주는 것도 한 방법이다.

3학년 때 새로 나눗셈이 등장하니 나눗셈을 가장 어려울 것 같지만, 아이들은 의외로 덧셈, 뺄셈을 어려워한다.

엄마의 기준에서 보면 더하고 빼는 것이 왜 힘드냐고 생각하겠지만, 아이들은 무척 혼란스러워한다. 특히 네 자릿수끼리의 덧셈과 뺄셈의 혼합 계산이 나오면 한숨부터 쉰다. 차라리 두 자릿수의 곱셈을 하는 게 낫다고 생각하는 아이들도 많다.

왜 이런 문제가 생겼을까? 아이들이 이 부분에서 힘들어한다면, 다시 원점으로 돌아가보는 것도 좋은 방법이다. 다시 일의 자리끼리의 덧셈과 뺄셈을 해 보거나, 받아 올림이나 받아 내림이 있는 두 자릿수끼리의 덧셈, 뺄셈을 해 보아서 아이가 맞추었을 때, 그 기쁨을 함께 나눠 보자.

물론 이때, 자릿수를 확실하게 알고 하는지 지켜봐야 한다. 간단한 수셈이라고 암산으로 해 버리거나, 자릿수를 맞춰 서지 않을 경우에는 확실하게 지도해 주어야 한다.

기본적인 사실이 확립되면, 암산은 여러 계산에 중요한 도구가 된다. 답을 정확히 구할 수 있게 되면 계산이 지루해질 수 있는데 이때 생각할 수 있는 자연스런 방법은 암산을 통한 어림산이다. '답이 얼마보다 클까, 답이 얼마보다 작아야 할까' 와 같은 질문을 통해 아이는 어림산과 수 감각을 높일 수 있다. 또 다양한 계산 도구를 통해 도구들의 가치를 알 수 있다.

연습문제

[덧셈과 뺄셈] 1. 사랑이네 학교에서는 빈 우유갑을 모으는데, 어제는 258개를 모았고, 오늘은 397개를 모았습니다. 사랑이는 어제와 오늘 모은 우유갑의 개수를 알아보기 위해 다음과 같은 방법으로 계산하였습니다. □ 안에 알맞은 수를 써 넣으시오.

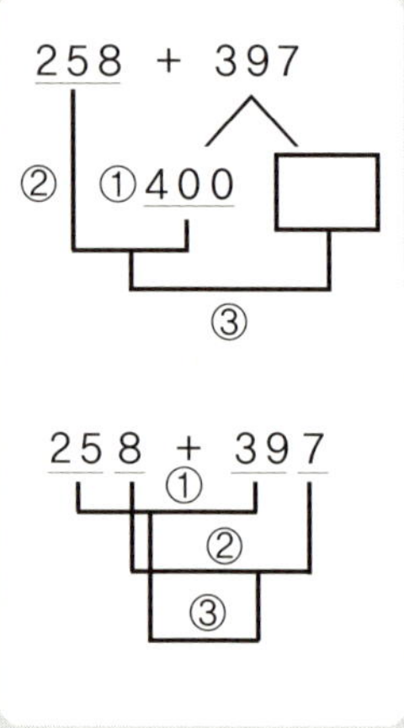

(1)

① 397을 400보다 □ 작은 수로 생각합니다.

② 258에 □ 을 더하면 □ 입니다.

③ 이어서 □ 을 빼면 □ 입니다.

(2)

① 250 + 390 = □

② 8 + 7 = □

③ □ + □ = □

[덧셈과 뺄셈] 2. 선영이네 과수원에서는 올해 사과는 386개를 따고, 배는 561개를 땄습니다. 배는 사과보다 몇 개를 더 많이 땄습니까?

(1) 일의 자릿수 1에서 6을 뺄 수 없으므로, 십 모형 1개를 낱개 모형으로 바꾸면

□ − 6 = □ 입니다.

(2) 십의 자릿수 5에서 8을 뺄 수 없으므로, 백 모형 1개를 십 모형으로 바꾸면

□ − 8 = □ 입니다.

(3) 백의 자릿수 □ 에서 3을 빼면 □ 입니다.

561 − 386은 얼마입니까? □

[덧셈과 뺄셈] 3. 그림을 보고, □ 안에 알맞은 수를 써 넣으시오.

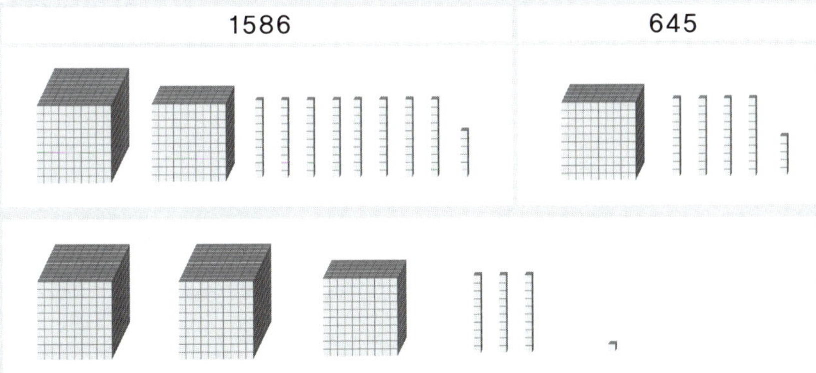

위에서 알아본 것을 식으로 나타내어 보시오.

식 ______________________

1	1 1	1 1 1	1 1 1
1 5 8 6	1 5 8 6	1 5 8 6	1 5 8 6
+ 6 4 5	+ 6 4 5	+ 6 4 5	+ 6 4 5
(1) □	(2) □	(3) □	(4) □

1586 + 645 = □

[덧셈과 뺄셈] 4. 다음 □ 안의 숫자는 지워져 보이지 않습니다. 가장 큰 수와 가장 작은 수는 몇 번입니까?

(1) 4 □□ + 6 □□

(2) 37 □□ + 1 □□

(3) 3 □□ + 9 □□

가장 큰 수 □

가장 작은 수 □

[덧셈과 뺄셈] 5. □ 안에 알맞은 수를 써 넣으시오.

2 10 3 4 ~~3~~ 7 − 1 6 5 8	3 12 10 3 ~~4~~ ~~3~~ 7 − 1 6 5 8	2 13 12 10 ~~3~~ ~~4~~ ~~3~~ 7 − 1 6 5 8	2 13 12 10 ~~3~~ ~~4~~ ~~3~~ 7 − 1 6 5 8
(1) □	(2) □□	(3) □□□	(4) □□□□

3학년 문장제 문제를 어려워할 경우 **[덧셈과 뺄셈]**

다음의 예를 보고, 제대로 지켜지고 있는지 체크해 본다.

우리집에서 공원까지의 거리를 재어 보았더니 4679걸음이었고, 공원에서 학교까지의 거리는 우리집에서 공원까지의 거리보다 1679걸음 덜 걸었다. 우리집에서 공원을 지나 학교에 갔다면 몇 걸음을 걸었을까?

1. **풀이:** 주어진 문장을 그림으로 나타낼 수 있게 한다.

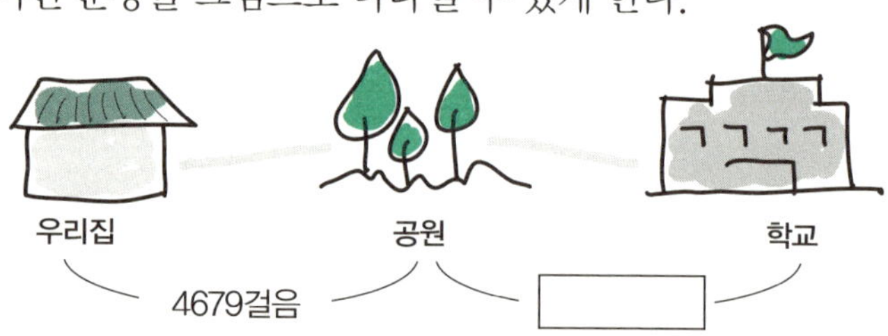

2. **식 세우기:** 1) 공원에서 학교까지   2) 우리집에서 학교까지

$$\begin{array}{r} 4679 \\ -\,1679 \\ \hline 3000 \end{array} \qquad \begin{array}{r} 4679 \\ +\,3000 \\ \hline 7679 \end{array}$$

3. **답:** 7679걸음

TIP 자릿수에 맞추어서 세로셈을 할 수 있도록 지도하고, 받아올림이나 받아내림이 있는 경우에는 '꼭' 표시를 하도록 한다.

3 8조각으로 된 피자를 4명이 먹는다면

나눈다는 개념은 곱한다는 것보다는 우리 생활에 더 밀접하다고 할 수 있다. 우리 생활의 대부분은 나눗셈에서 시작되니 말이다. 동그란 원 안에 12시간으로 나뉜 시계를 보고 하루를 시작하고, 집에서 나오기 위해 신발 두 짝을 두 발에 나누어 신으며, 학교에 와서는 아이들과 밥을 나누어 먹는다. 이런 나눗셈은 포함제와 등분제로 나누어 설명할 수 있다.

포함제는 기준되는 양에 어떤 양이 몇 번 포함되는지를 구하는 것이고, 등분제는 어떤 양을 몇 번으로 똑같이 나누었을 때 나누어진 한 몫의 크기를 구하는 것이다. 두 경우 모두 나눗셈으로 통합하여 계산할 수 있으며, 곱셈구구가 숙달된 아이들에게는 곱셈과 나눗셈의 역연산 관계를 이용하여 지도할 수 있다. 이러한 과정을 통해 $12 \times 3 = (10 \times 3) + (2 \times 3)$과 같은 곱셈의 분배성에 대해서도 알게 해 준다.

계산에 대한 이해가 충분히 이루어진 후에는 계산이 숙달될 수 있도록 지도해 주는 것이 좋다. 나눗셈이 익숙해졌다면 분수의 개념을 설명해 주는 것도 좋다. 전체를 일정하게 나누고, 똑같이 나뉜 것들을 전체 중의 얼마라고 설명해 준다. 아이들이 좋아하는 먹거리를 이용해서 설명하면 좋은데, 피자로 설명해 주면 대부분의 아이는 분수를 잘 이해한다.

분수를 쓰는 순서를 익힌다. 먼저 평행막대를 긋고, 아래에 분모를 쓰고 위에 분자 쓰는 것을 익힌다. 등분, 똑같이 나눈다는 것을 충분히 인식하고 있는지 확인해 보아야 한다.

$$4\text{는 } 8\text{의 } \frac{1}{2} \quad \text{또는 } 4\text{는 } 8\text{의 } \frac{2}{4}$$

이렇게 전체에 대한 부분을 묶음의 수에 따라 여러 가지 분수로 나타내는 것은 5학년 때 배울 분수의 통분과 연결된다. 아이들에게 여러 가지 방법으로 전체를 나누어 보게 하고 분수로 표현할 수 있도록 도와주는 것이 중요하다.

또, 분수의 분모는 하나의 단위 역할을 하고 있기 때문에, 분모가 같아야 뺄셈이나 덧셈을 할 수 있다는 것도 충분히 설명해야 한다. 이러한 단위도 수학적 약속이므로 꼭 지켜져야 한다는 것을 알고 있는지 확인해 보아야 한다. 이런 부분을 확인할 때는 엄마가 묻고 아이가 답하는 식의 형식이 좋다. 분모가 다른 단위 분수들의 크기를 비교하기 위해 그림을 그려보게 한다. 분수 $\frac{1}{10}$이 0.1임을 약속하며, 소수점과 소수를 약속한다. 이런 부분을 통해, 5㎝ 8㎜와 같이 복명수로 표현된 길이의 단위를 5.8㎝단명수로 바꾸는 활동을 해 본다.

연습문제

[분수의 이해] 1. 분수만큼 색칠하시오.

(1) 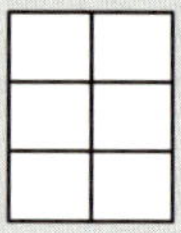 $\frac{3}{6}$

(2) 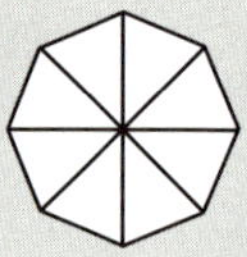 $\frac{3}{8}$

(3) 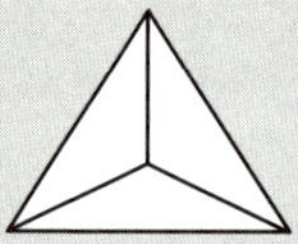 $\frac{1}{3}$

(4) 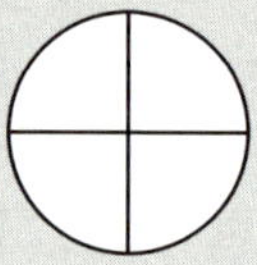 $\frac{3}{4}$

[분수의 이해] 2. 분수만큼 ○표 하시오.

$\frac{3}{5}$

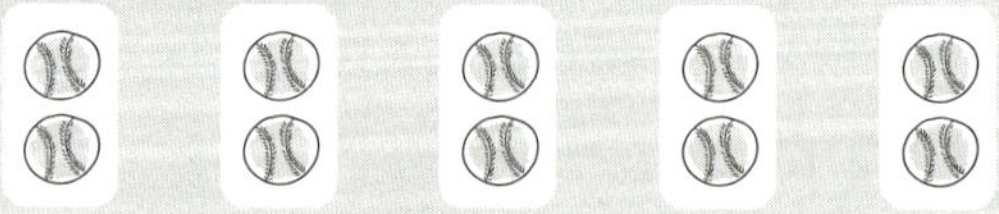

[분수의 이해] 3. 색으로 표시된 부분을 분수로 나타내시오.

(1) 

(　　　)

(2) 

(　　　)

(3) 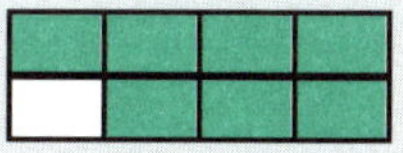

(　　　)

(4) 

(　　　)

[분수의 이해] 4. 다음 분수를 읽어 보시오.

(1) $\frac{1}{7}$ (　　　　　)　　(2) $\frac{3}{4}$ (　　　　　)

[분수의 이해] 5. 다음을 분수로 쓰시오.

(1) 오분의 삼 □　　(2) 팔분의 육 □

(3) 사분의 일 □　　(4) 칠분의 오 □

[분수의 이해] 6. 색칠한 부분의 크기를 분수로 나타내시오.

(1) 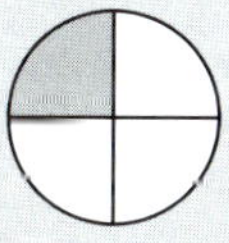

(2) 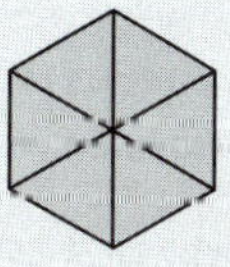

(3) 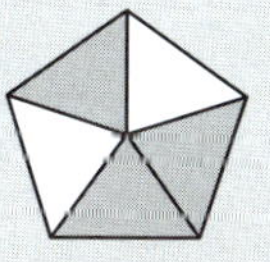

(4) 

(　　)　(　　)　(　　)　(　　)

[단위 분수의 이해] 7. 다음 분수의 크기를 비교하여 $>$, $<$로 나타내시오.

$\frac{1}{2}$ ○ $\frac{1}{3}$　　$\frac{1}{6}$ ○ $\frac{1}{5}$　　$\frac{1}{3}$ ○ $\frac{1}{5}$

$\frac{1}{4}$ ○ $\frac{1}{3}$　　$\frac{1}{2}$ ○ $\frac{1}{4}$　　$\frac{1}{2}$ ○ $\frac{1}{6}$

[나눗셈] 8. 다음 나눗셈을 하시오.

(1) 30 ÷ □ = 5　　(2) 25 ÷ □ = 5　　(3) 35 ÷ □ = 7

(4) □ ÷ 6 = 8　　(5) □ ÷8 = 4

[나눗셈] 9. 다음 □ 안에 들어갈 알맞은 수를 써 넣고, 같은 수끼리 줄로 이으시오.

(1) 56 ÷ 7 = □ •		• 36 ÷ □ = 9
(2) 24 ÷ 4 = □ •		• 20 ÷ □ = 4
(3) 63 ÷ 9 = □ •		• 64 ÷ □ = 8
(4) 40 ÷ 8 = □ •		• 30 ÷ □ = 5
(5) 36 ÷ 9 = □ •		• 49 ÷ □ = 7

[나눗셈] 10. 다음을 읽고, 식을 세워 풀어 보시오.

(1) 구슬이 60개 있습니다. 10명이 똑같이 나누어 가지면 한 사람이 몇 개씩 가질 수 있습니까?

(식) □　(답) □ 개

(2) 공책 72권을 8명에게 똑같이 나누어 주면 한 사람이 몇 권씩 가질 수 있습니까?

(식) [ ] (답) [ ] 개

[곱셈] 11. 다음 그림을 보고, 2×12를 계산하시오.

2×12 = [ ]

$$\begin{array}{r} 2 \\ \times\ 12 \\ \hline \square \end{array}$$

[곱셈] 12. 한 상자에 귤이 156개씩 들어 있습니다. 4 상자에는 귤이 모두 몇 개 들어 있습니까?

한 상자에 들어 있는 귤은 몇 개입니까? [ ] 개

모두 몇 상자의 귤이 있습니까? [ ] 상자

[ ] × [ ] = [ ]

$$\begin{array}{r} \square \\ \times\ \square \\ \hline \square \end{array}$$

귤 4상자에는 귤이 모두 [ ] 개가 들어 있습니다.

3학년 문장제 문제를 어려워할 경우 [곱셈]

다음의 예를 보고, 제대로 지켜지고 있는지 체크해 본다.

경석이네 반 **학생은 37명** 입니다. 한 사람에게 **사탕을 12개씩** 나누어 주었더니 6개가 모자랐습니다. 사탕은 몇 개 있었습니까?

1. **정보**: 한 사람에게 12개씩 준다.

2. **유도**:

   학생 수 – 필요한 사탕

   1명 → 12개

   2명 → 24개

   ⋮

   37명 – ?개

3. **필요한 사탕 수**

   37 × 12 →

```
   3 7
 × 1 2
 -----
   7 4
 3 7
 -----
 4 4 4
```

곱한 수 '2'는 일의 자이므로 일의 자리부터 곱셈
곱한 수 '1'은 십의 자리이므로 십의 자리부터 채움

필요한 사탕수는 444개

4. 현재 있는 사탕 수

   (모자란 것이 6개이므로) 444 – 6 = 438(개)

TIP 아이가 곱셈을 바로 유도해 내지 못한다면 덧셈으로 먼저 해 보세요.
12 + 12 + 12…… (곱셈이 필요한 이유 설명)

3학년

문장제 문제를 어려워할 경우 [소수]

다음의 예를 보고, 제대로 지켜지고 있는지 체크해 본다.

승찬이는 케이크의 $\frac{3}{10}$을 먹었고, 승미는 케이크의 0.4를 먹었습니다.
남은 케이크는 전체의 얼마인지 소수로 나타내시오.

1. 분수 $\frac{1}{10}$과 소수 0.1이 같은 것임을 아는가?
   → 1을 10등분한 후 그중 하나
2. 승찬이가 먹은 양 $\frac{3}{10} \xrightarrow{\text{소수로}} 0.3$
   승미가 먹은 양 $0.4 \xrightarrow{\text{분수로}} \frac{4}{10}$
   승찬이와 승미가 먹은 양은 $\frac{3}{10} + \frac{4}{10} = \frac{7}{10} = 0.7$이므로
   (10조각 중 7조각을 먹었다는 것)
   남은 케이크는 3조각 $= \frac{3}{10} = 0.3$

TIP 소수는 생활의 경험을 통해 복명수를 단명수로 표현하는 방법을 지도해 주는 것이 좋습니다.

예) 키 140㎝ 8mm
(두 가지 단위일 경우)

↓

140.8㎝
(단위를 한 가지로 통합)

4 각과 평면도형

삼각형, 사각형을 통해 각을 들어본 아이들은 뾰족한 부분을 각이라고 생각할 수 있다. 우리 주변에서 볼 수 있는 책의 모서리, 식탁의 모서리, TV의 모서리 등을 통해 직관적으로 각을 이해하고, 각이라는 용어를 사용한다. 각을 추상화하여 순수한 도형으로 볼 수 있게 도와주며, 각의 꼭지점과 각의 변을 찾는다.

주변에서 각과 직각을 찾아보며, 아이들에게 직각에 대해 설명해 준다. 직각을 가진 삼각형으로 직각삼각형을 이해시키고, 여러 가지 도형에 삼각자의 직각 부분을 대어 보고 직각이 몇 개나 들어있는지 찾아보도록 한다.

연습문제

[평면도형] 1. 모눈종이 위에 직각삼각형, 정사각형, 직사각형을 그려 보시오.

[평면도형] 2. 다음 도형을 살펴보고, 물음에 답하시오.

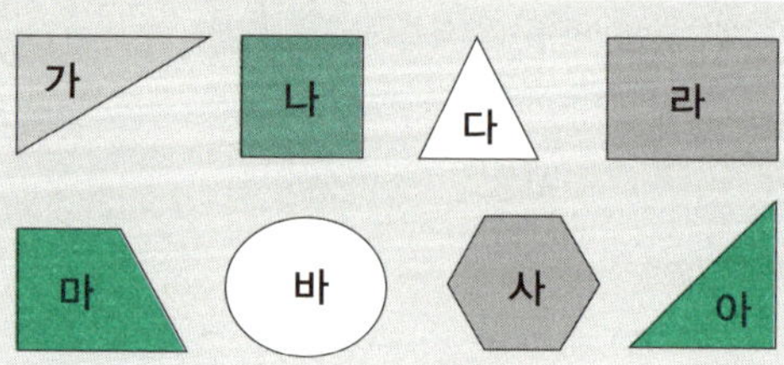

(1) 각이 3개인 도형은? [   ]

(2) 각이 3개이고, 직각이 들어 있는 도형은? [   ]

(3) 직사각형은 [   ]

[평면도형] 3. 그림에서 직사각형은 모두 몇 개인지 알아보시오.

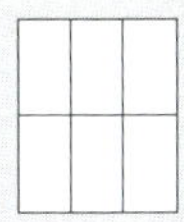

위 그림에는 아래 그림과 같은 직사각형이 각각 몇 개 있습니까?

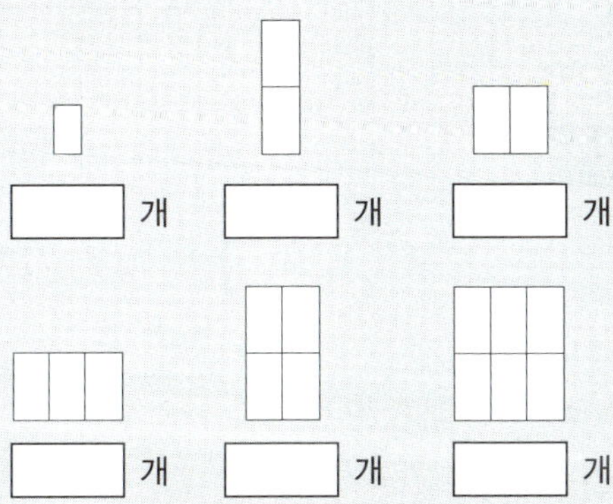

따라서 위의 그림에서 직사각형은 모두 (   )개 입니다.

큰 도형 속에 작은 도형이 들어있는 문제는 기본 도형의 성질을 알고, 도형의 특징을 이용해서 기준을 정한 후 도형을 세야 한다. 이때 도형 속에 숨은 규칙을 찾을 수 있어야 한다. 간단한 평면도형이나 무늬를 옮기기, 뒤집기, 돌리기 활동을 통하여 모양이 어떻게 변해 가는지 관찰하게 한다. 이런 활동은 고학년에서의 기하 도형의 평행이동, 선대칭과 점대칭, 회전 이동을 이해하는 기초가 되며, 도형의 이동을 이용한 여러 가지 배열에서 그 규칙을 찾는 기본적인 개념이 된다.

연습문제

[공간감각_뒤집기] 1. 다음 그림을 투명종이에 그려 뒤집어 보면 어떻게 됩니까?

[공간감각_뒤집기] 2. 색칠한 도형을 뒤집었을 때의 모양을 그리시오.

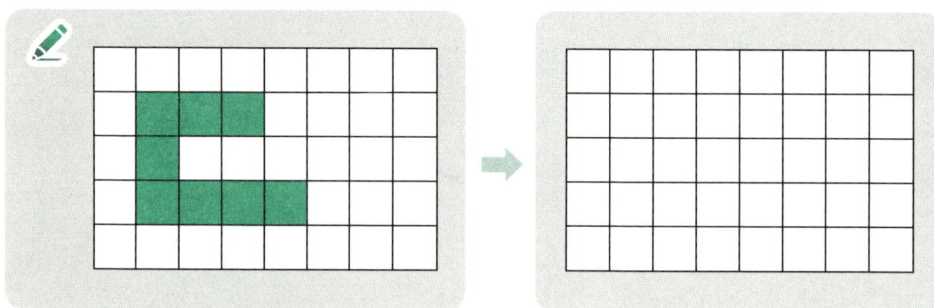

[공간감각_뒤집기] 3. 다음 글자를 뒤집어 써 보시오.

생활 속에서 손이나 목, 다리 등 우리의 신체를 이용하여 원 학습에 대하여 흥미와 동기를 유발시켜 준다. 팔을 앞뒤로 크게 한 바퀴 돌리거나 실 끝에 지우개를 묶어 돌려보게 하는 것도 좋은 방법이다. 어떤 방법으로 하는 것이 더 바른 원에 가깝게 만들 수 있는지 생각을 들어보고, 왜 더 바르게 될까라는 질문을 해 보자.

두꺼운 종이에 구멍을 뚫어 압성으로 지지대를 삼아 원을 그려보는 것도 좋은 방법이다. 이러한 방법을 통해 아이는 원의 중심을 이해하게 된다. 원에서는 원의 중심, 원의 지름, 반지름을 알게 한다. 컴퍼스 사용 방법을 익히고, 컴퍼스를 사용하여 원을 이용한 여러 가지 모양을 그려 보도록 한다.

연습문제

[원의 구성 요소] 1. 원의 반지름의 길이를 구하시오.

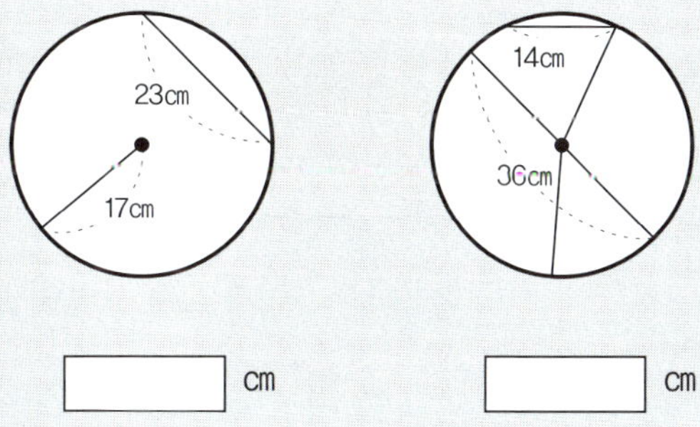

[원의 구성 요소] 2. 다음 점을 원의 중심으로 하여 반지름이 2cm인 원을 그리시오.

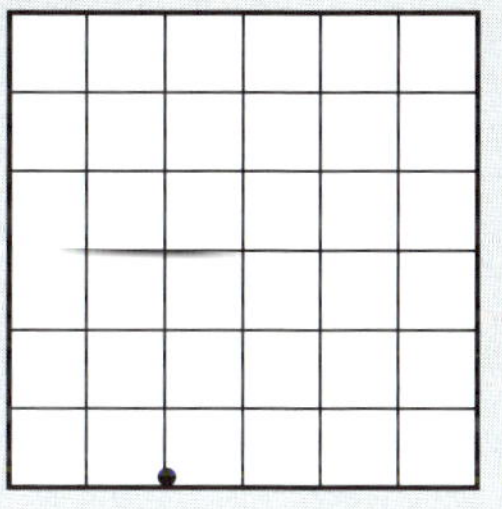

[원의 구성 요소] 3. 컴퍼스를 어떻게 사용하는지 알아보시오.

①

②

③

④

[원의 구성 요소] 4. 정사각형과 원을 이용하여 그림과 같은 무늬를 만들어 보시오.

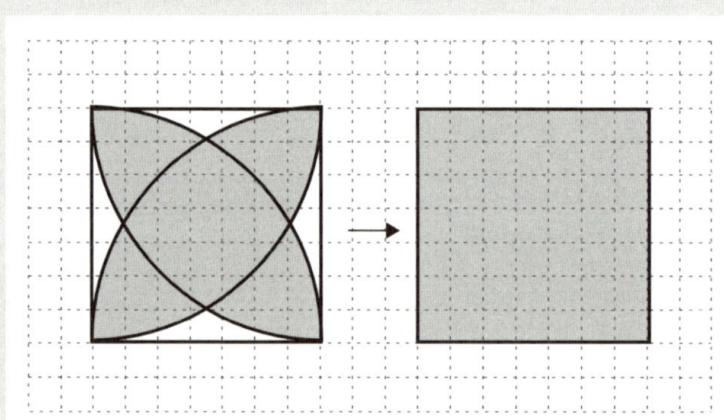

5 너는 키가 몇 cm니

생활에서 물건의 길이, 키, 높이 등을 잴 때 cm보다 작고 정확한 길이가 필요할 때가 있다. 또 자동차를 타고 가다보면 보이는 표지판에는 지역 사이의 거리가 표시되어 있다.

아이들은 mm, cm, m, km 의 단위를 정확하게 이해하기 힘들기 때문에 접하기 쉬운 단위부터 충분히 인지시키는 것이 중요하다. 또 여러 단위를 함께 사용하는 것이 거리감이나 길이감을 나타내기에 편리하다는 것을 알려 준다. 보다 세밀하고 정확한 계산을 위한 mm와 큰 길이 측정을 위한 km단위를 도입하고, 그에 따른 1cm = 10mm, 1m = 100cm, 1km = 1000m의 관계를 파악할 수 있다.

단명수(한 가지 단위만 사용)와 복명수(두 가지 이상의 단위를 사용)로 말할 수 있도록 하며, 이를 길이의 합과 차를 구하는 데 활용하게 한다. 간혹, 시간과 시각을 헷갈려서 잘못 쓰는 아이들이 있다. 이럴 때는 그 개념을 정확하게 짚어 주어야 한다. 시각은 어느 한 시점을 나타내는 것이고, 시간은 어떤 시각에서 어떤 시각까지의 사이를 말하는 것이다.

이제 3학년이 된 아이들이라면 하루 일과를 계획표로 짜 보고 아이들과 함께 시간의 활용에 대해서도 생각해 보자. 구체적인 상황에서 분 단위까지 시간의 덧셈과 뺄셈을 할 수 있어야 하는데, 그렇다고 시각 + 시간 = 시각, 시각 − 시각 = 시간 등의 기계적인 계산을 처음부터 시도하기보다는 문제 상황에서 이를 이해할 수 있도록 돕는다. 일상생활에서의 전철 시간표나 학교 일정표 등을 이용하는 것도 좋은 방법이다.

연습문제

[길이_단위의 이해] 1. 다음 연필의 길이에 해당되는 것을 골라 선으로 연결하시오.

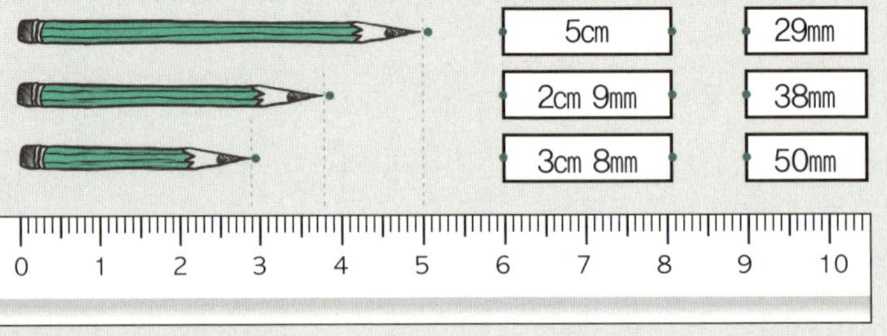

[길이_단위의 이해] 2. 가로와 세로 길이의 합과 차는 각각 몇 cm 몇 mm입니까?

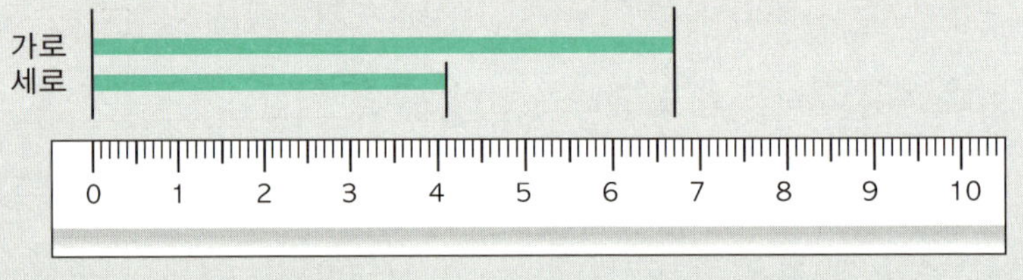

가로와 세로 길이의 합	가로와 세로 길이의 차
가로 6cm 7mm	가로 6cm 7mm
세로 4cm 1mm	세로 4cm 1mm
합 ☐ cm ☐ mm	차 ☐ cm ☐ mm

[시각과 시간] 3. 다음은 몇 시 몇 분입니까?

☐ 시 ☐ 분

[시각과 시간] 4. 95분은 몇 시간 몇 분입니까?

☐ 시간 ☐ 분

[시각과 시간] 5. 1일 7시간은 몇 시간입니까?

☐ 시간

들이는 3차원 공간에서 생각하는 것으로 '많이 들어간다.' '적게 들어간다.'를 나타낸다. 부피와 들이의 개념은 같지 않은데, 보통 들이는 액량으로 나타낸다. 일상생활에서 컵에 우유를 붓는 경우나, 물을 붓는 경우를 통해 들이를 비교할 수 있는지 알아본다. 정확한 단위의 도입으로 측정할 수 있는 경우를 제시하고, 아이와 함께 얘기해 본다. 1ℓ, 1mℓ의 차이를 보고, 단위 사이의 관계를 알게 해 준다. 이때도 기계적인 계산보다는 생활 문제를 해결하는 과정에서 익히도록 한다.

연습문제

[들이] 6. 오른쪽의 그릇을 보고 다음 물음에 맞게 써 보시오.

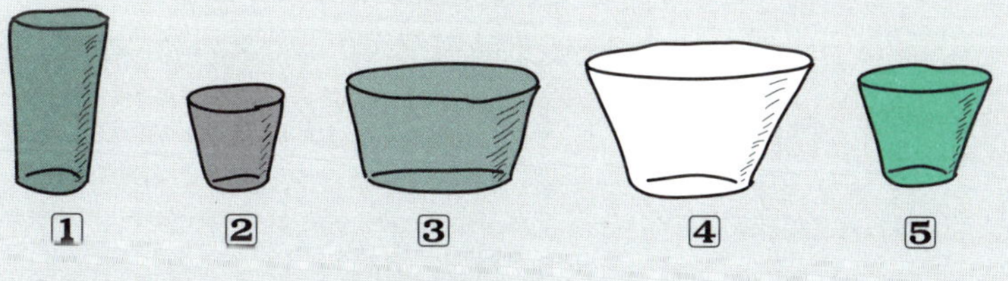

(1) 가장 크다고 생각되는 그릇은? ☐

(2) 가장 작다고 생각되는 그릇은? ☐

[들이의 덧셈과 뺄셈] 7. 다음 들이의 계산을 하시오.

(1) 3ℓ+7ℓ = □ ℓ (2) 8ℓ+10ℓ = □ ℓ

(3) 12ℓ−6ℓ = □ ℓ (4) 27ℓ − 8ℓ = □ ℓ

(5) 2ℓ 300mℓ+4ℓ 400mℓ = □ ℓ □ mℓ

(6) 3700mℓ−2500mℓ= □ ℓ □ mℓ

6 자료 정리는 어떻게

자료를 수집하여 분류하고, 또 분류된 내용을 정리하여 표로 만들고, 이를 막대그래프로 나타내기까지 일련의 과정을 통하여, 아이는 불필요한 부분을 버리는 법을 배우고 중요한 부분을 남겨 두는 습관이 생긴다. 한 페이지 분량에 해당하는 내용을 두세 줄로 요약할 수 있는 능력이 생기는 것이다. 수학에서는 각각의 자료들이 수량으로 들어온다. 이런 자료를 몇 개의 항목으로 나누고 또 그 항목에 해당하는 수량을 적절한 단위를 사용하여 표현하는 법을 알게 되는 것은 상당히 중요한 부분이다. 또, 표로 제시된 부분을 막대그래프나 다른 그림그래프로 표현하게 되면서, 구체화시키는 능력도 커지게 된다.

3학년 때에는 그리 어려운 문제는 나오지 않는다. 아이가 놀이로서 접근하고 즐겁게 할 수 있도록 지도하는 것이 바람직하다.

연습문제

[자료의 정리] 1. 수영이네 분단 학생들이 좋아하는 전통놀이를 조사하여 표로 나타내었습니다. 표를 보고, 막대그래프로 나타내시오.

좋아하는 전통놀이

놀이	윷	제기	고누	칠교	계
학생 수	5	3	2	4	14

5				
0				
학생 수 / 놀이				

[자료의 정리] 2. 창수네 분단에서 좋아하는 과목을 조사하여 표로 나타내었습니다. 그림그래프로 나타내시오.

좋아하는 과목

과목	국어	수학	음악	체육	계
학생 수	3	12	14	12	41

그림그래프

과목	국어	수학	음악	체육
학생 수 (명)				

☺ : 10명

☺ : 1명

[자료의 정리] 3. 모둠별 칭찬카드 수를 조사하여 그림그래프로 나타내었습니다. 칭찬카드 수가 가장 많은 모둠부터 차례로 쓰시오.

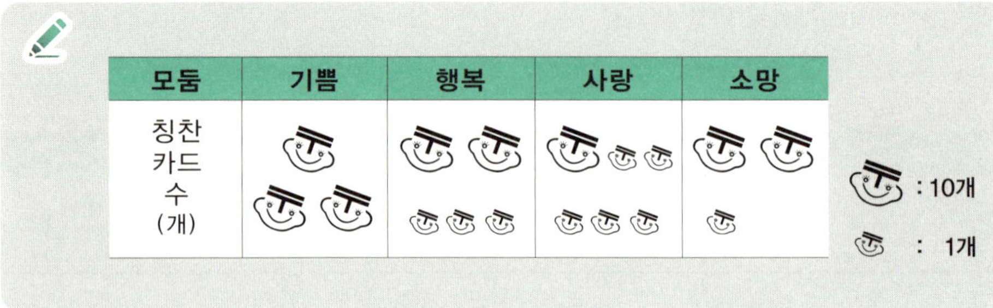

7 IQ는 규칙을 찾는 능력

IQ가 높은 사람들의 모임 중에 가장 명망 있는 곳이 바로 멘사다. 멘사 아이큐 테스트를 보면 대부분 규칙 찾기다. 주어진 자료에서 규칙을 찾아내고, 그것을 새로운 것에 대응시킬 수 있느냐 이것이 바로 IQ의 척도가 된다.

규칙 찾기는 아이들이 흥미로워 하면서도, 한편으로는 어려워하는 부분이기도 하다. 규칙 찾기는 이미 알고 있는 내용을 근거로 하여, 새로운 판단을 내리는 법을 지도한다. 이러한 일련의 과정을 추리라고 하는데, 아이들과 함께 제시된 내용을 근거로 어떤 규칙을 찾을 수 있는지 생각해 보는 것이 좋다. 이때 아이가 주도적인 입장에서 자신의 생각을 말할 수 있도록 하고 엄마는 옆에서 논리적으로 구체화시켜 주는 것이 좋다. 이러한 부분은 수학에서 꽤 많은 부분을 차지하는데, 단순히 수나 도형의 나열이 아닌 새로운 식을 찾을 때에도 중요한 역할을 한다.

연습문제

[규칙 찾기] 1. 빈칸을 채워 보시오.

2	4		8	10	
3		9	12		18

[문제 해결하기] 2. 100원 짜리와 50원짜리 동전의 합을 빈칸에 써 넣고, □ 안에 알맞은 수를 써 넣으시오.

100원짜리(개)	3	2	1	0
50원짜리(개)	0	2	4	
합(원)	300	300		300

→ 300원을 만드는 방법은 모두 □ 가지입니다.

초등 저학년(1~3학년)을 위한 수학동화

1. 가우스: 수학의 열정을 닮아라 살림어린이
2. (놀면서 배우는 수학 이야기) 수학아 수학아 나 좀 도와줘 삼성당
3. 피타고라스의 발견 (한글 + 영어 동화) 승산
4. 숫자 3의 비밀 사파리
5. 12개의 황금열쇠 주니어김영사
6. (천재와 꼴찌의 재미폭발 수학 구출 대작전) 수학 대소동 다산어린이
7. 1학년 스토리텔링 수학동화 예림당
8. 2학년 스토리텔링 수학동화 예림당
9. 양말을 꿀꺽 삼켜버린 수학 1 (수와 연산) 생각을 담는 어린이
10. 양말을 꿀꺽 삼켜버린 수학 2 (도형과 퍼즐) 생각을 담는 어린이
11. 즐거운 이사 놀이 / 빨간 모자/ 신기한 열매 비룡소
12. (사이언스 일공일삼) 1) 원, 2) 삼각형, 3) 사각형 비룡소
13. 3학년 수학이랑 악수해요 웅진주니어
14. 우리 수학 놀이하자 1 주니어김영사
15. 우리 수학 놀이하자 2 주니어김영사
16. 피타고라스 구출 작전 주니어김영사
17. 함정에 빠진 수학 주니어김영사

18. 원탁의 기사들(한글 + 영어 동화) 승산

19. 각도나라의 기사(한글 + 영어동화) 승산

20. 개념씨 수학나무 1-50(유아, 저학년) 그레이트 북스

21. 기초 잡는 수학 동화 1-9 주니어김영사

22. 영의 모험(한글 + 영어 동화) 승산

23. 개념부터 차근차근 프랑스 원리 수학 1, 2 청년사

24. 수학 그림 동화 항아리 속 이야기 /아기 돼지 세 마리 비룡소

25. 판타지 수학 대전 1~5(만화) 랜덤하우스

26. 소녀, 그리고 셈할 줄 아는 이들을 위한 수학 또문 소녀

27. 히파티아-수학으로 진리를 찾아라 살림어린이

28. 수학이 사라진 나라의 모험 1, 2, 3 (학습만화) 도서출판 홍

29. 숫자돌이랑 놀자 주니어김영사

30. 수학 영재들의 미로 게임 주니어김영사

6

4학년, 분수에 집중하라

6

4학년, 분수에 집중하라

대부분의 학부모가 집에서 자녀와 함께 학습을 하다가 4학년 즈음부터 수학 교육을 학원에 의지하게 된다. 수학 교재를 자세히 들여다보면 딱히 힘든 부분이 생긴 것도 아니다. 무엇 때문에 이렇게 되는 것일까?

이 시기에 아이들이 가장 힘들어하는 것은 자릿수가 커진 숫자들이다. 그 숫자들을 이리 저리 더하거나 빼는데 차분히 하지 않으면 틀리는 일이 종종 생기니, 긴 시간 허비하고 실패 경험이 많아지면 자연스레 수학을 멀리하게 된다. 단순한 식을 암산으로 금방금방 해결해 버렸던 아이라면 더더욱 그렇다.

그렇다고 4학년의 맹점이 큰 자릿수의 혼합 계산이냐면, 그건 또 아니다. 3학년 때 배웠던 진분수, 단위분수에서 이제 가분수, 대분수가 등장하고, 또 소수의 활용이 늘어나면서 소수의 덧셈, 뺄셈까지 해야 하니 말이다.

영역 단계	수와 연산	도 형	측 정	확률과 통계	규칙성과 문제 해결
4-1	(가) 다섯 자리 이상 수 • 10000 이상의 수 읽기, 쓰기, 크기 비교 • 수 계열, 십진기수법 표현 (나) 자연수의 사칙 계산 • 곱하는 수가 두 자리 수인 곱셈 익히기 • 나누는 수가 두 자리수인 나눗셈 익히기 • 혼합 계산 (다) 여러 가지 분수 • 진분수, 가분수, 대분수의 이해	(가) 각과 여러가지 가지 삼각형 • 이등변 삼각형, 정삼각형 • 예각, 둔각 • 예각삼각형, 둔각삼각형 (나) 내각의 크기 • 삼각형과 사각형의 내각의 합	(가) 시각 • 1분=60초의 이해 • 1초 단위까지 시각 읽기 • 초 단위까지 시간의 덧셈과 뺄셈 (나) 각도 • 1°의 이해 • 각도 측정 하기 • 각 그리기 • 각도와 관련된 문제 해결 (다) 무게 • 1g, 1kg 단위의 이해 • 무게 측정 • 무게의 합과 차		(가) 문제 해결 방법 • 문제를 단순화하기 등 여러가지 방법으로 해결하기 (나) 규칙 찾기 • 변화 규칙을 수로 나타내고 설명하기 • 규칙 알아맞히기

영역 단계	수와 연산	도 형	측 정	확률과 통계	규칙성과 문제 해결
	• 분모가 같은 분수의 크기 비교 **(라) 분모가 같은 분수의 덧셈과 뺄셈**				
4-2	**(가) 분수** • 두 양의 크기 비교 • 몫의 분수 **(나) 소수** • 소수 세 자릿수의 이해 • 소수 읽기, 쓰기, 크기 비교 **(다) 분수와 소수의 크기 비교** **(라) 소수의 덧셈과 뺄셈**	**(가) 여러 가지 사각형** • 수직과 평행, 평행선의 성질 • 사다리꼴, 평행사변형, 마름모, 직사각형, 정사각형의 이해 • 변, 각, 대각선의 성질 • 다각형과 정다각형의 이해 **(나) 공간 감각** • 여러 가지 모양 만들기	**(가) 어림하기** • 반올림, 올림, 버림의 이해 • 어림의 의미와 활용하기	**(가) 꺾은선 그래프** • 꺾은선 그래프 그리기 및 해석 • 막대그래프와 꺾은선그래프의 비교 **(나) 여러 가지 그래프로 나타내기** • 목적에 따라 자료를 그래프로 나타내기	**(가) 문제 해결 방법** • 해결 전략을 선택하여 해결하기 • 문제 해결 과정을 설명하기 **(나) 규칙과 대응** • 대응표의 이해 • 규칙 설명하기

1 십억, 백조? 어렵지 않아요

요즘 십만, 백만, 천만은 흔히 접할 수 있는 단어다. 십진기수법의 원리를 바탕으로 자리 잡기를 할 수 있다. 1000이상의 자연수의 읽기는 대부분의 아이가 충분히 쉽게 이해하고 넘어간다.

십진기수법의 원리를 바탕으로 1000 이상의 자연수를 이해하고, 십진기수법의 전개식으로 나타낼 수 있도록 한다. 그리고 1000 이상의 자연수에서 큰 수의 읽기, 쓰기, 각 자리의 수, 자릿값, 수 계열, 대소 비교를 지도하여 큰 수의 개념을 확실히 이해하게 한다. 십진기수법의 원리와 명수법을 중점적으로 학습하여 억, 조까지의 수도 나타내고 쓸 수 있도록 한다. 이 단계에서는 자리 잡기에 의한 십진기수법의 원리를 충분히 이해하여 어떤 자연수라도 읽을 수 있고, 쓸 수 있으며, 십진기수법의 전개식으로 표현할 수 있도록 하는데 중점이 있다.

조의 자리				억의 자리				만의 자리				일의 자리			
천	백	십	일	천	백	십	일	천	백	십	일	천	백	십	일
2	3	4	5	2	3	4	5	2	3	4	5	2	3	4	5

네 자리씩 끊어 읽으면 큰 수도 자연스럽게 읽을 수 있다. 또, 십진기수법의 원리로 전개식을 써 보도록 유도한다.

연습문제

[수 계열] 1. 다음 그림을 보고, □ 안에 알맞게 써 넣으시오.

7000

1000 1000 1000 1000 1000 1000 1000 1000 1000 1000

?

(1) 1000씩 7이면 □ 이다.

(2) 1000씩 10이면 □ 이라 쓰고, □ 또는 □이라고 읽는다.

[수 계열] 2. 다음 그림을 보고 물음에 답하시오.

10000	10000	1000	1000	100	100	1	1	1
10000		1000	1000	100		1	1	
10000		1000	1000	100		1	1	

10000이 □, 1000이 □, 100이 □, 10이 □,
1이 □ 이면 □ 이라 쓰고, □ 이라고 읽는다.

[수 계열] 3. 다음 설명에 해당하는 수를 쓰시오.

★ 9999보다 1 큰 수
★ 9990보다 10 큰 수
★ 9900보다 100 큰 수
★ 9000보다 1000 큰 수
★ 100이 100인 수

★
★
★
★
★

[수 읽기, 수 쓰기] 4. 다음 수를 읽거나 숫자로 나타내시오.

(1) 6327951427893753 ( )

(2) 7042236705419067 ( )

(3) 67조 7600억 ( )

(4) 오천팔십조 십칠억 구백만 팔십 ( )

(5) 765329867146 ( )

(6) 658238967653 ( )

(7) 오만 구천육백칠십삼 ( )

(8) 이만 칠백십팔 ( )

2 자릿수가 늘어나면 계산이 어려워

(세 자릿수)×(두 자릿수)꼴의 계산을 통하여 아이가 계산 원리를 이해하고 있는지 살펴보자. 또 이를 능숙하게 계산할 수 있도록 함으로써 다른 꼴의 곱셈도 자연스럽게 할 수 있다.

곱셈을 잘한다고 생각되면, 역연산 관계로 곱셈과 나눗셈의 관계에 대해서도 탐구할 수 있도록 한다. 나누는 수의 범위를 넓혀 (세 자릿수) ÷ (두 자릿수), (큰 수) ÷ (두 자릿수)에서 나눗셈을 자유롭게 할 수 있게 하여 자연수의 나눗셈을 완성시킨다. 나누는 수가 두 자릿수인 경우의 나눗셈에서 가정몫(어림수 잡기)을 정하는 방법을 충분히 이해하고 이를 이용하여 몫의 범위를 정할 수 있도록 한다. 큰 수의 나눗셈도 수의 범위만 확장되었을 뿐 계산 알고리즘은 마찬가지라는 것을 발견하면 자연수의 나눗셈은 완성된다. 이 부분에서 상당한 시간이 걸리고 힘들어하면, 작은 자릿수의 곱셈, 나눗셈을 충분히 숙지할 수 있게 도와주는 것이 좋다.

덧셈과 뺄셈, 곱셈과 나눗셈이 섞여 있는 혼합 계산 문제에서는 계산 순서를 아는 것이 중요하다. 사칙연산의 순서는 수학적 약속이다. 수학적 약속은 꼭 지켜야 한다. 그러므로 아이들에게 약속이라는 것을 인식시킨다. 11시 기차는 서울, 12시 기차는 부산인데 약속을 어겨 서울행을 타야 할 것을 부산행을 탄다고 생각해 보자. 답은 전혀 엉뚱한 곳으로 빠지고 말 것이다.

괄호가 있는 혼합 계산은 소괄호, 중괄호, 대괄호의 쓰임과 순서를 알게 한다. ( ) → { } → [ ] 의 순서로 계산하는 것이 약속이다.

계산이 복잡하거나 제시하는 수가 큰 경우보다는 간단한 경우에서 계산 순서를 익히는 데 중점을 두고 실생활에서 활용할 수 있도록 지도한다.

연습문제

[자연수의 사칙계산] 1. 보기와 같이 계산 순서를 나타내어 계산해 보시오.

보기

$68+25-18 = 93-18$

(① $68+25$, ② $93-18$)

$= 75$

(1) 48+36−27 =

보기

$90-(26+34) = 90 - 60$

(① $26+34$, ② $90-60$)

$= 30$

(2) 132−(48+36) =

[자연수의 사칙계산 스토리텔링형] 2. 채영이네 반은 여학생이 16명, 남학생이 18명입니다. 음악 시간에 리코더를 가져온 학생이 30명이라면 리코더를 가져오지 않은 학생은 몇 명입니까? 하나의 식으로 나타내고, 답을 구하시오.

(식) ☐　　(답) ☐

[자연수의 사칙계산 스토리텔링형] 3. 준용이는 사탕을 51개 가지고 있었습니다. 친구 7명에게 5개씩 나누어 주고, 형에게 6개를 받았습니다. 준용이가 가지고 있는 사탕은 몇 개인지 알아보시오.

(1) 준용이가 친구에게 나누어 준 사탕은 몇 개인지 알아보려고 합니다. □와 ○ 안에 알맞은 수를 써 넣으시오.

7 × □ = ○

(2) 친구에게 사탕을 나누어 주고 남은 사탕은 몇 개인지 알아보려고 합니다. ○와 △ 안에 알맞은 수를 써 넣으시오.

51 − ○ = △

(3) 형에게 6개를 받고 난 후의 사탕은 몇 개인지 알아보려고 합니다. △와 □ 안에 알맞은 수를 써 넣으시오.

△ + 6 = □

(4) 준용이가 가지고 있는 사탕의수를 알아보기 위해 (1), (2), (3)의 식을 하나의 식으로 나타내려고 합니다. □ 안에 알맞은 수를 써 넣으시오.

51 − □ × □ + 6 = □

(5) 준용이가 가지고 있는 사탕은 모두 몇 개입니까? ☐

[자연수의 사칙계산] 4. □ 안에 알맞은 수를 써 넣으시오.

(1) $6 \times 100 =$ □ (2) $823 \times 1000 =$ □

(3) $60 \times 100 =$ □ (4) $823 \times 10000 =$ □

[자연수의 사칙계산] 5. 500원짜리 동전 20개가 있습니다. 모두 얼마일까?

$500 \times 20 =$ □ 원

[자연수의 사칙계산] 6. 다음 나눗셈을 하시오.

(1) $80 \div 40 =$ □ (2) $580 \div 20 =$ □

[자연수의 사칙계산] 7. 다음 나눗셈을 하시오.

(1) $508 \div 20 =$

$20\overline{)\,508}$

검산 $25 \times (\quad) + (\quad) = 508$

(2) $487 \div 24 =$

$24\overline{)\,487}$

검산 $24 \times (\quad) + (\quad) = 487$

(3) 824 ÷ 40 =

$40\overline{)824}$

(4) 759 ÷ 35 =

$35\overline{)759}$

검산 40 × (　　)+(　　) = 824	검산 35 × (　　)+(　　) = 759

[자연수의 사칙계산] 8. 4768 × 74의 계산 과정을 알아보고, 빈칸에 알맞은 수를 넣으시오.

```
  4768          4768          4768
×   74        ×    4        ×   70
------        ------        ------
[    ]  <---  [    ]        [    ]
[    ]  <-----------------------┘
------
[    ]
```

TIP 여러 자릿수의 곱셈을 자주 틀리는 아이들을 위한 곱셈 비법

```
   4 7 6 8            4 7 6 8            4 7 6 8
×        4   --->  ×      7 0   --->  ×      7 4
----------         ------------       ------------
       3 2              5 6 0            1 9 0 7 2
     2 4              4 2              3 3 3 7 6 0
   1                1                 ------------
   2 8              4 9                3 5 2 8 3 2
 1 6              1
----------        2 8
 1 9 0 7 2        ------------
                  3 3 3 7 6 0
```

[자연수의 사칙계산] 9. 다음 식을 계산할 때, 가장 먼저 계산해야 할 것은?

132 + 16 × 5 + (96 − 72) ÷ 6

① 곱셈　② 나눗셈　③ 덧셈　④ 뺄셈

[자연수의 사칙계산] 10. □ 안에 알맞은 수를 써 넣으시오.

$300+30\times2-2=$ □　　　$250-10\times5-12=$ □

$8+12+3-9=8+$ □ $-\ 9$

$=$ □ $-\ 9$

$=$ □

[자연수의 사칙계산] 11. □ 안에 알맞은 수를 써 넣으시오.

(1) $20\times2\div2=$ □　　　$40+(4\div2)=$ □

(2) $13\times6\div3=$ □ $\div\ 3$　　　$24\div(3\times4)=24\div$ □

$=$ □　　　$=$ □

[자연수의 사칙계산] 12. 다음을 계산하시오.

(1) $16\times100=$ □　　　(2) $64\div8\times5=$ □

$5\times(20\div4)=$ □　　　$48\div(4\times3)=$ □

[자연수의 사칙계산] 13. 다음을 계산하시오.

(1) $62+48\div12\times5$

(2) $(57-5)\div2+4\times15$

(3) $\{90-(5+7)\times3\}\times6$

(4) $(85-15)\div7\times\{(8+15\times8)\div8+32\}\div15$

(5) $196-\{(85-15)\div7\}-5\times2+4\div2$

(6) $50-\{40+60\div5-(5\times6+4)\}$

3 진짜 분수? 가짜 분수?

분수는 자연수와 자연수를 이용하여 하나의 새로운 수를 생성한 것이다. 따라서 아이들이 수의 확장으로서 분수를 이해하게 도와주어야 한다. 분수에는 여러 가지 의미가 있다.

① 등분할 분수: 전체를 똑같이 몇으로 나눈 것 중의 부분의 크기를 나타냄

② 양의 분수: 양의 크기를 나타냄(예: 끈 $\frac{2}{3}$m, 사과 $\frac{1}{2}$개)

③ 수(몫)의 분수: 나눗셈의 몫을 나타낼 때 [예: $a\div b=\frac{a}{b}$ $(b\neq0)$]

④ 비율의 분수: 두 양의 크기의 정도를 비교할 때

(예: 6m와 2m 중 6m는 2m의 3배이고, 2m는 6m의 $\frac{1}{3}$배다.)

⑤ 조작의 분수: 분할 조작을 나타낼 때

(예: 15m의 철사에서 15m를 3등분한 것 중의 2개는 10m다.)

분모가 분자보다 크면 진분수, $\frac{4}{4}$ 나 $\frac{5}{4}$ 와 같이 분자가 분모와 같거나 분모보다 큰 분수를 가분수라고 한다. 또 자연수와 진분수로 이루어진 분수를 대분수라고 한다. 이런 분수들의 변형을 통해 분수의 덧셈과 뺄셈을 할 수 있다. 이런 계산을 할 때 기준이 되는 분모는 움직이지 않는다는 것을 꼭 인지시켜야 한다. 분모가 같다는 것은 단위가 같다는 것이기 때문이다.

막대를 여러 개로 등분하여 한 마디 씩 늘어날 때 마다 그 양을 분수로 표현할 수 있어야 한다. 또, 같은 크기로 커지는 분수를 보고 분모와 분자의 숫자가 같아질 때 1이 된다는 것을 알게 해야 한다.

연습문제

[분수의 덧셈과 뺄셈] 1. $1\frac{6}{13} - \frac{9}{13}$ 의 계산으로 풀 수 있는 이야기 문제를 만들어 보고 답을 말해 보시오.

보기) 길호는 고구마를 $1\frac{6}{13}$ kg, 준수는 $\frac{9}{13}$ kg을 캤다. 누가 몇 kg이나 더 캤는가?

식 $1\frac{6}{13} - \frac{9}{13} = \frac{10}{13}$ **답** 길호가 $\frac{10}{13}$ kg 더 캤다.

일상생활에서 접하는 길이의 단위와 무게의 단위의 환산을 통해 소수의 필요성을 느끼게 해 준다. 운동을 좋아하는 아이라면 야구경기를 보며 할 · 푼 · 리에 대해 이야기해 주는 것도 좋은 방법이다. 이제까지 자연수 부분의 자리매김을 해 왔다면, 소수 부분으로 자리매김이 확장된 것임을 알게 해 준다.

0	.	4	5
일의 자리		소수 첫째 자리	소수 둘째 자리

길이 단위의 환산을 통해서 분모가 100, 1000인 분수를 소수로 나타낼 수 있다. 소수 두 자릿수는 소수 둘째 자리까지 있는 수, 소수 세 자릿수는 소수 셋째 자리까지 있는 수라는 것을 알면 된다. 또 소수점을 기준으로 왼쪽으로는 10배, 100배, 1000배로 커지는 것과 오른쪽으로는 0.1배, 0.01배, 0.001배로 작아지는 것을 비교해 본다.

대분수도 자연수와 분수가 합쳐진 수라는 점을 이용하여 소수로 바꿀 수 있다. 여러 분수와 소수를 수직선 위에 표현하며, 분수의 크기와 소수의 크기를 비교할 수 있다. 소수의 덧셈, 뺄셈의 경우도 소수점을 기준으로 자리매김하는 것을 이해하면 능숙하게 풀 수 있다.

연습문제

[분수의 이해] 2. 부분은 전체의 얼마인지 분수로 나타내는 방법을 알아보시오.

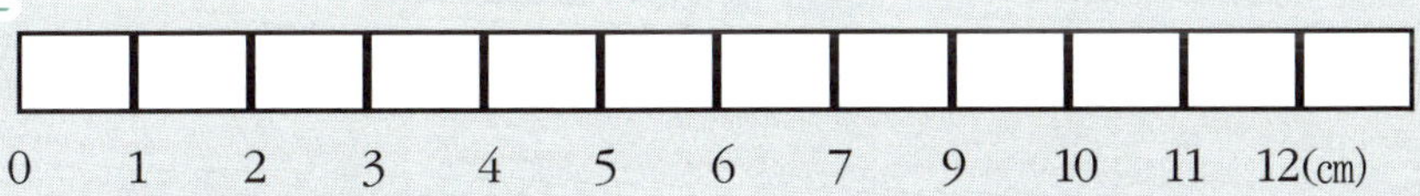

(1) 테이프 12cm를 넷으로 나누어 보라.

(2) 한 구간은 몇 cm인가? ☐ cm

(3) 3cm는 12cm의 ☐ 이다.

(4) 두 구간은 몇 cm인가? ☐ cm

(5) 6cm는 12cm의 ☐ 이다.

[분수의 이해] 3. 다음 그림을 보고, □ 안에 알맞은 수를 쓰시오.

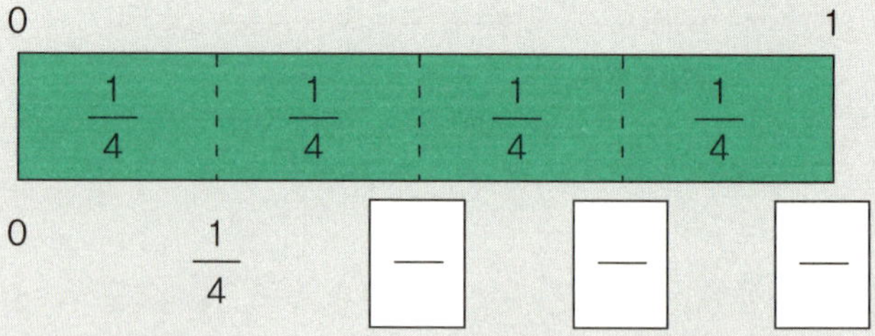

$\frac{1}{4}$이 4이면 $\frac{\square}{\square}$가 되어 1과 크기가 같아진다.

[여러 가지 분수] 4. 보기와 같이 대분수를 가분수로 고치시오.

보기	① 대분수를 가분수로 고쳐도 분모는 변하지 않는다. ② 분모와 자연수를 곱해서 분자와 더한 수를 가분수의 분자로 한다. $2\frac{1}{3} = \frac{\text{자연수} \times \text{분모} + \text{분자}}{3} = \frac{\boxed{2} \times 3 + \boxed{1}}{3} = \frac{\boxed{7}}{3}$

(1) $3\frac{4}{7} = \frac{\square \times 7 + \square}{7} = \frac{\square}{7}$

(2) $4\frac{5}{8} = \frac{\square \times 8 + \square}{8} = \frac{\square}{8}$

[분수의 이해] 5. 분수를 보고 물음에 답하시오.

$\frac{1}{2}$ $1\frac{2}{3}$ $\frac{7}{5}$ $6\frac{2}{7}$ $\frac{3}{8}$ $\frac{6}{4}$

(1) 가분수를 모두 찾아 쓰시오. □

(2) 대분수를 모두 찾아 쓰시오. □

[분수의 이해] 6. 크기가 1과 같은 분수를 찾아 ○표를 하시오.

$\frac{3}{4}$ $\frac{1}{2}$ $\frac{6}{6}$ $\frac{3}{7}$ $\frac{3}{8}$ $\frac{5}{4}$ $\frac{9}{9}$ $\frac{2}{5}$ $\frac{3}{5}$

[분수의 이해] 7. 다음 중 대분수를 잘못 나타낸 것은 어느 것인가? (　　　)

① $5\frac{3}{2}$ ② $1\frac{1}{5}$ ③ $2\frac{7}{8}$ ④ $11\frac{14}{15}$ ⑤ $9\frac{1}{20}$

[여러 가지 분수] 8. 다음 대분수를 가분수로 나타내시오.

(1) $2\frac{2}{9}$ → □

(2) $1\frac{6}{10}$ → □

[분수의 이해] 9. 다음 가분수를 대분수로 나타내시오.

(1) $\frac{35}{8}$ → $35 \div \square = 4 \cdots \square$ → $\square\frac{\square}{\square}$

(2) $\frac{17}{4}$ → $17 \div \square = \square \cdots \square$ → $\square\frac{\square}{\square}$

소수의 계산을 할 때에는 소수점이 기준이 되도록 자리를 잡게 지도한다. 소수점을 기준으로 왼쪽은 자연수, 오른쪽은 소수점의 자리다.

또 분수와 소수의 관계를 알게 하여, 일상생활에서 분수가 쓰일 때와 소수가 쓰일 때를 함께 찾아보고, 분수와 소수의 쓰임을 알게 하는 것이 좋다.

연습문제

[소수 쓰기] 10. 다음 소수에서 생략할 수 있는 '0'을 보기와 같이 생략하여 나타내 보시오.

보기

0.650 → 0.65

(1) 0.230 → ☐

(2) 6.070 → ☐

(3) 3.160 → ☐

(4) 0.0020 → ☐

[소수의 덧셈과 뺄셈] 11. 0.4 + 0.3의 값을 아래의 방법으로 각각 구하시오.

(1) 수직선 이용

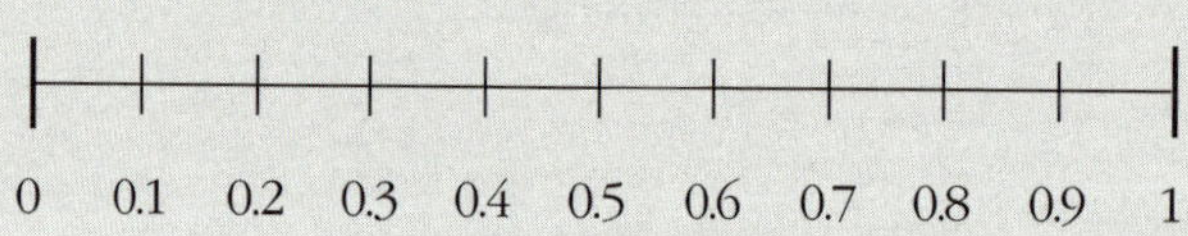

(2) 세로셈

$$\begin{array}{r} 0.4 \\ +\ 0.3 \\ \hline \square \end{array}$$

[**소수의 덧셈과 뺄셈**] 12. 다음은 소수의 뺄셈 과정을 나타낸 것이다. 각 과정에 맞는 설명을 보기에서 골라 번호를 써 넣으시오.

	→		→		→		→	
0.7		0.70		0.70		0.70		0.70
− 0.35		− 0.35		− 0.35		− 0.35		− 0.35
				35		.35		0.35
☐		☐		☐		☐		☐

보기

① 소수점과 같은 자리의 수끼리 맞추어 쓴다.
② 자연수의 뺄셈과 같은 방법으로 계산한다.
③ 그 차에 소수점을 같은 자리에 내려 찍는다.
④ 소수점 아래 끝에 필요한 만큼 0을 보충한다.
⑤ 소수점의 왼쪽에 0을 쓴다.

[**소수의 이해**] 13. ☐ 안에 알맞은 수를 써 넣으시오.

0.1 작은 수	1 작은 수	0.1 큰 수
☐	☐	☐
0.01 작은 수 ☐	2.481	0.01 큰 수 ☐
☐	☐	☐
0.001 작은 수	1 큰 수	0.001 큰 수

4학년

문장제 문제를 어려워할 경우 [분수의 덧셈과 뺄셈]

다음의 예를 보고, 제대로 지켜지고 있는지 체크해 본다.

소현이와 윤정이는 두께가 같고 길이가 각각 2m, $3\frac{2}{4}$ m인 나무막대기를 가지고 있었습니다. 소현이는 $1\frac{2}{4}$m를 잘라 사용했고, 윤정이는 $2\frac{3}{4}$m를 잘라 사용했습니다. 남은 막대기의 길이는 누구의 막대기가 몇 m 더 깁니까?

1. 정보를 그림으로

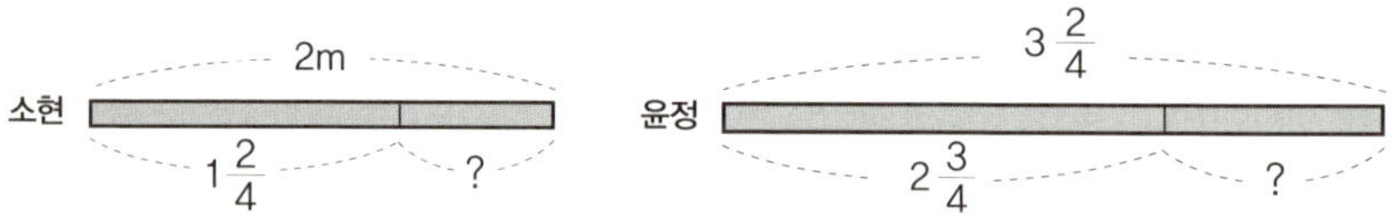

2. 식 세우기

소현이가 사용하고 남은 양 $2-1\frac{2}{4}$ | 윤정이가 사용하고 남은 양 $3\frac{2}{4}-2\frac{3}{4}$

자연수를 분수로 표현 가능한가? 소현 ⓒ 윤정 빼려는 분수가 크므로 자연수에서 1만큼 가져올 수 있는가?

$$2-1\frac{2}{4}$$
$$=1\frac{4}{4}-1\frac{2}{4}$$
$$=\frac{2}{4}$$

$$3\frac{2}{4}-2\frac{3}{4}$$
$$=2\frac{6}{4}-2\frac{3}{4}$$
$$=\frac{3}{4}$$

3. 차이 구하기

$$\frac{3}{4}-\frac{2}{4}=\frac{1}{4}$$

∴ 윤정이가 $\frac{1}{4}$m 더 길다.

4학년

문장제 문제를 어려워할 경우 [분수의 덧셈과 뺄셈]

다음의 예를 보고, 제대로 지켜지고 있는지 체크해 본다.

정보 1

어떤 수에 $2\frac{3}{7}$ 을 더해야 할 것을 잘못하여 빼었더니 $5\frac{6}{7}$ 이 되었습니다.

바르게 계산한 값과 잘못 계산한 값의 차를 구하시오.

1. **정보를 식으로 표현**

$$\square - 2\frac{3}{7} = 5\frac{6}{7}$$

↓ ← 거꾸로 풀기

자연수끼리

$$5\frac{6}{7} + 2\frac{3}{7} = (5 + 2) + (\frac{6}{7} + \frac{3}{7})$$

분수끼리

$$= 7 + \frac{9}{7}$$ → 가분수이므로 대분수로

$$= 7 + 1\frac{2}{7}$$

자연수

$$= \boxed{8\frac{2}{7}}$$ → 어떤 수

2. **바르게 계산하기**

$$8\frac{2}{7} + 2\frac{3}{7} = 10\frac{5}{7}$$ → 바른 답

3. **(바른답) – (잘못된 답)**

빼려는 쪽의 분수가 더 크다.

$$10\frac{5}{7} - 5\frac{6}{7}$$

$$= 9\frac{12}{7} - 5\frac{6}{7} = 4\frac{6}{7}$$

4학년 문장제 문제를 어려워할 경우 [소수의 덧셈과 뺄셈]

다음의 예를 보고, 제대로 지켜지고 있는지 체크해 본다.

현주네 집에서 쇼핑센터를 거쳐 역에 가는 길은 현주네 집에서 역으로 곧장 가는 길보다 몇 km 더 멉니까? (km → 결과 단위)

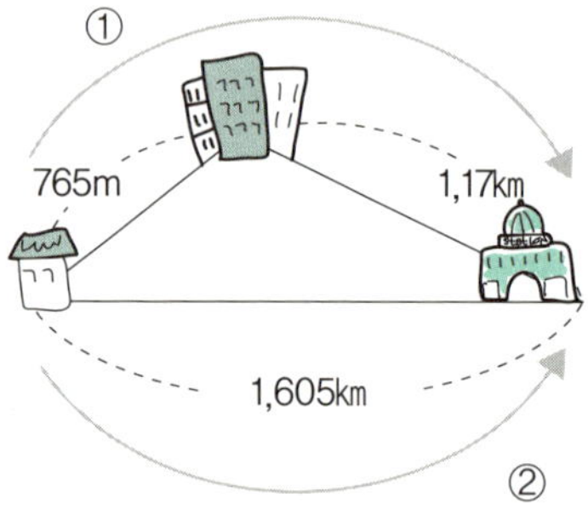

1. **풀이**

①번 방법: 집 – 쇼핑센터 – 역

②번 방법: 집 – 역

단위가 두 가지 이상이면 한 가지로 바꾸어야 한다.–결과 단위가 km이므로 km로 통일한다.

$765m = \frac{765}{1000}km$ ← (1km는 1000m 이므로)

$= 0.765km$ ← 실생활에서 자주 쓰이는 단위를 이용 소수점의 필요성도 알게 해 줄 수 있다.

①번 방법

0.765 + 1.17 소수의 덧셈 · 뺄셈 계산 → 자릿수 맞추기 제대로

세로셈 →

$$\begin{array}{r} 0.765 \\ +\ 1.17 \\ \hline 1.935 \end{array}$$

②번 방법

1.605km

①번 방법이 더 멀다.

차이 구하기 → 1.935 – 1.605 = 0.33

쇼핑센터를 지나는 것이 0.33km 더 멀다.

4 도형의 세분화? 진화?

아이와 함께 여러 가지 삼각형의 변의 길이를 재어보면서 두 변의 길이가 같은 삼각형은 이등변삼각형, 세 변의 길이가 같은 삼각형은 정삼각형이라는 것을 이해하게 도와준다. 삼각형의 변의 길이는 삼각형을 분류하고 이름을 정하는 데 중요한 요소이고, 이등변삼각형은 도형 부분에서 계속 쓰이므로 이에 관련한 사항을 정확히 이해했는지 확인해야 한다.

4학년이 되면서 평행, 수직이라는 개념이 등장한다. 엄마 입장에서는 평행과 수직이 어렵지 않다고 느낄 수도 있다. 또 대부분의 엄마는 아이가 평행선을 찾지 못하면 답답하다고 느낀다. 하지만 아이 입장에서 생각해 보면 추상적일 수 있는 개념이니 어려울 만도 하다.

평행을 설명하기 이전에 우선 직선에 대한 개념이 바로 서 있는지 확인해 보는 것이 좋다. 어떤 아이들은 선분을 직선이라고 생각하기도 한다. 직선이란, 양끝으로 끊임없이 뻗어나간 선을 의미한다. 따라서 아이에게 평행이라는 설명을 해 줄 때는 한 평면 위의 두 직선이 끝없이 나아가도 절대 만날 수 없다는 것을 알게 해 주는 것이 좋다. 또 수직이라는 것은 직각이 되는 직선이라는 점을 알려 준다. 이런 부분을 말로 설명하면, 아이 입장에서는 이해하기 어려울 수 있으므로 직선을 그리고 직각삼각자를 이용하여 수직을 그려 보게 한다.

일반적인 평행과 수직의 개념을 충분히 이해했다고 생각되면 사각형으로 그 개념을 적용해 본다. 네 개의 변으로 둘러싸인 도형에서 평행인 변이 1쌍, 2쌍 늘어나고, 네 각의 크기가 같아지거나, 네 변의 길이가 같아지는 것을 순차적으로 해 보는 것이 좋다. 아이 입장에서 설명할 때는 만화 캐릭터를 이용하는 것도 좋은 방법이다. 필자는 아이들에게 설명할 때 피카츄를 이용했었다. 피카츄는 진화하면 라이츄가 된다. 따라서 피카츄는

라이츄라고 말할 수 없지만, 라이츄는 피카츄라고 말할 수 있다. 꽤 좋은 방법으로 대부분의 아이가 빨리 습득할 수 있었다.

연습문제

[수직과 평행] 1. 다음의 점을 연결하여 평행한 선, 수직인 선을 그려 보시오.

[여러 가지 삼각형] 2. 다음 도형의 공통점을 3가지 이상 쓰시오.

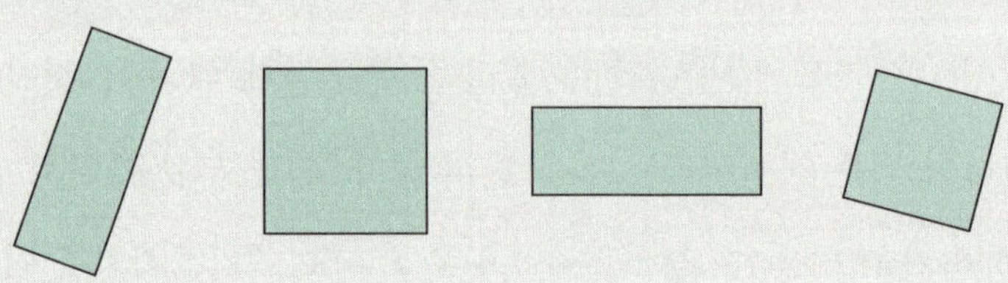

[여러 가지 삼각형] 3. 다음에서 세변의 길이가 같은 삼각형은 어느 것인지 찾으시오(자를 사용).

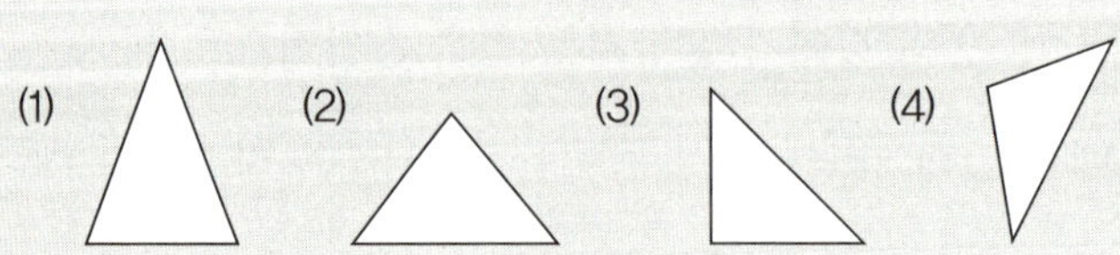

[삼각형의 이해] 4. 다음에서 정삼각형을 모두 찾으시오.

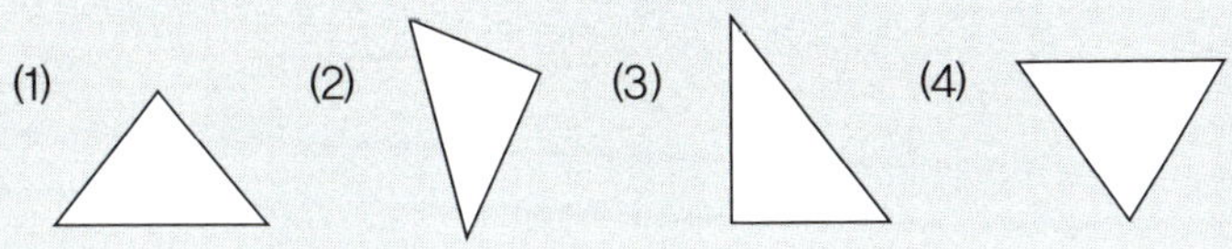

[삼각형의 이해] 5. □ 안에 알맞게 써 넣으시오.

세 변의 길이가 같은 삼각형을 [　　　　] (이)라 한다.

[다각형과 정다각형의 이해] 6. 다음 다각형을 보고, 물음에 답하시오.

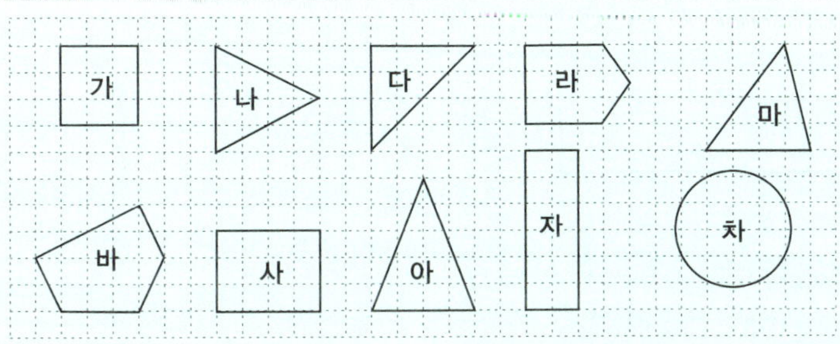

(1) 삼각형을 찾아 기호를 쓰시오. [　　　　]

(2) 세 변의 길이가 모두 같은 삼각형을 무엇이라고 하는가? [　　　　]

(3) 네 변의 길이와 네 각의 크기가 모두 같은 사각형을 무엇이라고 하는가? [　　　　]

(4) 정사각형을 찾아 기호를 쓰시오. [　　　　]

(5) 바 도형은 정다각형이 아니다. 그 이유는 무엇인가?

[　　　　]

[삼각형의 이해] 7. 다음과 같이 컴퍼스를 이용하여 삼각형을 그리시오.

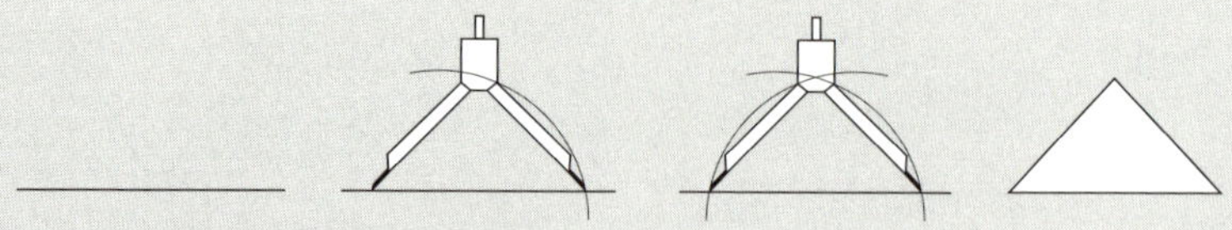

그려진 삼각형은 어떤 삼각형인가?

[다각형과 정다각형의 이해] 8. 다음 칠교판을 이용하여 도형을 만들어 보시오.

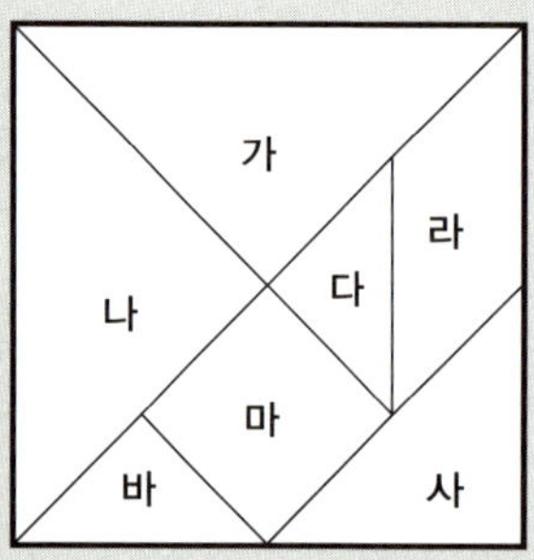

(1) 도형판 4조각을 가지고 정사각형을 만들어 보시오.

(2) 삼각형 모양의 3조각을 가지고 직사사각형을 만들어 보시오.

(3) 도형판 5조각을 가지고 평행사변형을 만들어 보시오.

(4) 도형판 2조각을 가지고 평행사변형을 만들어 보시오.

4학년

문장제 문제를 어려워할 경우 **[수직과 평행]**

다음의 예를 보고, 제대로 지켜지고 있는지 체크해 본다.

직선 가와 나는 서로 평행합니다. 평행선 사이의 거리를 구하시오.

└, 정보　　　└, 거리: 두 평행선에 서로 수직인 선의 길이

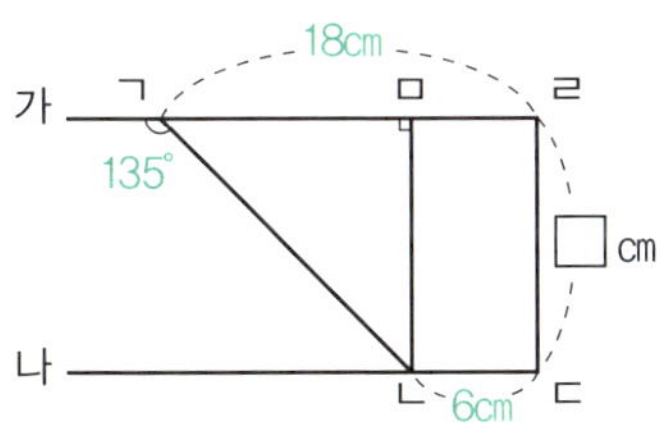

← 알고 있는 사실로 그림에서 표현해 보기

1. **그림에 표시해 보기**

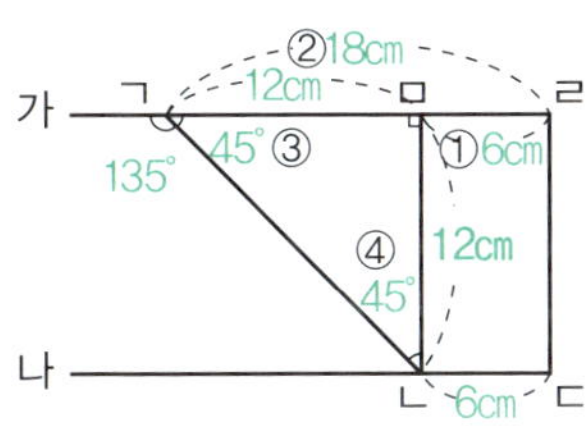

① $\overline{ㄴㄷ} = \overline{ㅁㄹ} = 6$cm

② $\overline{ㄱㄹ} - \overline{ㅁㄹ} = \overline{ㄱㅁ}$

18 − 6 = 12

③ ∠ㅁㄱㄴ = 180 − 135

= 45°

④ 삼각형 ㄱㅁㄴ에서

∠ㅁㄴㄱ = 180 − 90 − 45

= 45°

2. **표시된 정보를 통해**

△ㄱㅁㄴ = 이등변삼각형임을 알 수 있나.

따라서 $\overline{ㅁㄴ}$ = 12cm = $\overline{ㄹㄷ}$

평행선 사이의 거리 = 12cm

4학년

문장제 문제를 어려워할 경우 **[평면도형의 넓이와 둘레]**

다음의 예를 보고, 제대로 지켜지고 있는지 체크해 본다.

둘레가 56㎝인 직사각형이 있습니다. 가로가 세로의 3배일 때 이 직사각형의 넓이는 몇 ㎝입니까?

1. **정보 표현하기**

직사각형의 둘레 56㎝

↓

가로 × 2 + 세로 × 2 = 56

가로 두 번, 세로 두 번 더한 것이 56이므로, 가로 한 번, 세로 한 번 더한다면

(가로) + (세로) = 28

2. **정보를 그림으로 표현**

(가로가 세로의 세 배인 직사각형)

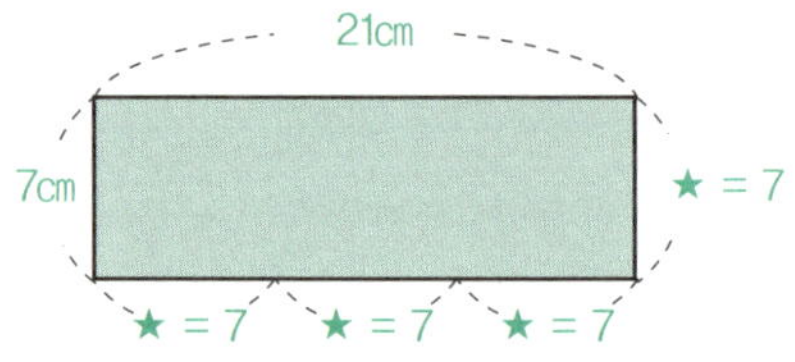

3. **그림을 식과 조합**

가로: ★ 3개　　세로: ★ 1개

가로　　+　　세로 = 28

↓　　　　↓

(★ + ★ + ★) + ★ = 28

같은 숫자 네 번 더함 (동수 누가 된 것을 곱셈으로 표현 가능한가?)

↓

4 × ★ = 28

★= 7 임을 알게 됨(그림에 써 넣기).

• 직사각형의 넓이

가로 × 세로

= 21 × 7

= 147(㎠)

5 시계에서 짧은 바늘은 1분에 몇 °씩 움직일까

일상생활에서 시간의 적용 범위를 확장시켜 본다. 간단한 셈을 몇 분이나, 몇 초 단위에 하게 함으로써 시간의 크기를 체감하게 하는 것도 좋다. 또 각도기를 이용하여 각의 크기를 재는 활동을 유도한다. 적절한 도구의 사용은 아이들의 학습을 보다 흥미있게 이끌 수 있다.

아이들이 몸무게 이외에 각종 물체의 무게를 재어 볼 수 있는 기회를 만들어 주어 무게 단위에 대한 이해를 돕도록 한다. 측정 부분은 도구의 사용 없이 추상적인 설명만으로는 힘들고, 다양한 도구를 사용하면 아이에게 흥미를 줄 수 있다.

연습문제

[시각_초 단위] 1. 다음 시각에 맞게 초침을 그려 넣으시오.

3시 10분 45초

9시 30분 20초

초침은 분침, 시침보다 더 길고 가늘게 그린다.

[시각_초 단위] 2. □ 안에 알맞은 수를 넣으시오.

(1) 120초 = □ 분

(2) 200초 = □ 분 □ 초

(3) 310초 = □ 분 □ 초

9시 40분 33초

[시각_초 단위] 3. 다음 시각을 읽어 보시오.

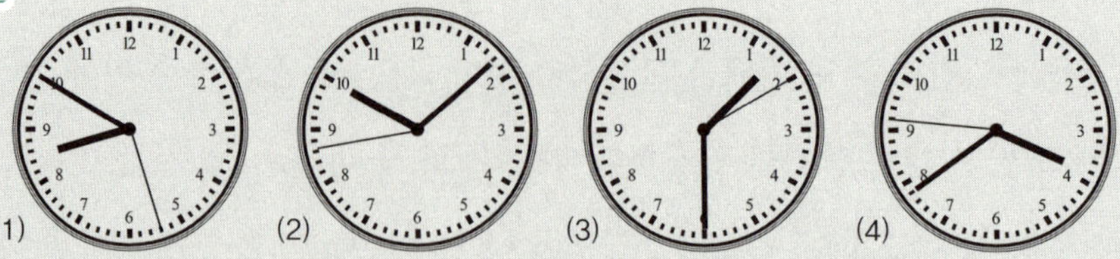

(1) (2) (3) (4)

[시각_초 단위] 4. 시계에서 분침이 시계를 한 바퀴 도는 데 걸리는 시간은 1시간이다. 초침이 시계를 한 바퀴 도는데 걸리는 시간은 얼마인가?

[시간의 덧셈과 뺄셈] 5. 다음 시간의 덧셈을 하시오.

(1) 7시간 52분 36초
+ 1시간 37분 40초

(2) 5시간 18분 45초
+ 2시간 54분 36초

[시간의 덧셈과 뺄셈] 6. 다음 시간의 뺄셈을 하시오.

(1) 7시간 32분
− 2시간 50분

(2) 5시간 18분 45초
− 2시간 54분 36초

[각의 이해] 7. 다음 각을 읽어 보시오.

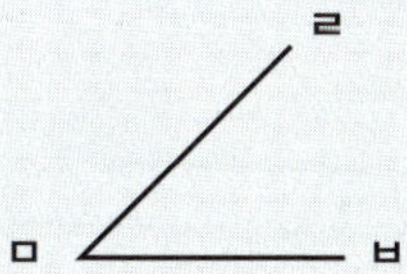

[각의 이해] 8. 다음 도형에는 직각이 각각 몇 개씩 있는가?

(1)

(2)

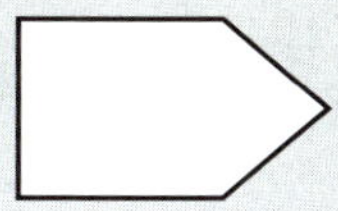

[각의 이해] 9. 각의 크기와 관계 있는 것은 무엇인가? (　　　)

① 변의 개수　　② 변의 길이

③ 꼭지점의 개수　　④ 두 변이 벌어진 정도

[각의 이해] 10. 각 (가)보다 큰 각에 모두 ○ 표를 하시오.

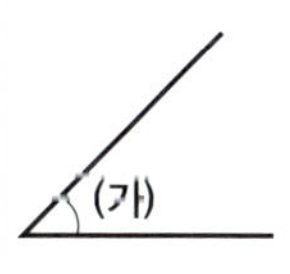

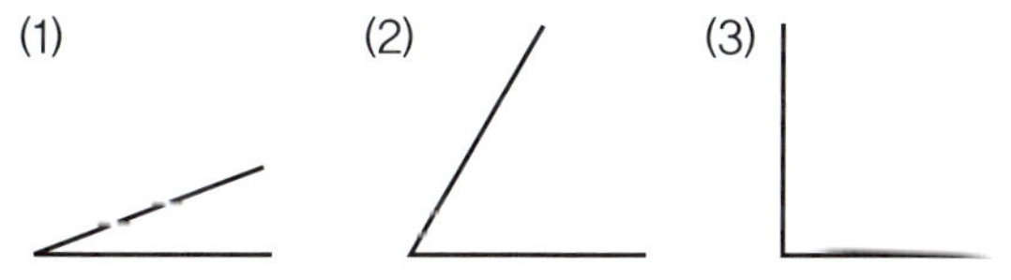

[무게_단위의 이해] 11. 다음 빈칸을 채우시오.

(1) 9kg = ☐ g

(2) 5kg 700g = ☐ g

(3) 6800g = ☐ kg ☐ g

(4) 5670g = ☐ kg ☐ g

(5) 다음을 읽고 가장 무거운 것부터 차례로 쓰시오.

★ '가' 는 '나' 보다 무겁다.
★ '다' 는 '나' 보다 가볍다.

☐ - ☐ - ☐

[무게_단위의 이해] 12. 다음 ☐ 안에 알맞은 수를 써 넣으시오.

(1) 1 kg 300g = 1 kg + 300g

= ☐ g + ☐ g = ☐ g

(2) 2600g = ☐ kg ☐ g

(3) 58kg = ☐ kg + 8000g = 50000g + 8000g = ☐ g

[무게_단위의 이해] 13. ↑ 표한 곳의 눈금을 읽으시오.

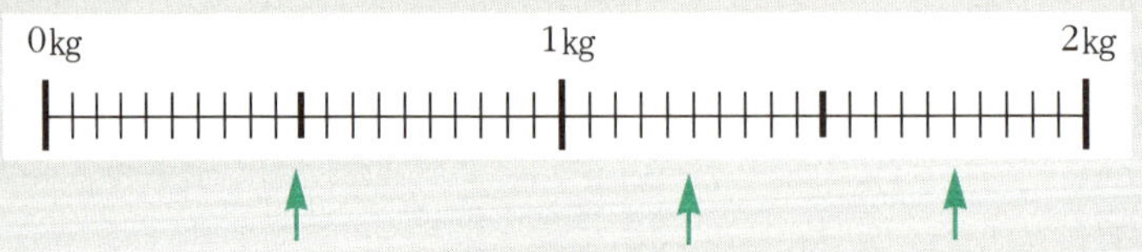

☐ ☐ ☐

[무게_단위의 이해] 14. 다음 무게를 수직선 위에 ↑로 나타내시오.

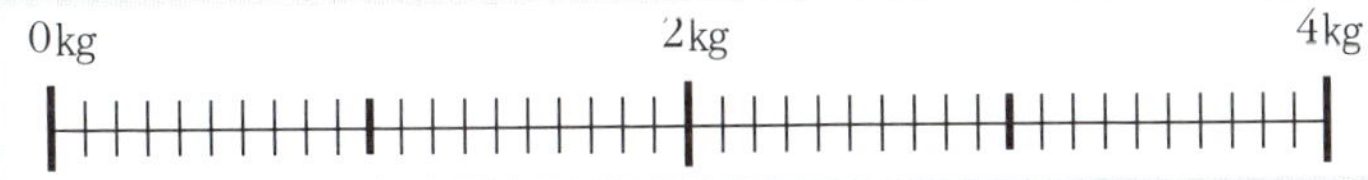

(1) 600g (2) 2kg 400g (3) 3700g (4) 1kg 200g

[무게_단위의 이해] 15. 다음 무게를 계산하시오.

5kg 300g	6kg 450g	2kg 30g	66kg 400g
+ 3kg 200g	+ 4kg 850g	+ 4kg 550g	+ 4kg 750g
□	□	□	□

물체의 길이를 재거나, 무게를 달아보는 행위를 통해 조금 못 된다, 조금 더 된다는 것을 알게 하고, 그렇게 표현하는 경우를 반올림, 올림, 버림이 쓰이는 경우의 예로써 설명을 한다. 일상생활에서 사용되는 반올림, 올림, 버림을 지도하는 것이 좋다.

연습문제 [어림하기] 16. 인수네 학교의 4학년은 452명이다. 운동회날 기념으로 학생들에게 공책을 한 권씩 나누어 주려고 한다. 공책을 몇 권 사야 하는지 □ 안에 알맞게 써 넣으시오.

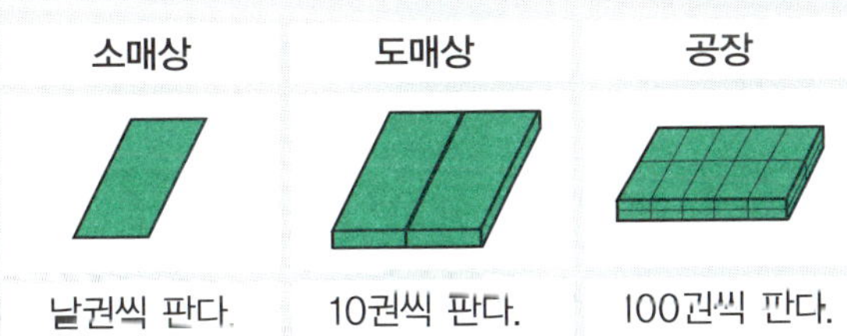

(1) 소매상에서 사려면 □ 권씩 판매하므로 □ 권을 사야 한다.

(2) 도매상에서 사려면 □ 권씩 판매하므로 □ 권을 사야 한다.

(3) 공장에서 사려면 □ 권씩 판매하므로 □ 권을 사야 한다.

[어림하기] 17. 27435에 대하여 다음을 각각 구하시오.

27435

① 일의 자리에서 버림하여 십의 자리까지 나타내면 ☐

② 십의 자리에서 버림하여 백의 자리까지 나타내면 ☐

③ 백의 자리에서 버림하여 천의 자리까지 나타내면 ☐

④ 천의 자리에서 버림하여 만의 자리까지 나타내면 ☐

[어림하기] 18. 다음 수를 각 자리에서 반올림한 수를 빈칸에 쓰시오.

수	천의 자리	백의 자리	십의 자리	일의 자리
379765				
643913				
73676				

4학년

문장제 문제를 어려워할 경우 [수의 범위와 어림]

다음의 예를 보고, 제대로 지켜지고 있는지 체크해 본다.

큰 수부터 차례대로 기호를 쓰시오.

㉠ 31450을 **올림**하여 천의 자리까지 나타낸 수

㉡ 31809를 **버림**하여 백의 자리까지 나타낸 수

㉢ 33665를 **반올림**하여 천의 자리까지 나타낸 수

- '올림 · 버림 · 반올림' 의 정의를 아는가?
- 〈올림 · 버림 · 반올림〉하여 ~까지 나타내시오.
  - → 구하려는 자릿수 바로 아래 자릿수에서 어림한다.

㉠ 천의 자리까지 → 백의 자리에서 올림

→ 백의 자리 숫자 '4' 이므로 천의 자리에 '1' 을 보탬

3	1	④	5	0	
만	천	백	십	일	→ 32000

㉡ 백의 자리까지 → 십의 자리에서 버림

→ 십의 자리 버림으로 '0' 이됨

3	1	8	⓪	9	→ 일의 자리도 십의 자리보다 작은 자리이므로 '0' 이됨
만	천	백	십	일	→ 31800

㉢ 천의 자리까지 → 백의 자리에서 반올림

→ 백의 자리 숫자 '6' 은 '5' 이상인 수이므로 천의 자리에 '1' 을 보탬

3	3	⑥	6	5	
만	천	백	십	일	→ 34000

정답: ㉢, ㉠, ㉡

6 자료의 정리를 그래프로

2학년 2학기에 목적과 주제를 정하여 자료를 수집하는 방법과 자료를 정리하여 표로 만드는 것을 배웠고, 3학년 2학기에는 자료를 수집, 분류, 정리하여 표와 막대그래프로 나타내고 그래프를 해석하는 것을 배웠다.

3학년까지 학습한 통계의 개념을 바탕으로 일정한 주기로 변하는 자료를 조사하여 표를 만들고, 꺾은선그래프로 나타내고, 통계적 사실을 찾아내고, 해석하는 능력을 갖게 한다.

★ 막대그래프 – 양의 크기를 비교할 때 사용한다.

★ 꺾은선그래프 – 변화하는 값을 알아보기 쉽다.

연습문제

[꺾은선그래프] 1. 다음은 일주일 동안 재훈이의 몸무게를 조사하여 나타낸 것이다. 재훈이의 몸무게를 꺾은선그래프로 나타내시오.

[재훈이의 몸무게]

요일	일	월	화	수	목	금	토
몸무게	53.2	53.9	54.7	53.6	54.5	54.1	53.1

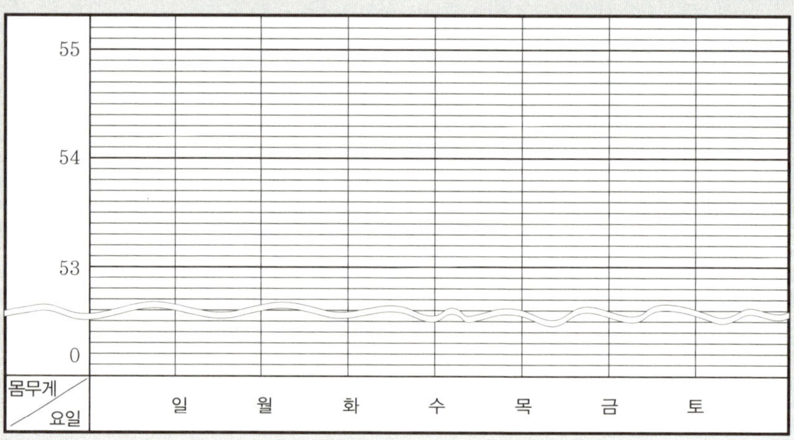

[꺾은선그래프] 2. 다음은 기상대에서 조사한 월별 기온의 변화를 그래프를 나타낸 것이다. 그래프를 보고 물음에 답하시오.

[월별 기온]

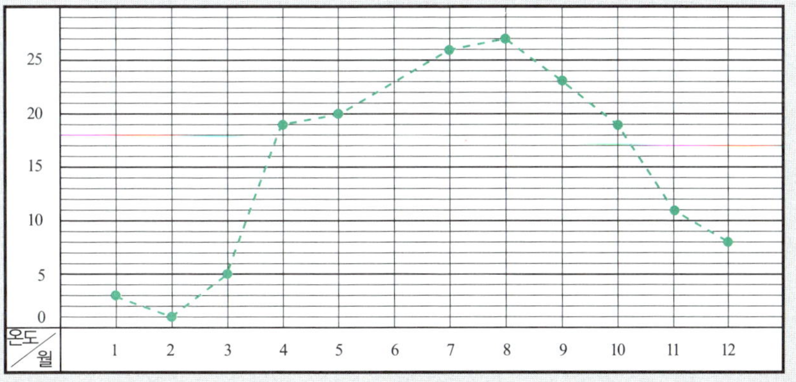

(1) 위 온도의 변화 그래프를 보고 표로 나타내시오.

월	1	2	3	4	5	6	7	8	9	10	11	12
기온(℃)												

(2) 온도가 가장 낮은 때와 높은 때는? [ ] 월, [ ] 월

(3) 온도가 계속 올라 간 때는? [ ] 월 ~ [ ] 월

(4) 온도의 변화가 가장 심한 때는? [ ] 월 ~ [ ] 월

(5) 위 그래프에서 온도의 변화 정도는 무엇을 보고 알아내는가?

[ ]

Coaching Tip 1

막대그래프와 꺾은선그래프의 비교

(1) 막대그래프의 장점은

① 수가 많고 적음을 한눈에 알아보기 쉽다.

② 전체의 모습을 알 수 있다.

③ 수의 크기를 정확히 나타낼 수 있다.

(2) 꺾은선그래프의 장점은

① 변화하는 양을 쉽게 알 수 있다.

② 조사하지 않은 중간값도 예상할 수 있다.

③ 시간에 따른 연속적인 변화를 알 수 있다.

[여러 가지 그래프] 3. 다음 표는 함께 줄넘기를 하면서 각자의 최고 기록을 조사하여 나타낸 것이다. 물음에 답하시오.

[줄넘기 횟수]

이름	상명	은진	동현	건민	효은
최고기록횟수(회)	218	145	243	240	186

(1) 위의 표를 보고, 그림그래프로 나타내시오.

줄넘기 횟수

(◎-100회, ●-10회, ○-1회)

상명	
은진	
동현	
건민	
효은	

(2) 기록이 가장 높은 사람은 누구인가? [   ]

(3) 기록이 가장 낮은 사람은 누구인가? [   ]

(4) 가장 높은 사람과 가장 낮은 사람의 기록의 차는 몇 회인가? [   ] 회

7 창의적인 해결 방법

하나의 문제를 여러 가지 방법으로 해결할 수 있는지 토론해 보는 것도 좋은 방법이다. 이때에는 또래 집단이 모여서 하는 것이 좋다. 다른 사람의 해결 방법에 대해 장단점을 이야기함으로써 아이 스스로 자신의 부족한 부분을 보충해 갈 수 있다.

연습문제

[문제 해결 방법] 1. 오늘은 금요일입니다. 90일 후에는 무슨 요일일까요?

① 90일 후는 □ 요일입니다.

② 14일 후는 □ 요일입니다.

③ 이번 주 금요일에서 다음 주 금요일이 되려면 □ 일이 걸립니다.

④ 56일 후는 □ 요일입니다.

⑤ 84일 후는 □ 요일입니다.

(1) 문제를 풀기 위해서는 질문을 어떤 순서로 배열해야 할까요?

( ) → ( ) → ( ) → ( ) → ( )

(2) 오늘은 월요일입니다. 208일 후는 무슨 요일이 될까요? □ 요일

[문제 해결 방법_규칙 찾기] 2. 다음 그림을 보고 물음에 답하시오.

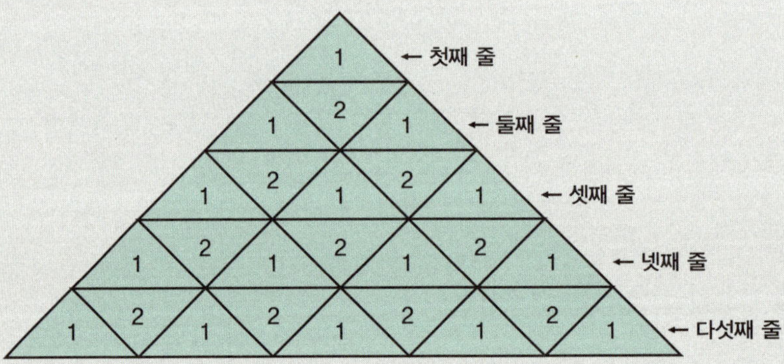

(1) 다섯째 줄에 1이 적혀 있는 삼각형은 모두 몇 개인가? □

(2) 다섯째 줄에 2가 적혀 있는 삼각형은 모두 몇 개인가? □

(3) 열째 줄에 있는 삼각형은 모두 몇 개인가? □

8 규칙과 대응표

두 양 사이에 적용되는 규칙을 찾고 그에 따른 내용을 간단히 표로 만들 수 있도록 지도한다. 이것을 수식화하지는 못하더라도, 말로써 설명할 수 있도록 유도하고, 수식 표현을 도와주는 것이 좋다.

연습문제

[규칙 찾기_규칙과 대응] 1. 다음 그림을 보고, 두 수 사이의 관계를 알아보시오.

(1)

의자 수	1	2	3	4		
의자 다리 수	4	8		16		

(2)

병아리 수	1		3	4		
병아리 다리 수	2	4		8	10	

(3)

개미 수	1		3		5	
개미 다리 수	6	12		24	30	

[규칙 찾기] 2. '토끼' '사자' '사슴' '여우' '염소' 5팀이 야구 경기를 하려고 한다. 각 팀끼리 서로 한 번씩만 경기를 한다면, 모두 몇 경기를 하게 되는지 알아보시오.

(1) 한 번 그려진 팀끼리의 선은 또 그리지 말고, 각 팀끼리의 경기를 선으로 이어 보시오.

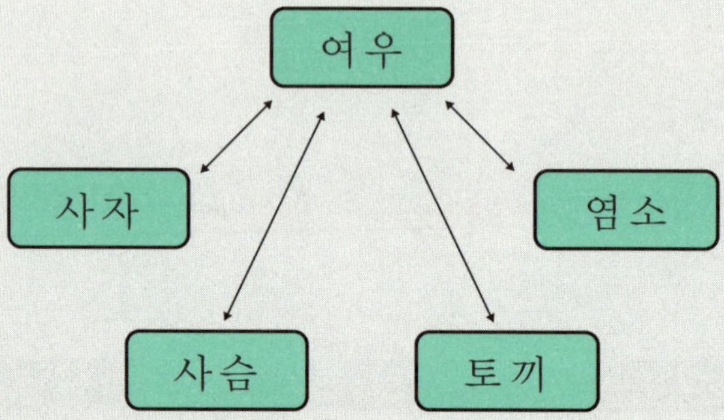

(2) 사자팀과 다른 팀과의 경기를 나타낸 선은 몇 개인가?

(3) 여우, 사슴, 염소팀과 다른 팀과의 경기를 나타낸 선은 각각 몇 개인가?

(4) 각 팀과 한 번씩 경기를 한다면, 모두 몇 경기를 하게 되는가?

(5) 야구 경기에 7팀이 참가하여 각 팀끼리 서로 한 번씩 경기를 한다면, 모두 몇 경기를 하게 되는가?

[규칙 찾기] 3. 바둑돌의 배열을 보고, 바둑돌의 갯수를 수로 나타내시오.

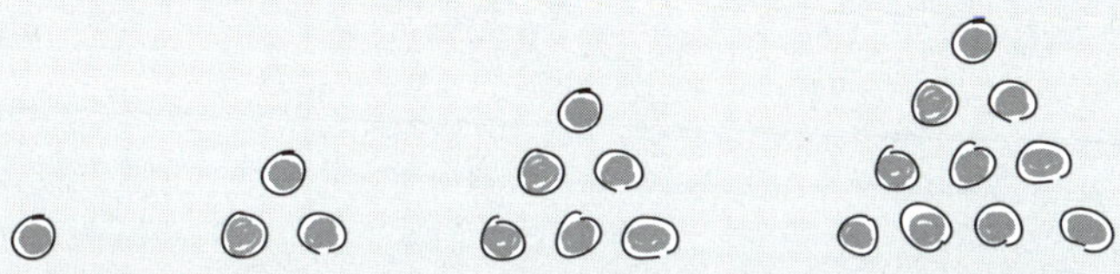

(1) 바둑돌의 수를 차례로 써 보시오.

(2) 여섯 번째 바둑돌은 몇 개가 오겠는가?

[규칙 찾기] 4. 성사각형 모양의 바둑돌 배열을 보고 그 갯수를 수로 나타내어 보시오.

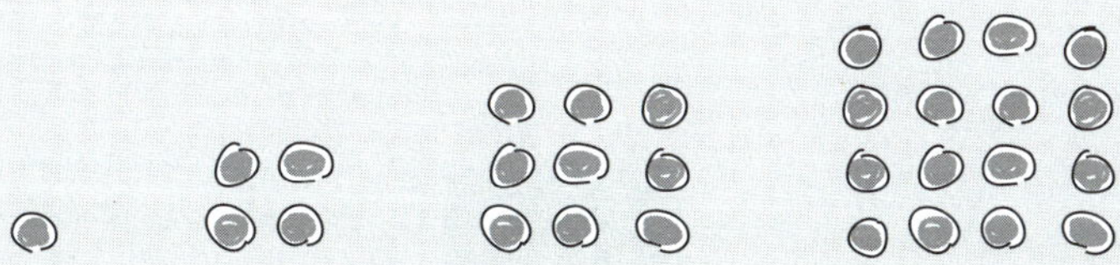

(1) 바둑돌의 수를 차례로 써 보시오.

(2) 그다음의 배열에서 바둑돌의 갯수는?

[규칙 찾기_ 규칙과 대응] 5. 다음은 형과 동생의 나이 관계를 나타낸 것이다. 빈칸을 채우시오.

형	10	11	12		14		
동생	8		10	11		13	14

(1) 형이 10살일 때에 동생은 8살이었다.
형이 11살이면, 동생은 몇 살인가? [ ] 살

(2) 동생이 11살이면, 형은 몇 살인가? [ ] 살

(3) 동생의 나이는 형의 나이보다 몇 살이 적은가? [ ] 살

(4) 형의 나이가 25살이 되면, 동생은 몇 살이 됩니까? [ ] 살

[규칙 찾기_ 그림 그려 해결하기] 6. 창용이네 학교 4학년은 모두 다섯 반입니다. 각 반끼리 한 번씩 축구 경기를 한다면, 모두 몇 경기를 하게 됩니까?

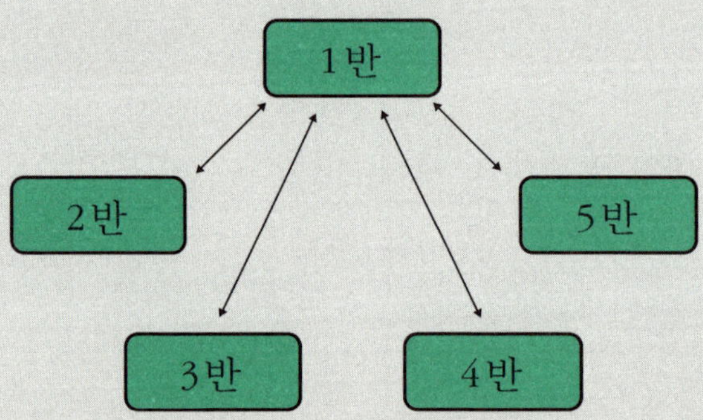

[ ] 경기

2

7

5학년, 약수와 배수를 공략하라

7

5학년,
약수와 배수를
공략하라

기차가 3시간 45분 동안 $385\frac{7}{15}$ ㎞를 이동했다면, 서울에서 출발한 기차가 천안까지 가는 데에는 몇 시간 몇 분이 걸리겠는가(단, 서울에서 천안까지 $72\frac{2}{5}$ km라 한다)?

초등학교 5학년이 되면, 이처럼 쉽게 그 해답이 보이지 않는 문장제 문제가 등장한다. 이렇게 되니, 더 이상 엄마들은 아이들에게 수학적인 설명을 하지 않게 되고, 아이들 또한 수학에 대해 약간의 두려움까지 지니게 된다. 평소에 익숙하지 않은 분수들이 가득한 문제이니 그도 그럴법하다. 초등학교 2학년에 처음 등장한 분수는 5학년이 되면서 완성되는데, 분수의 사칙연산이 모두 등장한다. 이러한 분수를 정확하게 이해하기 위해 약수와 배수의 관계를 알아야 한다.

영역 단계	수와 연산	도 형	측 정	확률과 통계	규칙성과 문제 해결
5-1	(가) 약수와 배수 • 약수, 공약수, 최대공약수 • 배수, 공배수, 최소공배수 • 약수와 배수의 관계 및 문제 해결 (나) 약분과 통분 • 크기가 같은 분수 만들기 • 약분, 통분 • 분모가 다른 분수의 크기 비교 (다) 분모가 다른 분수의 덧셈과 뺄셈 (라) 분수의 곱셈 • 분수의 자연수, 단위 분수끼리의 곱셈, 진분수끼리의 곱셈, 대분수끼리의 곱셈	(가) 직육면체와 정육면체의 성질 • 직육면체와 정육면체의 구성 요소 및 성질 • 직육면체와 정육면체의 전개도 (나) 공간 감각 • 여러 가지 모양으로 주어진 도형 덮기	(가) 평면도형의 둘레 • 평면도형 둘레의 길이 (나) 평면 도형의 넓이 • 넓이의 이해 • 1㎠, 1㎡ 단위의 이해 • 직사각형, 정사각형의 넓이 • 평행사변형의 넓이 • 삼각형의 넓이 (다) 여러 가지 단위		(가) 문제 해결 방법 • 전략을 선택하여 문제를 해결하기 • 문제 해결 과정을 설명하기

영역 단계	수와 연산	도 형	측 정	확률과 통계	규칙성과 문제 해결
5-2	**(가) 분수와 소수의 곱셈과 나눗셈** • 소수와 자연수, 소수끼리의 곱셈 • (분수)÷(자연수)의 계산 • 몫이 소수인 (자연수)÷(자연수)의 계산 • 소수의 나눗셈의 이해 • (소수)÷(자연수)의 계산	**(가) 합동과 대칭** • 합동의 이해 • 합동인 도형의 식별 • 조건에 맞는 삼각형 그리기 • 선대칭이나 점대칭 도형의 이해와 그리기	**(가) 여러 가지 단위** • 무게와 넓이의 새로운 단위 이해 • 새로운 단위 활용 **(나) 여러 가지 도형의 도형의 넓이** • 사다리꼴, 마름모의 넓이	**(가) 자료의 표현** • 자료를 줄기와 잎 그림으로 나타내기 • 자료의 특성 파악하기 • 평균의 이해와 구하기	**(가) 문제 해결 방법** • 여러 가지 문제 해결 방법을 비교하여 적절한 방법 선택하기 • 문제 해결 과정의 타당성 검토

1 약수와 배수, 공약수 · 최대공약수와 공배수 · 최소공배수와 친해지자

자연수에서 약수와 배수의 관계를 설명하는 것은 어떤 추상적인 정의로 설명하는 것보다는 간단한 숫자의 예로 표현해 보는 것이 더 도움이 된다.

약수 어떤 수를 나누어 떨어지게 하는 수를 그 수의 약수라고 한다.

배수 어떤 수를 1배, 2배, 3배, 4배…… 한 수를 그 수의 배수라고 한다.

이렇게 설명하는 것보다 직접적인 예로 보여 준다.

12의 약수(곱해서 12가 나오는 두 숫자 찾기)

3의 배수(숫자 3에 1, 2, 3, 4를 차례대로 곱했을 때 나오는 수)

약수와 배수를 알고 나면, 두 자연수 사이의 공약수(공통적인 약수), 공배수(공통적인 배수)를 찾을 수 있고, 또 최대공약수와 최소공배수를 구할 수 있다. 이런 약수와 배수 부분은 단순히 자연수 사이의 관계를 설명하기 위해 필요할 뿐만 아니라, 분수의 확장을 위해서도 필요하다. 분수의 분모, 분자를 같은 값(공약수)으로 나눌 수 있어 분수를 간단히 표현할 수 있게 하고, 또 분모가 다른 두 수의 덧셈과 뺄셈을 공통분모(공배수)를 이용해 계산할 수 있다.

소수의 곱셈, 나눗셈의 경우에는 자연수끼리의 곱셈, 나눗셈의 원리와 비슷하다는 것을 이해시키고, 소수점 자리 잡는 법이 익숙해질 수 있도록 도와준다. 분수의 곱셈은 분모끼리의 곱, 분자끼리의 곱으로 표현된 후, 분모와 분자를 공약수로 약분할 수 있음을 이해하고 있는지 확인해 보아야 한다.

약수

10을 1, 2, 5, 10으로 나누면 떨어지는데, 이때 1, 2, 5, 10을 10의 약수라고 한다.

10 ÷ 1 = 10	10 ÷ 2 = 5	10 ÷ 3 = 3 ··· 1
10 ÷ 4 = 2 ··· 2	10 ÷ 5 = 2	10 ÷ 6 = 1 ··· 4
10 ÷ 7 = 1 ··· 3	10 ÷ 8 = 1 ··· 2	10 ÷ 10 =1

또 다른 방법으로 1부터 곱해서 10이 되는 수를 구하면 10의 약수를 쉽게 구할 수 있다. 곱셈과 나눗셈은 친구라는 개념을 가지고 쉽게 구할 수 있도록 연습해 보도록 한다.

$$
\begin{array}{|c|l}
\hline
1 \times 10 & = 10 \\
2 \times 5 & = 10 \\
\hline
\end{array}
$$

배 수

5를 1배, 2배, 3배, 4배……한 수 5, 10, 15, 20…… 을 5의 배수라고 한다.

5 를 1배 한 수 → 5 × 1 = 5
5 를 2배 한 수 → 5 × 2 = 10
5 를 3배 한 수 → 5 × 3 = 15
5 를 4배 한 수 → 5 × 4 = 20

약수와 배수와의 관계

8 = 2 × 4 → 8 은 2와 4의 배수다. 2와 4는 8의 약수다.

공약수와 최대공약수

공약수 두 수의 약수 중에서 공통인 약수

최대공약수 공약수 중에서 가장 큰 수

예를 들면, 약수 12와 16의 공약수, 최대공약수를 구해 보면,

12의 약수: 1, 2, 3, 4, 6, 12

16의 약수: 1, 2, 4, 8, 16

12와 16의 공약수: 1, 2, 4

12와 16의 최대공약수: 4

최대공약수 구하는 방법

방법 1 $12=2\times2\times3$

$16=2\times2\times2\times2$

→ 최대공약수 $2\times2=4$

방법 2

$$\begin{array}{r|rr} 2 & 12 & 16 \\ \hline 2 & 6 & 8 \\ \hline & 3 & 4 \end{array}$$

3, 4 → 서로 소 (1 이외의 공약수가 없음)

→ 최대공약수 $2\times2=4$

방법 1에서 두 수에서 공통되는 수의 곱이 최대공약수이고, 방법 2에서 두 수를 마지막 몫이 서로 소가 될 때까지 두 수를 공약수로 계속하여 나눈 후 왼쪽에 위치한 공약수들의 곱이 바로 최대공약수다.

공배수와 최소 공배수

- **공배수** 두 수의 배수 중에서 공통인 배수
- **최소공배수** 공배수 중에서 가장 작은 수

예를 들면 4의 배수: 4, 8, 12, 16, 20, 24, 28, 32……

6의 배수: 6, 12, 18, 24, 30, 36, 42, 48……

4와 6의 공배수: 12, 24……

최소공배수 구하는 방법

방법 1 $4=2\times2$

$6=2\times3$

→ 최소공배수 $2\times2\times3=12$

방법 2

$$\begin{array}{r|rr} 2 & 4 & 6 \\ \hline & 2 & 3 \end{array}$$

→ 최소공배수 $2\times2\times3=12$

2 분수와 친해지자 – 약분과 통분하기

크기가 같은 분수

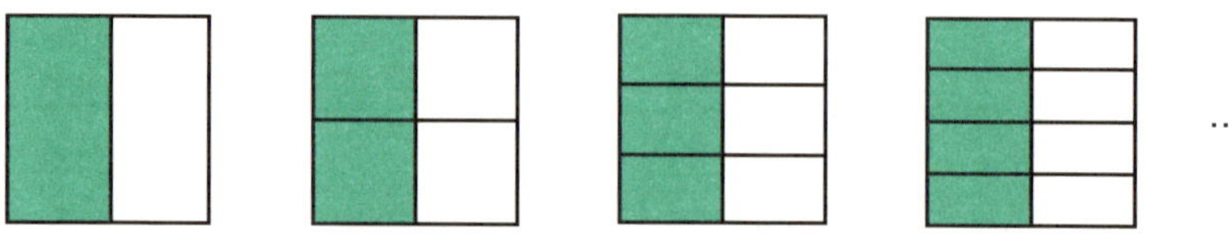

$\frac{1}{2}$ $\frac{2}{4}$ $\frac{3}{6}$ $\frac{4}{8}$ …

크기가 같은 분수 만들기

분모와 분자에 0이 아닌 같은 수를 곱하거나 나누어 크기가 같은 분수를 만들 수 있다.

$$\frac{1}{3} = \frac{1 \times 2}{3 \times 2} = \frac{1 \times 3}{3 \times 3} = \frac{1 \times 4}{3 \times 4}$$ → 분자와 분모에 같은 수 곱하기

$$\frac{16}{24} = \frac{16 \div 2}{24 \div 2} = \frac{16 \div 4}{24 \div 4} = \frac{16 \div 8}{24 \div 8}$$ → 분자와 분모에 같은 수로 나누기

분수를 약분하기

★ 분모와 분자를 그들의 공약수로 나누는 것을 약분한다고 한다.

★ 분모와 분자의 공약수가 1뿐인 분수를 기약분수라고 한다.

방법 1

분모와 분자의 공약수로 기약분수가 될 때까지 약분하기

$$\frac{18}{24}=\frac{18\div 2}{24\div 2}=\frac{9}{12}=\frac{9\div 3}{12\div 3}=\frac{3}{4}$$

방법 2

분모와 분자의 최대공약수로 한 번에 약분하기

18과 24의 최대공약수

$$\begin{array}{r|rr} 2 & 18 & 24 \\ \hline 3 & 9 & 12 \\ \hline & 3 & 4 \end{array}$$

→ 최대공약수 2×3=6

$$\frac{18}{24}=\frac{18\div 6}{24\div 6}=\frac{3}{4}$$

분수 통분하기

분수의 분모를 같게 하는 것을 통분한다고 하며, 통분한 분모를 공통분모라고 한다.

방법 1

두 분모의 곱을 공통분모로 하여 통분하기

$$\left(\frac{1}{4},\frac{1}{8}\right)\rightarrow\left(\frac{1\times 8}{4\times 8},\frac{1\times 4}{8\times 4}\right)\rightarrow\left(\frac{8}{32},\frac{4}{32}\right)$$

(4와 8을) 곱한다. (32: 공통분모)

방법 2

두 분모의 최소공배수를 공통분모로 하여 통분하기

$$\left(\frac{1}{4},\frac{1}{8}\right)\rightarrow\left(\frac{1\times 2}{4\times 2},\frac{1\times 1}{8\times 1}\right)\rightarrow\left(\frac{2}{8},\frac{1}{8}\right)$$

$$\begin{array}{r|rr} 2 & 4 & 8 \\ \hline 2 & 2 & 4 \\ \hline & 1 & 2 \end{array}$$

4와 8의 최소공배수 2×2×2=8

분수의 크기 비교

★ $\frac{2}{3}$ 와 $\frac{3}{5}$ 의 크기 비교

① $(\frac{2}{3}, \frac{3}{5}) \rightarrow (\frac{10}{15} > \frac{9}{15}) \rightarrow (\frac{2}{3} > \frac{3}{5})$

통분해서 분모의 크기를 같게 만든다.

② 더 쉽게 확인하기

$(\frac{2}{3}, \frac{3}{5}) \rightarrow \frac{2}{3} \times \frac{3}{5} \rightarrow$

2×5=10　3×3=9

비교

$2 \times 5 = 10 > 3 \times 3 = 9$

$(\frac{2}{3} > \frac{3}{5})$

세 수(분수)의 크기 비교

★ $\frac{1}{2}$, $\frac{1}{3}$, $\frac{2}{5}$ 의 크기 비교

$\frac{1 \times 3 \times 5}{2 \times 3 \times 5}$ (= 15), $\frac{1 \times 2 \times 5}{3 \times 2 \times 5}$ (= 10), $\frac{2 \times 2 \times 3}{5 \times 2 \times 3}$ (= 12)

따라서 $\frac{1}{2} = \frac{15}{30}$, $\frac{1}{3} = \frac{10}{30}$, $\frac{2}{5} = \frac{12}{30}$,

크기 $\frac{1}{2} > \frac{2}{5} > \frac{1}{3}$

TIP 각 수의 분모의 수 중 나 자신을 제외한 수를 곱한다.

3 분수의 덧셈과 뺄셈

진분수의 덧셈

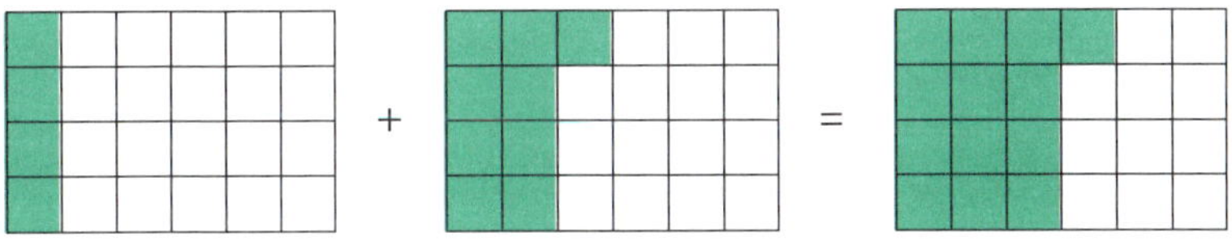

$$\frac{1}{6} + \frac{3}{8} = \frac{1}{6} + \frac{3}{8} = \frac{13}{24}$$

★ 분모의 곱을 공통분모로 통분한 후, 분자끼리 더한다.

$$\frac{1}{6} + \frac{3}{8} = \frac{1 \times 8}{6 \times 8} + \frac{3 \times 6}{8 \times 6} = \frac{8}{48} + \frac{18}{48}$$

$$= \frac{\overset{13}{26}}{\underset{24}{48}} = \frac{13}{24}$$

★ 분모의 최소공배수를 공통분모로 하여 통분한 후 분자끼리 더한다.

분모 6과 8의 최소공배수가 24이므로 각각의 분수를 분모가 24인 분수로 바꾸어 덧셈을 한다.

$$\frac{1}{6} + \frac{3}{8} = \frac{1 \times 4}{6 \times 4} + \frac{3 \times 3}{8 \times 3} = \frac{4}{24} + \frac{9}{24} = \frac{13}{24}$$

고학년으로 올라갈수록 수학 시험 중 시간이 모자라게 된다. 이럴 때 다음과 같이 더 간단한 방법으로 ①과 ②를 계산하여 분모의 자리에 쓰고 ③ 분모끼리 곱한 후 분모의 자리에 쓴 후 곧바로 분모와 분자 자리에 수를 쓴 후 약분한다. 그런 다음 답을 구하는 연습을 많이 하면 계속 계산할수록 단계가 생략이 되어 빠른 시간에 정확하게 계산할 수 있게 된다.

$$\frac{1}{6}+\frac{3}{8}=\frac{8+18}{48}=\frac{26}{48}=\frac{13}{24}$$

$$\frac{1}{6}+\frac{3}{8}=\frac{26}{48}=\frac{13}{24}$$

대분수의 덧셈

★ 받아올림이 없는 대분수의 덧셈

두 분수를 통분한 후, 자연수는 자연수끼리, 분수는 분수끼리 더한다.

$$1\frac{1}{4}+1\frac{2}{5}=1\frac{5}{20}+1\frac{8}{20}=(1+1)+(\frac{5}{20}+\frac{8}{20})$$
$$=2+\frac{13}{20}=2\frac{13}{20}$$

★ 받아올림이 있는 대분수의 덧셈

진분수 부분합이 가분수일 때는 대분수로 고친 후 자연수 부분과 더한다.

$$1\frac{3}{5}+1\frac{1}{2}=1\frac{6}{10}+1\frac{5}{10}=(1+1)+(\frac{6}{10}+\frac{5}{10})$$
$$=2+\frac{11}{10}=2+1\frac{1}{10}=(2+1)+\frac{1}{10}=3+\frac{1}{10}=3\frac{1}{10}$$

대분수로 고친 후 다시 더한다.

★ 세 분수의 덧셈과 뺄셈 – 세 분수를 한꺼번에 통분하여 계산하기

$$\frac{5}{8}^{\times 3} - \frac{1}{2}^{\times 12} + \frac{2}{6}^{\times 4} = \frac{15}{24} - \frac{12}{24} + \frac{8}{24}$$

8, 2, 6의 최소공배수 24로 통분

$$= \frac{11}{24} \quad (15 - 12 + 8 = 11)$$

4 분수의 곱셈

분수와 자연수의 곱셈

★진분수 × 자연수

분모는 그대로 두고 분자와 자연수를 곱한다.

$$\frac{3}{8} \times 4 = \frac{3 \times 4^{1}}{8_{2}} = \frac{3}{2} = 1\frac{1}{2}$$

계산 결과를 대분수로

★대분수 × 자연수

방법 1

내분수를 자연수와 진분수로 나누어 계산한다.

$$1\frac{1}{4} \times 2 = (1 \times 2) + (\frac{1}{4} \times 2) = 2 + \frac{1}{2} = 2\frac{1}{2}$$

방법 2

대분수를 가분수로 고쳐서 계산한다.

$$3\frac{1}{3} \times 2 = \frac{10}{3} \times 2 = \frac{20}{3} = 6\frac{2}{3}$$

가분수로 고친다.

진분수의 곱셈

진분수의 곱셈은 분모는 분모끼리, 분자는 분자끼리 곱하면서 계산 과정에서 약분하면 계산 과정을 더 생략할 수 있다.

$$\frac{3}{4} \times \frac{8}{15} = \frac{\overset{1}{\cancel{3}} \times \overset{2}{\cancel{8}}}{\underset{1}{\cancel{4}} \times \underset{5}{\cancel{15}}} = \frac{2}{5}$$

또는 $\frac{\overset{1}{\cancel{3}}}{\underset{1}{\cancel{4}}} \times \frac{\overset{2}{\cancel{8}}}{\underset{5}{\cancel{15}}} = \frac{2}{5}$

대분수의 곱셈

대분수의 곱셈은 대분수를 가분수로 고친 다음 분모는 분모끼리, 분자는 분자끼리 곱하여 계산한다.

$$2\frac{2}{3} \times 5\frac{1}{4} = \frac{\overset{2}{\cancel{8}}}{\underset{1}{\cancel{3}}} \times \frac{\overset{7}{\cancel{21}}}{\underset{1}{\cancel{4}}} = 14$$

연습문제

[약수와 배수] 1. 토끼 한 마리의 다리는 4개다. 토끼가 1마리, 2마리, 3마리, 4마리, 5마리……일 때, 토끼 다리는 모두 몇 개인지 알아보시오.

(1) 토끼가 1마리이면 다리는 ☐ 개다.

(2) 토끼가 2마리이면 다리는 ☐ 개다.

(3) 토끼가 3마리이면 다리는 ☐ 개다.

(4) 토끼가 4마리이면 다리는 ☐ 개다.

(5) 토끼가 5마리이면 다리는 ☐ 개다.

[약수와 배수] 2. 4의 배수를 알아보시오.

(1) 4를 1배한 수 ⇒ 4 × 1 = ☐

(2) 4를 2배한 수 ⇒ 4 × 2 = ☐

(3) 4를 3배한 수 ⇒ 4 × 3 = ☐

(4) 4를 4배한 수 ⇒ 4 × 4 = ☐

(5) 4를 5배한 수 ⇒ 4 × 5 = ☐

[약수와 배수] 3. 다음 수 배열표에서 3의 배수에는 ○표, 4의 배수에는 □표를 하시오.

1	2	3	4	5	6	7	8	9	10
11	12	13	14	15	16	17	18	19	20
21	22	23	24	25	26	27	28	29	30

[약수와 배수] 4. 배 6개를 각 접시에 똑같은 갯수로 나누어 담는 방법을 알아보시오.

(1) 한 접시에 배 1개씩 나누어 담으려면 접시가 □ 개가 필요하다.

(2) 한 접시에 배 2개씩 나누어 담으려면 접시가 □ 개가 필요하다.

(3) 한 접시에 배 3개씩 나누어 담으려면 접시가 □ 개가 필요하다.

(4) 한 접시에 배 4개씩 나누어 담을 수 있는가? □

(5) 한 접시에 배 5개씩 나누어 담을 수 있는가? □

(6) 한 접시에 배 6개씩 나누어 담으려면 접시가 □ 개가 필요하다.

[약수와 배수] 5. 6은 어떤 수로 나누어 떨어지는지 알아보시오.

(1) 6을 1부터 6까지의 수로 나누어 보시오.

$6 \div 1 = \square$ $6 \div 2 = \square$ $6 \div 3 = \square$

$6 \div 4 = \square \cdots \square$ $6 \div 5 = \square \cdots \square$ $6 \div 6 = \square$

(2) 6은 [, , ,] 로 나누면 나누어 떨어진다.

이때 [, , ,] 을 6의 약수라고 한다.

[약수와 배수] 6. 약수와 배수와의 관계를 알아보시오.

(1) 10을 두 수의 곱으로 나타낼 때 다음 □ 안에 알맞은 수를 써 넣으시오.

$1 \times \square = 10 \qquad 2 \times \square = 10$

(2) 10은 [, , ,] 의 배수다.

(3) 1, □, □, 10은 10의 [ ] 이다.

[약수와 배수] 7. 약수와 배수와의 관계다. □ 안에 알맞은 수나 말을 써 넣으시오.

(1) $2 \times 3 = 6$ 6은 2와 3의 [ ]다.

(2) $6 \div 3 = 2$ 2와 3은 6의 [ ]다.

(3) 6의 약수는 [, , ,]다.

[약수와 배수] 8. 공책 12권과 연필 16자루를 각각 친구들에게 똑같이 나누어 주려고 한다. 다음을 각각 구하시오.

(1) 1명에게 나누어 주면 공책 [ ]권, 연필 [ ]자루를 줄 수 있다.

(2) 2명에게 나누어 주면 공책 [ ]권, 연필 [ ]자루를 줄 수 있다.

(3) 4명에게 나누어 주면 공책 [ ]권, 연필 [ ]자루를 줄 수 있다.

(4) 6명에게 공책과 연필을 똑같이 나누어 줄 수 있는가? [ ]

[약수와 배수] 9. 12와 16의 공통인 약수를 알아보시오.

(1) 12의 약수와 16의 약수를 구하시오.

12의 약수						
16의 약수						

(2) 12의 약수도 되고 16의 약수도 되는 수에 ○표를 하시오.

(3) □, □, □ 는 12의 약수도 되고 16의 약수도 된다. 이때 12와 16의 공통인 약수 □, □, □ 를 12와 16의 공약수라고 한다.

(4) 12와 16의 공약수 중에서 가장 큰 수는 □이다. 이때 □를 12와 16의 최대공약수라고 한다.

[약수와 배수] 10. 24와 36의 공약수를 모두 써 보시오.

[약수와 배수] 11. 다음 빈칸에 알맞은 수를 써 넣으시오.

수	8, 12	10, 15
공약수		
최대공약수		
공배수		
최소공배수		

[약수와 배수] 12. 어떤 두 수의 최소공배수가 9일 때, 이 두 수의 공배수를 가장 작은 것부터 5개만 쓰시오.

[최소공배수] 13. 대구 방향으로 가는 버스는 12분마다, 서울 방향으로 가는 버스는 18분마다 출발한다고 합니다. 동시에 두 방향으로 버스가 출발했다면 바로 다음 번에 동시에 출발하는 시각은 몇 분 후인지 쓰시오.

[약분과 통분] 14. 색칠한 부분을 분수로 나타내고 크기를 비교하여 보시오.

(1) 색칠한 부분을 분수로 나타내시오.

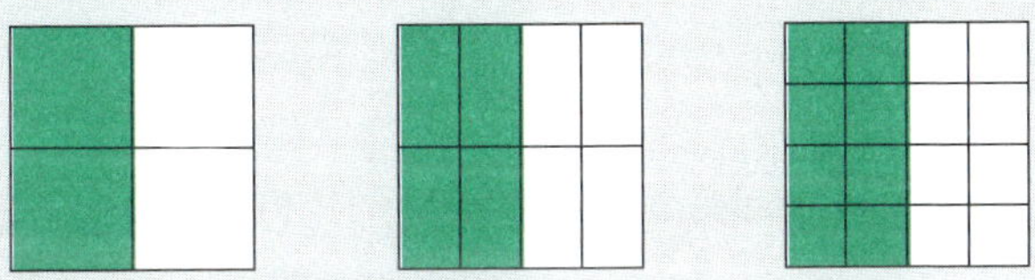

(　　　) (　　　) (　　　)

(2) 세 분수의 크기는 같은가? [　　　　]

[약분과 통분] 15. 왼쪽 그림과 똑같이 색칠하여 보고, $\frac{3}{4}$과 크기가 같은 분수를 만들어 보시오.

(1) $\frac{3}{4} = \frac{6}{\square} = \frac{12}{16}$

(2) $\frac{3}{4} = \frac{3 \times \square}{4 \times 2} = \frac{3 \times \square}{4 \times \square}$

[약분과 통분] 16. □ 안에 알맞은 수를 써 넣으시오.

(1) $\frac{6}{8} = \frac{\square}{4}$

(2) $\frac{4}{9} = \frac{\square}{18} = \frac{\square}{27}$

(3) $2\frac{2}{3} = 2\frac{4}{\square} = 2\frac{\square}{15}$

(4) $7\frac{8}{32} = 7\frac{\square}{16} = 7\frac{\square}{8}$

[약분과 통분] 17. 크기가 같은 분수를 만드는 과정이다. □ 안에 알맞은 수를 써 넣으시오.

$\frac{3}{4} = \frac{3 \times \square}{4 \times 2} = \frac{3 \times \square}{4 \times \square} \rightarrow \frac{3}{4} = \frac{\square}{8} = \frac{\square}{16}$

[약분과 통분] 18. 다음 분수와 크기가 같은 분수를 3개씩 만들어 보시오.

(1) $\frac{1}{3}$ (, ,)

(2) $\frac{3}{4}$ (, ,)

[약분과 통분] 19. 다음 분수 중에서 크기가 다른 분수에 ○표를 하시오.

$$\frac{2}{5},\quad \frac{4}{10},\quad \frac{6}{15},\quad \frac{9}{20},\quad \frac{10}{25}$$

[약분과 통분] 20. 두 분모의 곱을 공통분모로 하여 통분하시오.

(1) $\frac{5}{6}$, $\frac{5}{8}$ 에서 두 분모의 곱은 48이다.

$\left(\frac{5}{6}=\frac{5\times\square}{6\times 8}=\frac{\square}{48},\ \frac{5}{8}=\frac{5\times\square}{8\times 6}=\frac{\square}{48}\right)$ → (,)

(2) $\frac{3}{4}$, $\frac{9}{10}$ 에서 두 분모의 곱은 40이다.

$\left(\frac{3}{4}=\frac{3\times\square}{4\times 10}=\frac{\square}{\square},\ \frac{9}{10}=\frac{9\times\square}{10\times 4}=\frac{\square}{\square}\right)$ → (,)

[약분과 통분] 21. 두 분모의 최소공배수를 공통분모로 하여 통분하시오.

(1) $\frac{5}{6}$, $\frac{5}{8}$ 에서 분모 6, 8의 최소공배수는 24다.

$\left(\frac{5}{6}=\frac{5\times\square}{6\times 4}=\frac{\square}{24},\ \frac{5}{8}=\frac{5\times\square}{8\times 3}=\frac{\square}{24}\right)$ → (,)

(2) $\frac{3}{8}$, $\frac{7}{12}$ 에서 분모 8, 12의 최소공배수는 24다.

$\left(\frac{3}{8}=\frac{3\times\square}{8\times 3}=\frac{\square}{24},\ \frac{7}{12}=\frac{7\times\square}{12\times 2}=\frac{\square}{24}\right)$ → (,)

[약분과 통분] 22. 다음 분수를 공통분모 12로 통분하시오.

(1) $\frac{3}{4}$, $\frac{5}{6}$ → $\square$, $\square$ (2) $\frac{1}{2}$, $\frac{1}{6}$ → $\square$, $\square$

[분수의 덧셈과 뺄셈] 23. 다음을 계산하시오.

(1) $\frac{1}{3}+\frac{1}{5}=\square$ (2) $\frac{1}{2}+\frac{2}{5}=\square$

[분수의 덧셈과 뺄셈] 24. 지환이는 어제 동화책 전체 쪽수의 $\frac{3}{5}$을 읽었고, 오늘은 전체의 $\frac{1}{3}$을 읽었다. 지환이는 오늘까지 동화책 전체 쪽수의 얼마만큼을 읽었는지 구하시오.

(식) $\square$ (답) 전체의 $\square$ 쪽

[분수의 덧셈과 뺄셈] 25. 분수의 합을 구하고 ○안에 〉, 〈 또는 =를 써 넣으시오.

$\frac{2}{3}+\frac{1}{5}$ ○ $\frac{1}{2}+\frac{2}{5}$

[분수의 덧셈과 뺄셈] 26. 다음을 계산하시오.

(1) $\frac{3}{4}-\frac{1}{12}=\frac{3\times\square}{4\times\square}-\frac{1}{12}=\frac{\square}{12}=\square$

(2) $\frac{3}{5}-\frac{1}{6}=\frac{\square}{30}-\frac{\square}{30}=\square$

[분수의 곱셈] 27. 다음 그림에 맞게 식을 세우고, 계산하여 보시오.

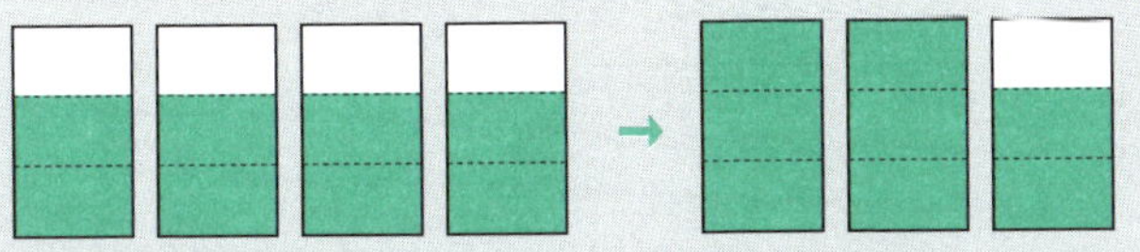

$$\frac{\square}{\square} + \frac{\square}{\square} + \frac{\square}{\square} + \frac{\square}{\square} = \frac{\square}{\square} \times \square = \frac{2 \times 4}{3} = \square\frac{\square}{\square}$$

[분수의 곱셈] 28. □ 안에 알맞은 수를 써 넣으시오.

(1) $\frac{3}{4} \times 3 = \frac{3}{4} + \frac{3}{4} + \frac{3}{4} = \frac{3 \times \square}{4} = \frac{\square}{4} = \square$

(2) $\frac{1}{8} \times 6 - \frac{1}{8} + \frac{1}{8} + \frac{1}{8} + \frac{1}{8} + \frac{1}{8} + \frac{1}{8} = \frac{\square}{8} = \square$

[분수의 곱셈] 29. 다음 곱셈을 하시오.

(1) $\frac{2}{3} \times 8 = \square$

(2) $\frac{3}{5} \times 10 = \square$

(3) $\frac{2}{7} \times 3 = \square$

(4) $\frac{5}{6} \times 12 = \square$

[분수의 곱셈] 30. 주스가 $\frac{3}{4}$ ℓ 씩 들어 있는 컵이 5개 있다. 주스는 모두 몇 ℓ 인가?

(식) ____________ (답) ________ ℓ

5 도형의 합동

합동인 도형

모양과 크기가 같아서 완전히 겹쳐지는 두 도형을 서로 **합동**이라고 한다. 합동인 삼각형, 사각형은 모양이 다르면 합동이 될 수 없고 모양과 크기가 같아야 합동이다. 다른 말로 바꾸면 변의 길이와 각의 크기가 같아야 한다.

합동인 도형의 성질

합동인 두 도형을 완전히 포개었을 때, 겹쳐지는 꼭짓점을 **대응점**, 겹쳐지는 변을 **대응변**, 겹쳐지는 각을 **대응각**이라고 한다.

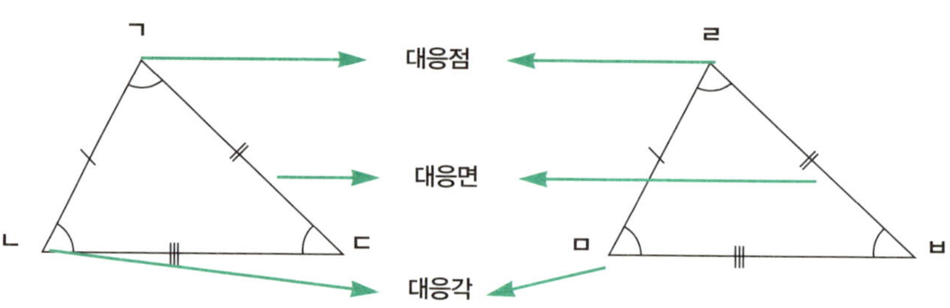

[합동]

합동인 도형의 성질

★ 합동인 도형에서 대응변의 길이는 같다.

→ 변 ㄱㄴ = 변 ㄹㅁ , 변ㄴㄷ = 변 ㅁㅂ, 변 ㄷㄱ= 변 ㅂㄹ

★ 합동인 도형에서 대응각의 크기는 같다.

변과 각의 순서를 쓸 때에는 시계 반대 방향의 순서를 가르쳐 주고, 주어진 조건에 맞추어 쓰는 습관을 들이는 게 중요하다.

→ 각 ㄱㄴㄷ = 각 ㄹㅁㅂ, 각 ㄴㄷㄱ = 각 ㅁㅂㄹ, 각 ㄷㄱㄴ= 각 ㅂㄹㅁ

합동인 삼각형 그리기

세 변의 길이가 주어질 때, 두 변의 길이와 그 사이의 각이 주어질 때, 한 변의 길이와 그 양 끝 각이 주어질 때 세 가지 경우의 삼각형을 그려보도록 한다.

★ 세 변의 길이가 5cm, 3cm, 4cm, 삼각형 그리기

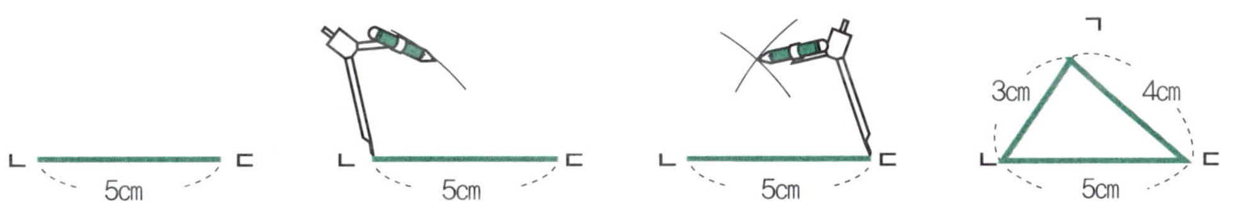

예) 길이가 5cm 인 선분 ㄴ ㄷ 그리기 / 점 ㄴ을 중심으로 반지름이 3cm 인 원 그리기 / 점 ㄷ을 중심으로 반지름이 4cm 인 원 그리기 / 두 원과 만난점 ㄱ과 점 ㄴ, 점 ㄷ을 잇기

★ 두 변의 길이가 각각 6cm, 4cm 이고, 그 사이의 각의 크기가 50° 인 삼각형 그리기

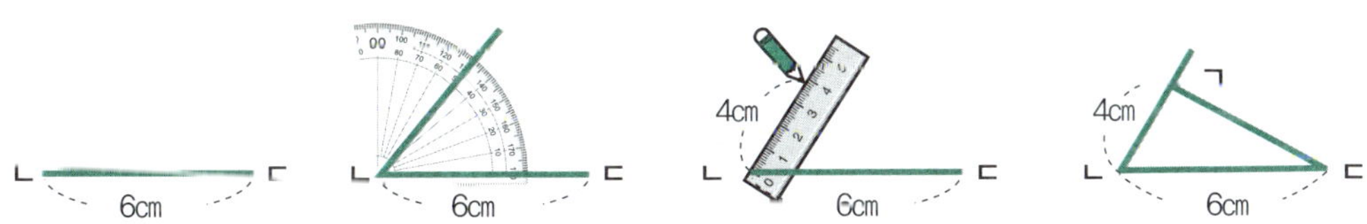

예) 길이가 6cm 인 선분 ㄴ ㄷ 그리기 / 점 ㄴ을 꼭짓점으로 하여 각도기로 50° 인 각 그리기 / 점 ㄴ에서 4cm 거리에 점 ㄱ 찍기 / 점 ㄱ과 점 ㄷ을 잇기

★ 한 변의 길이가 4㎝ 이고, 그 양 끝각의 크기가 각각 50°, 40° 인 삼각형 그리기

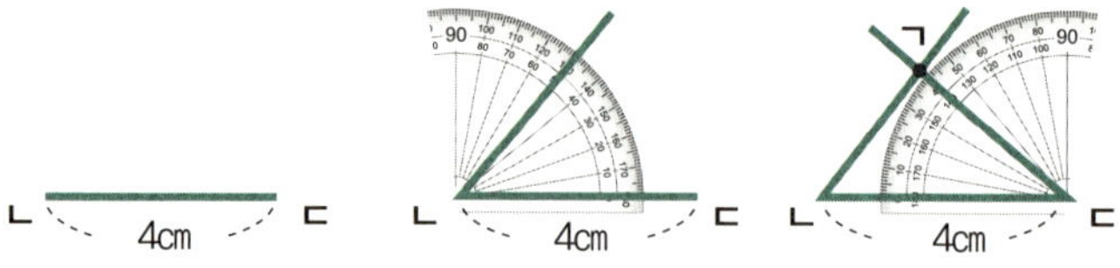

예) 길이가 4㎝ 인 선분 ㄴ ㄷ 그리기

점 ㄴ을 꼭짓점으로 하여 각도기로 50° 인 각 그리기

점 ㄷ을 꼭짓점으로 하여 각도기로 40° 인 각을 그려서 두 각이 만나는 점 ㄱ을 찾기.

연습문제

[삼각형 그리기] 자와 각도기를 사용하여 다음 삼각형을 그리시오.

(1) 두 변의 길이가 3㎝, 2㎝이고 그 사이의 각이 35° 인 삼각형

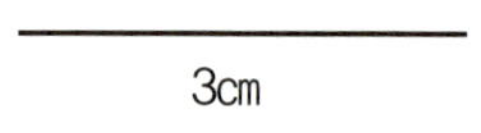

(2) 한 변의 길이가 4㎝이고 그 양 끝 각이 70°, 20° 인 삼각형

(3) 세 변의 길이가 5㎝, 4㎝, 3㎝인 삼각형

5㎝

6 직육면체와 정육면체, 입체 상자 만들기

단순히 면 위에 있던 도형이 이제 여러 개의 면을 가진 공간 도형으로 나타난다. 직육면체와 정육면체의 구성 요소(면-밑면과 옆면, 모서리, 꼭짓점)를 파악하고 각각의 위치 관계에 대해 설명해 보도록 한다. 또 직육면체와 정육면체의 전개도를 만들어 보고, 완성되었을 때 어떤 면이 밑면의 역할이 되는지 추리해 보는 것도 도움이 된다. 이런 경험을 통해 아이들은 평면적인 전개도를 통해 만들어진 입체 도형을 상상할 수 있다. 단위 넓이의 덮기를 통해 넓이의 내용을 습득한 아이들은 다른 도형에도 이를 적용할 수 있다. 가장 기본이 되는 직사각형에서 시작하여, 평행사변형, 사다리꼴, 삼각형으로 가면서 넓이를 구할 수 있는 방법을 찾게 된다.

도형 뒤집기나 옮기기, 거울로 비춰보기 등을 통해 같은 도형을 만들어 보았던 아이들은 포개어진 합동을 접하게 되는데, 도형마다 각과 변이 있고 그 대응변과 대응각을 찾을 수 있다. 될 수 있으면 아이들이 도형 문제를 풀 경우에는 자를 준비한다. 이런 일련의 과정을 통해 아이들은 각 대응점이 만나는 선들이 서로 평행을 이룬다는 것과 그 평행선들을 반으로 가르는 선이 대칭축이라는 것을 알게 된다.

대칭축과 대응점을 이은 선의 관계에서 수직이라는 것도 찾을 수 있도록 도와준다. 선대칭 도형에 비하면 점대칭 도형은 좀 까다롭게 생각되는 경우가 있다. 이 때에도 대칭의 중심에서 같은 거리에 있는 곳에 대응점이 있다는 것을 알게 한다. 자가 필요한 것도 이런 이유에서다. 아이들이 점대칭 도형을 찾기 힘들어 한다면, 다시 예전으로 돌아가 도형이나 무늬 돌리기를 해 보면 좋겠다.

여기에서는 각 개념과 용어를 확실하게 익혀 두는 것이 중요하다.

직육면체와 정육면체

직사각형 모양의 면 6개로 둘러싸인 입체 도형을 직육면체, 정사각형 모양의 면 6개로 둘러싸인 입체 도형을 정육면체라고 한다.

정사각형은 직사각형이라 할 수 있으므로, 정육면체는 직육면체라고 할 수 있다.

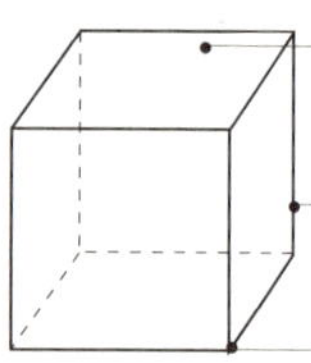

	직육면체	정육면체
면	면 6개	면 6개
모서리	모서리 12개	모서리 12개
꼭짓점	꼭짓점 8개	꼭짓점 8개
면의 모양	직사각형	정사각형

직육면체의 성질

직육면체에서 아래, 위 두 면은 계속 늘이더라도 만나지 않는다. 이것을 서로 평행하다고 하며, 이 두 면을 직육면체의 밑면이라고 한다.

직육면체의 옆면과 밑면이 직각으로 만나는 두 면을 서로 '수직'이라고 한다. 직육면체에서 밑면과 수직인 면을 옆면이라고 하고, 모두 4개가 있다.

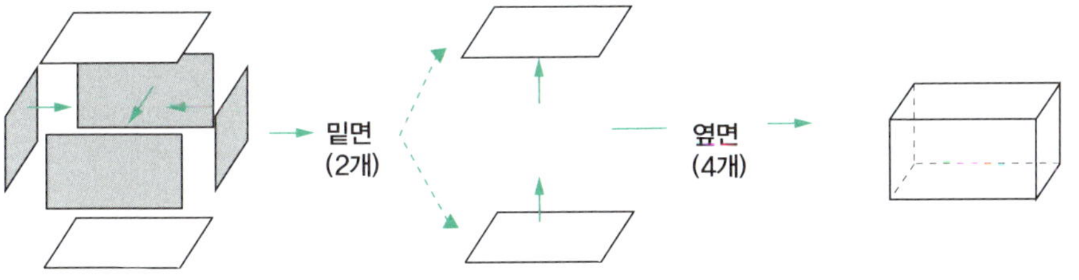

직육면체의 겨냥도

직육면체의 모양을 잘 알 수 있도록 보이는 모서리는 실선으로, 보이지 않는 모서리는 점선으로 그린 것을 직육면체의 겨냥도라고 한다.

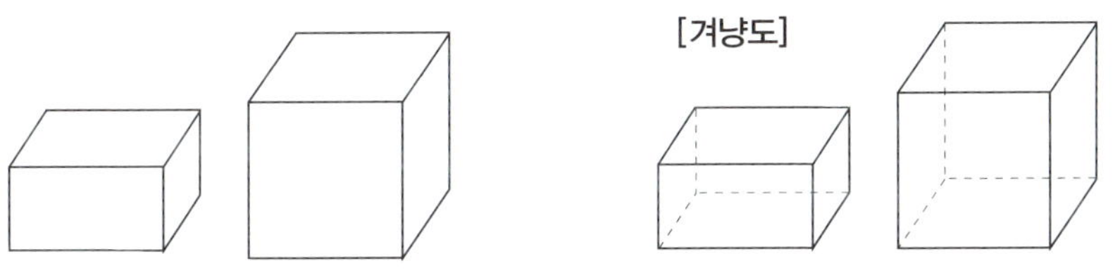

〈그림 1〉 〈그림 2〉

직육면체의 전개도

직육면체를 펼쳐서 잘리지 않은 모서리는 점선, 잘린 모서리는 실선으로 나타낸 것이다. 직육면체를 펼쳐서 평면에 그린 그림을 직육면체의 전개도라고 한다. 여러 가지 전개도 중에서 직육면체, 정육면체가 되는 전개도와 되지 않는 전개도를 찾을 수 있도록 직접 만들어 본다.

연습문제

[공간감각_도형 덮기] 1. 보기의 모양을 여러 장 오려 오른쪽 도형을 덮으려면 몇 장이 필요한지 알아보고 점선으로 나타내시오.

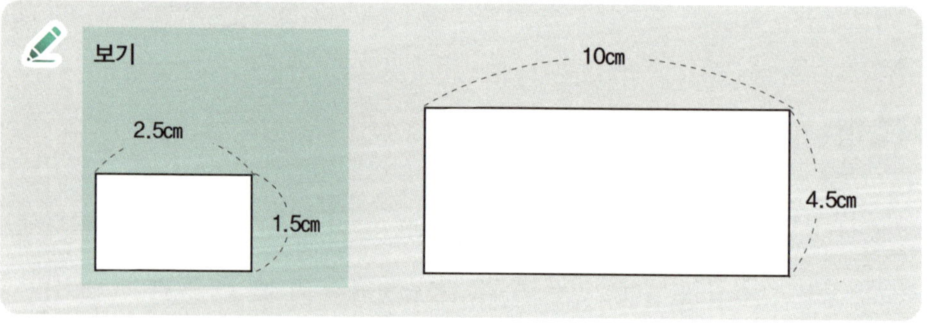

[공간감각_도형 덮기] 2. 다음 모양의 조각으로 그림을 어떻게 덮을 수 있는지 점으로 나타내시오.

보기

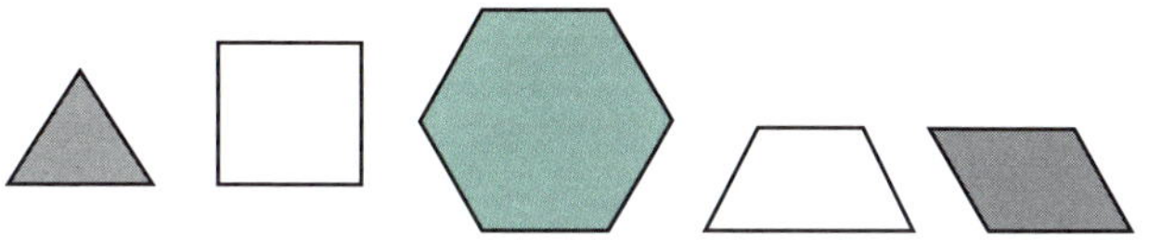

(1) 3조각으로 나타내시오.

(2) 4조각으로 나타내시오.

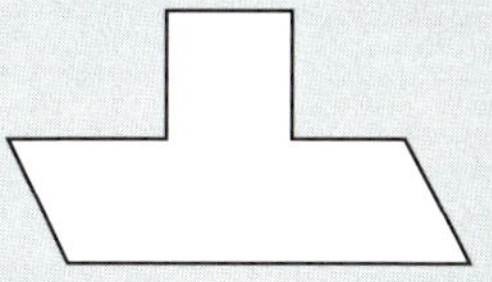

(3) 5조각으로 나타내시오.

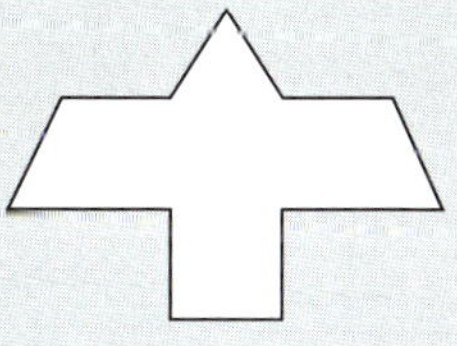

(4) 6조각으로 나타내시오.

[직육면체의 이해] 3. 다음 도형 중에서 직육면체를 찾아 ○표를 하시오.

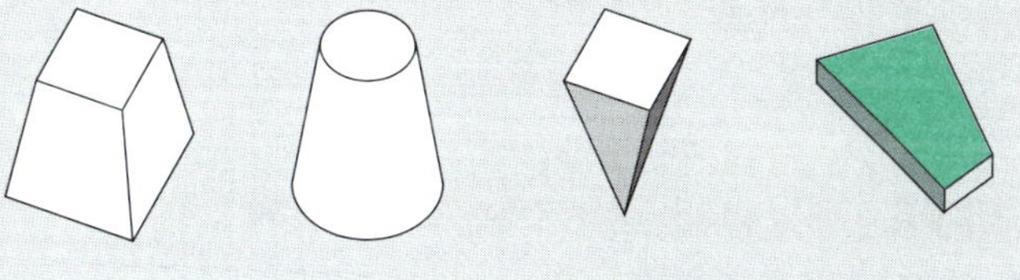

( ) ( ) ( ) ( )

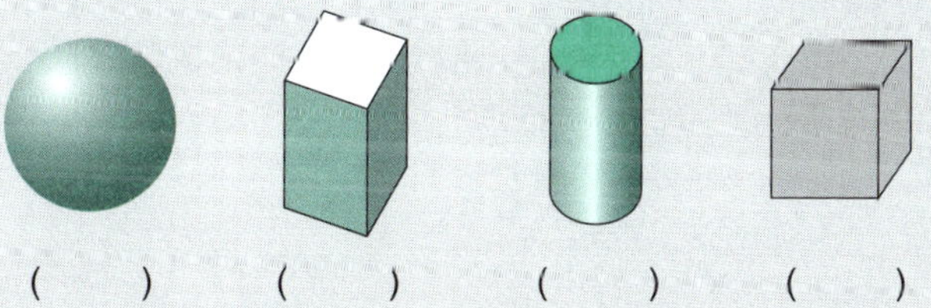

( ) ( ) ( ) ( )

[**직육면체의 이해**] 4. 다음 빈칸에 알맞은 말을 써 넣으시오.

(1) 직사각형 6개로 둘러싸인 도형을 ☐(이)라고 한다.

(2) 직육면체를 둘러싸고 있는 직사각형을 직육면체의 ☐(이)라고 한다.

(3) 직육면체의 면과 면이 만나는 선분을 ☐(이)라고 한다.

(4) 직육면체의 세 모서리가 만나는 점을 ☐(이)라고 한다.

[**직육면체와 정육면체의 이해**] 5. 다음 도형에 대해 알맞은 답을 ☐ 안에 써 넣으시오.

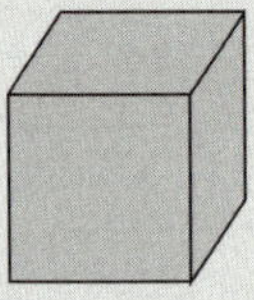

(1) 각 모서리의 길이를 재어 보면 그 길이는 모두 [같다, 다르다.]

(2) 모서리 수는 모두 몇 개인가? ☐

(3) 각 면이 모양은 모두 ☐이다.

(4) 크기가 같은 정사각형 ☐개로 둘러싸인 도형을 정육면체라고 한다.

(5) 정사각형을 직사각형이라고 말할 수 있으므로 정육면체를 ☐라고 할 수 있다.

[**직육면체와 정육면체의 이해**] 6. 다음 정육면체를 보고 물음에 답하시오.

(1) ☐ 안에 알맞은 수를 써 넣으시오.

(2) 정육면체에서 크기가 같은 면은 모두 몇 개인가?

☐개

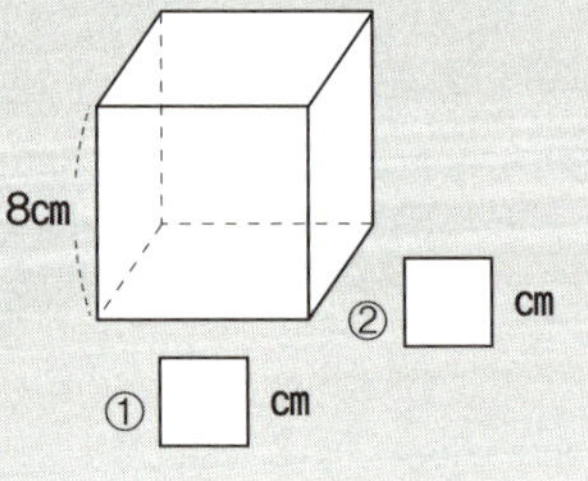

[직육면체와 정육면체의 이해] 7. 직육면체의 전체 모서리의 길이의 합을 구하시오.

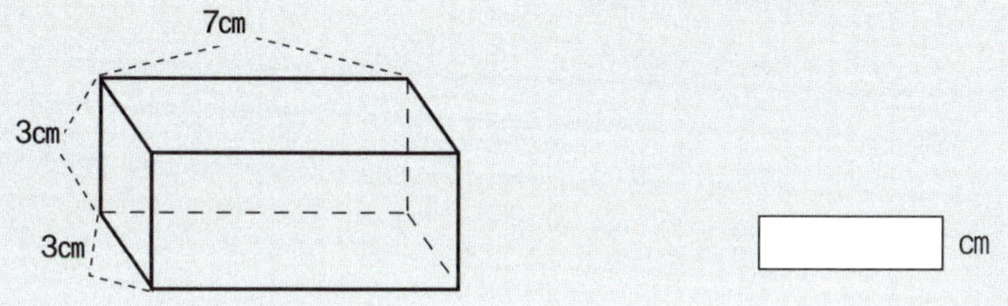

7 넓이 구하기(직사각형 → 평행사변형 → 사다리꼴 → 삼각형)

둘레는 선의 개념이고 넓이는 면의 개념이다. 둘레는 길이의 변형이라는 것을 이해하고 있어야 한다. 넓이에 대한 개념이 단위 넓이에서 시작하여 몇 배의 개념을 가질 수도 있고, 또 길이에서 변형될 수도 있음을 이해시킨다. 또, 넓이의 단위인 ㎠, ㎡을 통해 제곱을 알려 주는 것도 좋다. 제곱의 개념을 이해하면, 둘레와 넓이의 단위를 혼동하는 일이 줄어든다.

각각의 도형들의 넓이를 구하는 공식이 약간씩 다르지만, 그 근본은 직사각형에서 출발하였음을 이해하게 도와준다. 다소 늦더라도, 모든 넓이의 계산에 응용시켜 보는 것도 좋은 방법이다.

평행사변형의 넓이 구하기

평행사변형에서 평행한 두 변을 밑변이라고 하고, 두 밑변 사이의 거리를 높이라고 한다.

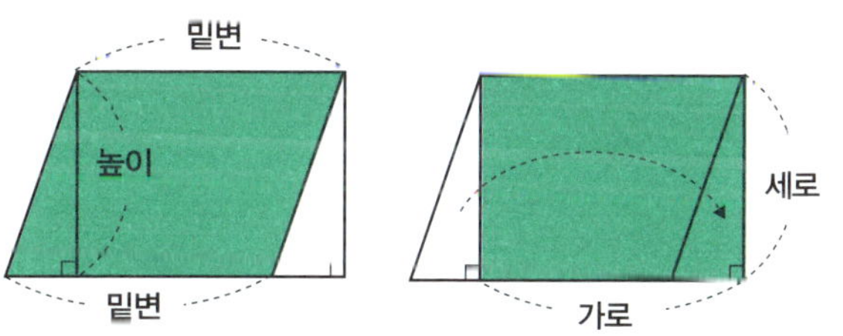

같은 모양을 옮기면 직사각형이 됩니다.

평행사변형의 넓이 = (직사각형의 넓이)
= (가로) × (세로)
= (밑변) × (높이)

삼각형의 넓이

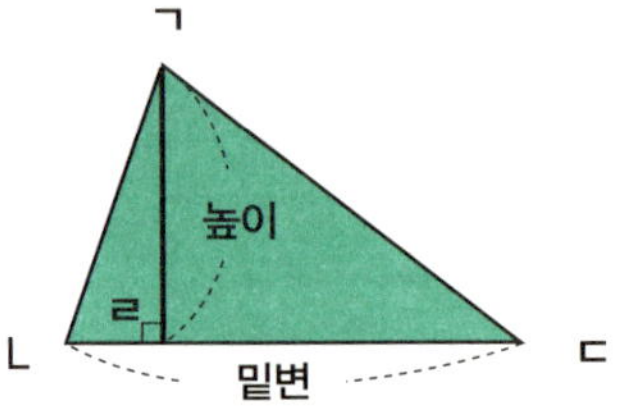

★ 삼각형 ㄱㄴㄷ에서 변 ㄴㄷ 을 밑변이라고 하고, 꼭짓점 ㄱ에서 밑변에 수직으로 그은 선분 ㄱㄹ을 높이라고 한다.

★ 삼각형의 넓이

(삼각형의 넓이) = (밑변) × (높이) ÷ 2

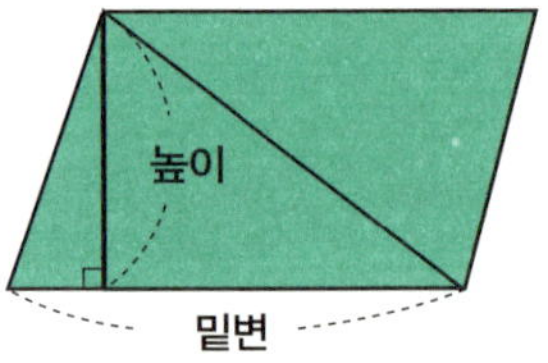

삼각형 2개로 평행사변형을 만듭니다.

(삼각형의 넓이) = (평행사변형의 넓이) ÷ 2
= (밑변) × (높이) ÷ 2

사다리꼴의 넓이

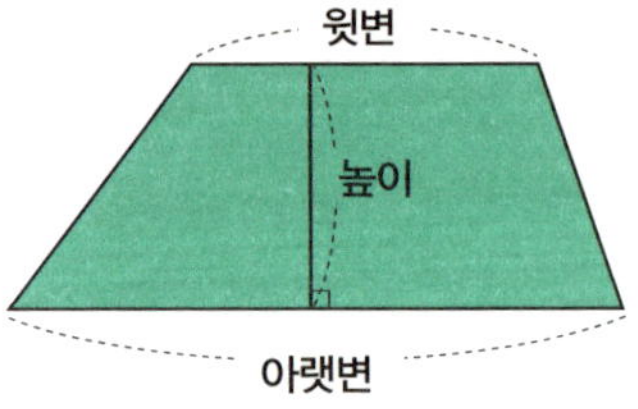

★ 사다리꼴에서 평행한 두 변을 밑변이라고 하고, 밑변을 위치에 따라 윗변, 아랫변이라고 한다. 그리고 두 밑변 사이의 거리를 높이라고 한다.

★ 사다리꼴의 넓이 (사다리꼴의 넓이) = {(윗변) + (아랫변)} × (높이) ÷ 2

방법 1 대각선으로 삼각형 ㉠과 ㉡으로 나누어 각각의 넓이의 합을 구한다.

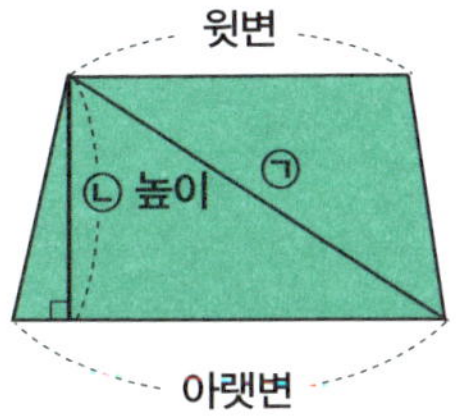

(사다리꼴의 넓이)
= (삼각형 ㉠의 넓이) + (삼각형 ㉡의 넓이)
= (윗변) × (높이) ÷ 2 + (아랫변) × (높이) ÷ 2
= {(윗변 + 아랫변)} × (높이) ÷ 2

방법 2 사다리꼴 2개로 평행사변형을 만듭니다.

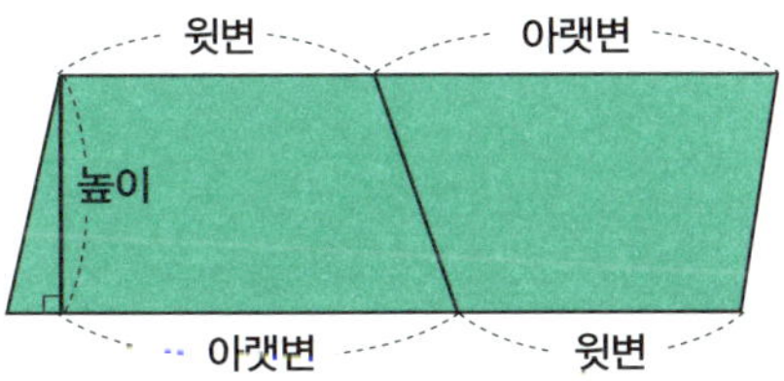

(사다리꼴의 넓이)
= (평행사변형의 넓이) ÷ 2
= {(윗변 + 아랫변)} × (높이) ÷ 2

마름모의 넓이

★ 마름모의 특징은 네 변의 길이가 같고,
두 대각선은 서로를 반으로 나눈다.

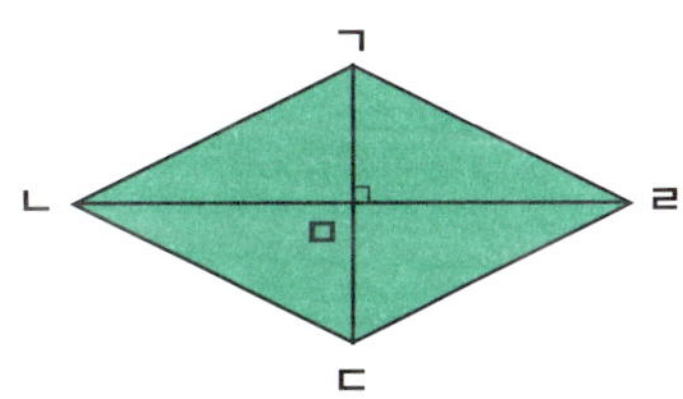

(선분 ㄱㅁ) = (선분ㄷㅁ), (선분ㄴㅁ) = (선분ㄹㅁ)

★ 마름모의 넓이 (마름모의 넓이) = (한 대각선) × (다른 대각선) ÷ 2

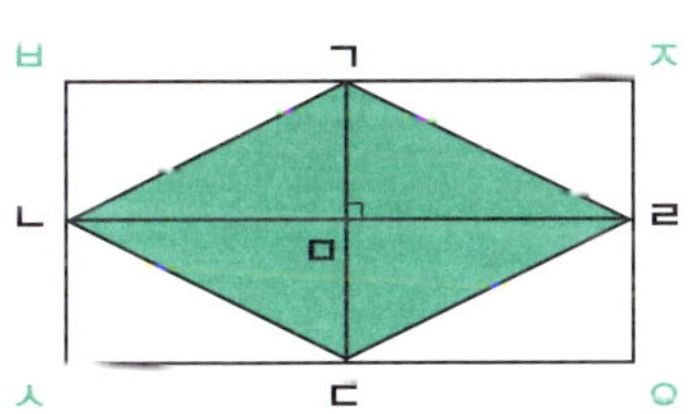

마름모 ㄱㄴㄷㄹ의 각 꼭지점을 지나고 대각선 ㄱㄷ, ㄴㄹ과 평행한 직선을 그어 직사각형 ㅂㅅㅇㅈ을 만듭니다.

(마름모 ㄱㄴㄷㄹ의 넓이)
= (직사각형 ㅂㅅㅇㅈ의 넓이) ÷ 2
= (대각선 ㄱㄷ) × (대각선 ㄴㄹ) ÷ 2

연습문제

[평면도형의 둘레] 1. 영훈이는 가로가 6m, 세로가 2m인 직사각형 모양의 칠판 둘레의 길이를 알아보려고 한다.

(1) 아래 모눈종이의 눈금 한 칸을 1m라고 하고, 가로가 6m, 세로가 2m인 직사각형을 그려 보시오.

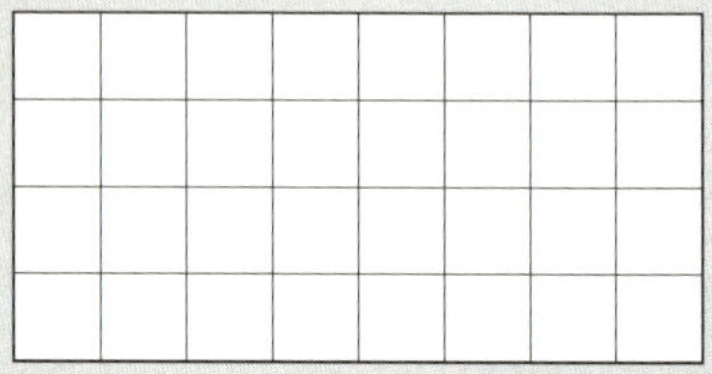

(2) 이 직사각형의 각 변의 길이를 알아보고, □ 안에 알맞은 수를 써 넣으시오.

□ + □ + □ + □ = □ m

(3) 칠판의 둘레의 길이는 (6 + 2) × □ = □ m다.

[평면도형의 둘레] 2. 한 변의 길이가 3㎝인 정사각형을 그림과 같이 이어 붙여서 만든 도형의 둘레의 길이를 구하시오.

(1) 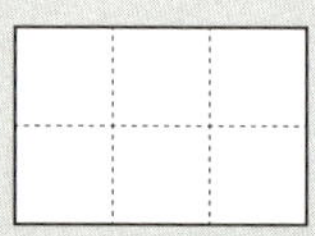

(2) 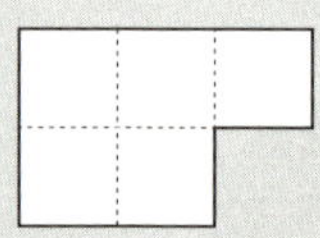

(1) □ ㎝ (2) □ ㎝

[평면도형의 둘레] 3. 다음 직사각형의 둘레의 길이를 구하시오.

(1) ☐ cm (2) ☐ cm

[넓이의 이해] 4. 다음 도형을 만드는 데 〈보기〉의 도형이 몇 개 필요한가?

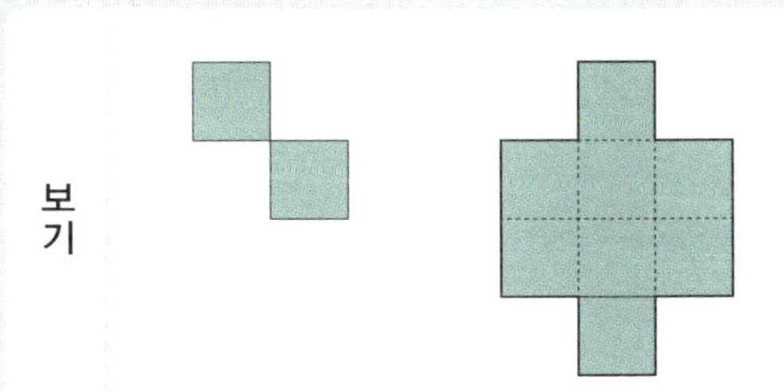

☐ 개

[평행사변형의 넓이] 5. 다음 평행사변형의 넓이를 구하시오.

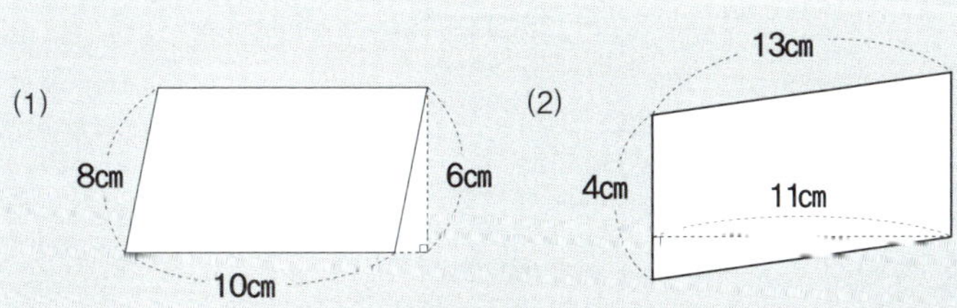

(1) ☐ cm^2 (2) ☐ cm^2

8 여러 가지 단위 알아보기

m^2 알아보기

한 변이 1m인 정사각형의 넓이를 1m^2라고 쓰고, 1제곱미터라고 읽는다.

$1m^2 = 10000cm^2$

a 알아보기

한 변이 10m인 정사각형의 넓이를 1a라고 쓰고, 1아르라고 읽는다.

$1a = 100m^2$

ha 알아보기

한 변이 100m인 정사각형의 넓이를 1ha라고 쓰고, 1헥타르라고 읽는다.

$1\,ha = 10000m^2 = 100a$

km^2 알아보기

한 변이 1km인 정사각형의 넓이를 1km^2 라고 쓰고, 1제곱킬로미터라고 읽는다.

$$1km^2 = 1000000m^2$$

$$1km^2 = 100ha = 10000a$$

t 알아보기

1000kg의 무게를 1t이라고 쓰고, 1톤이라고 읽는다.

각 넓이 단위의 관계

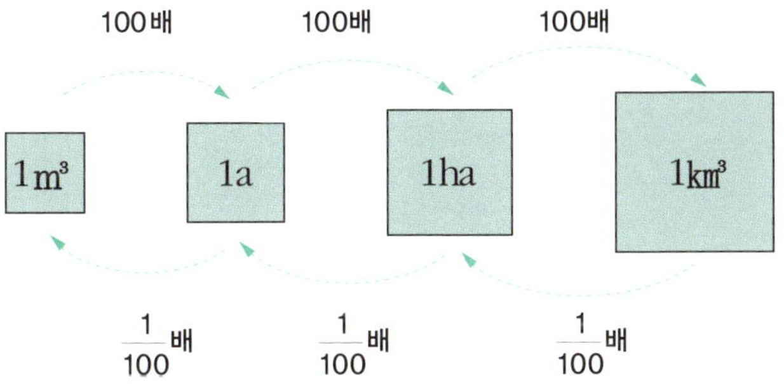

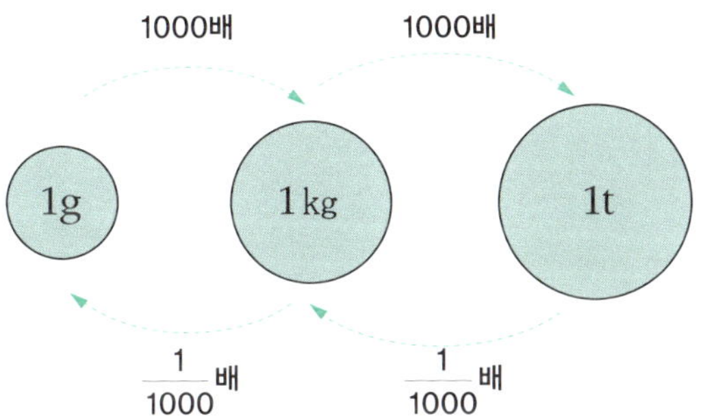

9 분수를 소수로, 소수를 분수로 나타내기

소수 한 자릿수를 분모가 10인 분수로, 소수 두 자릿수는 분모가 100인 분수로, 소수 세 자릿수를 분모가 1000인 분수로 고치고 또 다시 분수를 소수로 고치는 과정을 반복해서 연습해 보면서 분수, 소수와 친해지도록 한다.

$0.3 = \frac{3}{10}$	$0.57 = \frac{57}{100}$	$0.369 = \frac{369}{1000} = \frac{3}{10}$
$\frac{2}{5} = \frac{2 \times 2}{5 \times 2} = \frac{4}{10} = 0.4$	$\frac{3}{4} = \frac{3 \times 25}{4 \times 25} = \frac{75}{1000} = 0.75$	$\frac{1}{8} = \frac{1 \times 125}{8 \times 125} = \frac{125}{1000} = 0.125$

분수와 소수의 크기를 비교할 때는 분수를 소수로 고치거나 소수를 분수로 고친 후 두 수의 크기를 비교한다.

분수의 나눗셈

★ 나눗셈을 곱셈식으로 나타내기

• 1 ÷ 4 몫

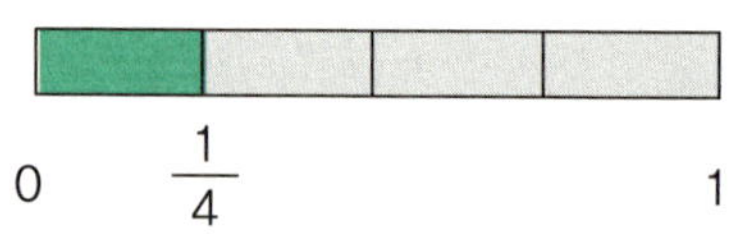

$$1 \div 4 = 1 \times \frac{1}{4} = \frac{1}{4}$$

• 2 ÷ 3 의 몫

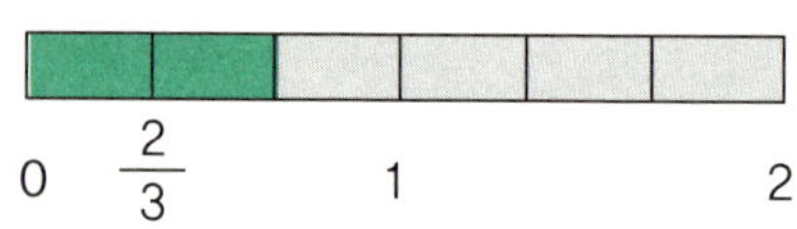

$$2 \div 3 = 2 \times \frac{1}{3} = \frac{2}{3}$$

★ (진분수) ÷ (자연수)와 (가분수) ÷ (자연수)에서는 자연수를 분수로 고쳐서 곱하면 된다.

$$\frac{1}{3} \div 5 = \frac{1}{3} \times \frac{1}{5} = \frac{1}{15}$$

$$\frac{8}{5} \div 5 = \frac{8}{5} \times \frac{1}{5} = \frac{8}{25}$$

★ (대분수) ÷ (자연수)

$3\frac{3}{4} \div 3$ 대분수를 가분수로 고친다.

$= \frac{15}{4} \div 3$ ÷ (자연수)를 $\times \frac{1}{(\text{자연수})}$ 로 고친다.

$= \frac{\cancel{15}^{5}}{4} \times \frac{1}{\cancel{3}_{1}}$ 약분하여 분모는 분모끼리, 분자는 분자끼리 곱한다.

$= \frac{5}{4}$

$= 1\frac{1}{4}$ 가분수를 대분수로 고친다.

10 소수의 나눗셈

(소수) ÷ (자연수) (1)

$$5.72 \div 4 = \frac{\cancel{572}^{143}}{100} \times \frac{1}{\cancel{4}_{1}}$$

$$= \frac{143}{100} = 1.43$$

```
      1.43
 4 ) 5.74
     4
     17
     16
      12
      12
       0
```

몫의 소수점을 나눠지는 수의 소수점의 자리에 맞춰 찍는다.

(소수) ÷ (자연수) (2)

16.56÷8

```
     2               2.0                  2.07
8 ) 16.56  →   8 ) 16.56       →    8 ) 16.56
    16              16 ↓                16
                   ─────               ─────
                     5                    56
                                          56
                                         ─────
                                           0
```

5를 8로 나누었으므로 몫의 첫째 자리에 0을 쓰고 5를 내린다.

(자연수) ÷ (자연수)

24÷5

```
      4.8
5 ) 24.0   →  소수 끝자리에 0이 계속 있는 것으로 생각한다.
    20
   ─────
     40
     40
   ─────
      0
```

11 비율 알아보기로 두 수의 크기를 비교하기

비 알아보기

비는 두 수의 크기를 나타내는 것이다. 기준이 되는 수를 정해야 하는데, 보통 3 : 4로 표시되면 뒤에 있는 수가 기준이 된다. 5 : 4를 읽어 보면 '5 대 4', '4에 대한 5의 비', '5의 4에 대한 비' 또는 '5와 4의 비'로 나타낼 수 있다. 이 비율의 기준이 되는 수와 비교되는 수를 혼동되지 않게 잘 정리해 준다.

비율 알아보기

레몬 5개의 크기를 비교하기 위하여 사과 6개를 기준으로 할 때, 5개를 비교하는 양, 6개를 기준량이라고 한다.

기준량에 대한 비교하는 양의 크기 $\frac{\text{비교하는 양}}{\text{기준량}}$ 을 비율이라고 한다.

$$5 : 6 = \frac{5}{6}$$

백분율 알아보기

기준량을 100으로 할 때 비교하는 양 70의 비율 $\frac{70}{100}$ 을 백분율이라고 한다.

백분율 $\frac{70}{100}$ 을 % 를 써서 70%라고 나타내고, 70퍼센트라고 읽는다.

비율을 분모가 100인 분수로 나타내면 백분율로 나타낼 수 있다.

$$\frac{14}{25} = \frac{14 \times 4}{25 \times 4} = \frac{56}{100} = 56\%$$

$$0.64 = \frac{64}{100} = 64\%$$

할푼리 알아보기

비율을 소수로 나타낼 때, 그 소수의 첫째 자리를 할, 소수 둘째 자리를 푼, 소수 셋째 자리를 리라고 한다. 일상생활에서 할푼리가 쓰이는 곳은 야구의 타율로 10번 중 3번 치면 3할이라고 표현한다. 8에 대한 1의 비율을 소수로 나타내면 0.125이고 할푼리로 나타내면 '1할 2푼 5'리라고 읽는다.

12 창의적 문제 해결은 논술로부터

수학적 이해력이 높은 학생은 논술을 잘 하게 된다. 문제에 대한 원인(근거)을 찾고 제시된 근거를 바탕으로 풀이를 해 가고, 마지막에 결론을 도출해 내는 것은 상당히 흥미 있는 과정이다.

아이들이 문제를 푸는 방법에 대해 지루해하거나 습관적으로 넘겨 버리지 않도록 지속적으로 흥미를 유발시켜 주는 것이 좋다.

연습문제

[문제 해결 방법_전략 선택] 1. 전체의 길이가 60㎝인 물고기가 있다. 머리의 길이는 전체 길이에서 머리 부분을 뺀 나머지의 $\frac{1}{3}$과 같고, 꼬리는 머리의 길이와 같다. 머리, 몸통, 꼬리의 길이는 각각 얼마인가?

(1) 무엇을 묻고 있는가? [ ]

(2) 물고기의 머리의 길이는 무엇과 같은가? [ ]

(3) 물고기 몸 전체의 길이를 그림으로 나타내고, 물고기 각 부분의 길이를 구하시오.

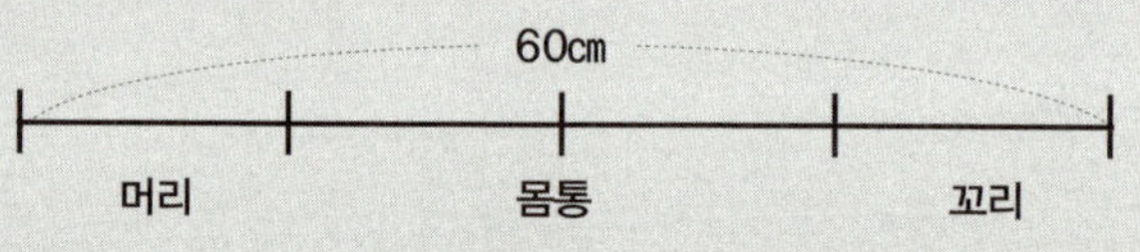

머리 [ ] ㎝ 몸통 [ ] ㎝ 꼬리 [ ] ㎝

[문제 해결 방법_전략 선택] 2. 창용, 채영, 수진, 준섭은 서로 다른 나라를 좋아합니다. 다음을 읽고 표를 완성하고, 누가 어느 나라를 좋아하는지 쓰시오.

창용이는 독일을 좋아하고 채영이는 영국이나 프랑스를 좋아합니다. 수진이는 영국을 좋아하지 않고 준섭이는 프랑스를 좋아합니다.

이름/나라	독일	영국	미국	프랑스
창용				
채영				
수진				
준섭				

창용(　　　), 채영(　　　), 수진(　　　), 준섭(　　　)

[문제 해결 방법_전략 선택] 3. 빈칸에 알맞은 수를 써 넣으시오.

□ $\xrightarrow{(+9)}$ □ $\xrightarrow{(\times 2)}$ □ $\xrightarrow{(-4)}$ □ $\xrightarrow{(\div 2)}$ 10

[문제 해결 방법_전략 선택] 4. 형준이는 피자의 $\frac{1}{3}$을 먹고 동생은 나머지의 $\frac{1}{2}$을 먹었다. 피자를 다음과 같이 나누었을 때, 동생이 먹은 피자를 그림에 알맞게 색칠하시오.

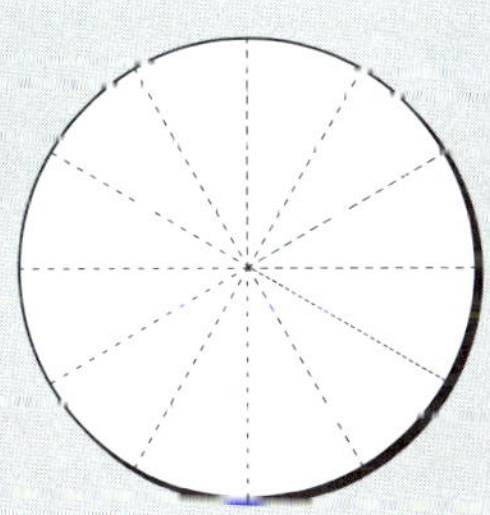

13 확률과 통계

4학년까지 학습한 통계의 개념을 바탕으로 자료의 성격에 따라 집단의 특성과 의미를 한눈에 직관적으로 파악하는 데 도움을 주는 다양한 그림그래프와 줄기와 잎 그림을 그려 보게 한다. 또한 제시된 자료를 통하여 평균의 개념을 이해하고, 평균을 구할 수 있으며, 이를 실생활 장면에 활용할 수 있도록 한다.

줄기와 잎 그림 그리기

줄기와 잎을 이용하여 자료를 나타낸 그림을 줄기와 잎 그림이라고 한다. 이때 세로선의 왼쪽에 있는 수를 줄기, 오른쪽에 있는 수를 잎이라고 한다.

① 줄기와 잎을 정한다.
② 세로선을 긋고, 세로선 왼쪽에 줄기의 숫자를 쓴다.
③ 세로선의 오른쪽에 잎의 숫자를 쓴다.
④ □ | △를 설명한다.
⑤ 줄기와 잎 그림에 알맞은 제목을 붙인다.

예) 줄넘기 횟수가 다음과 같다. 줄기와 잎 그림을 완성하시오.

줄넘기 횟수 (단위: 회)

46	50	69	70	47
63	72	68	60	55
58	62	51	71	54

줄기와 잎 그림 (4|6은 46회)

줄기	잎
4	6 7
5	0 5 8 1 4
6	9 3 8 0 2
7	0 2 1

그림그래프 알아보기

다음과 같이 조사한 수를 그림으로 나타낸 그래프를 그림그래프라고 한다.

평균 알아보기

전체를 더한 합계를 개수로 나눈 값을 평균이라고 한다. 평균의 의미를 알고 주어진 자료의 평균을 구할 수 있게 한다. 일상생활에서 평균과 합계가 이용되는 경우를 알아보고, 이와 관련된 문제를 해결할 수 있게 한다. 학생들이 스스로 결정한 주제를 가지고 실제로 조사하고 정리하여 평균값을 구하고 활용할 수 있게 한다.

$$(\text{평균}) = \frac{(\text{전체를 더한 합계})}{(\text{자료의 개수})}$$

연습문제

다음은 네모 모둠과 세모 모둠의 수학 점수를 조사하여 나타낸 표입니다. 물음에 답하시오.

네모 모둠의 수학 점수

비교	점수(점)
영미	74
종수	90
성준	82
송준	88
기혁	84

세모 모둠의 수학 점수

비교	점수(점)
범모	84
경렬	98
지윤	70
은미	90
철수	88

(1) 네모 모둠과 세모 모둠의 수학 점수를 줄기와 잎 그림으로 나타내시오.

잎(네모 모둠)	줄기	잎(세모 모둠)
	7	
	8	
	9	

(2) 두 모둠의 평균을 각각 구하고 평균의 차를 구하시오.

(3) 줄기와 잎 그림을 이용하여 두 모둠의 평균의 차를 쉽게 구하는 방법을 쓰시오.

14 도형의 대칭과 규칙성

단순한 한 가지 무늬를 옮기기, 뒤집기, 돌리기 등의 방법을 이용하여 새로운 무늬를 만들 수 있도록 지도한다. 또 여러 가지 다른 무늬를 보고 공통적인 부분을 찾아보는 것도 좋은 방법이다. 집안의 타일이나, 인도의 보도블럭 등을 보고 얘기해 보는 것도 좋다. 또 두 개 이상의 무늬를 복합적으로 사용하여 창조적인 무늬를 만들 수 있도록 유도해 본다.

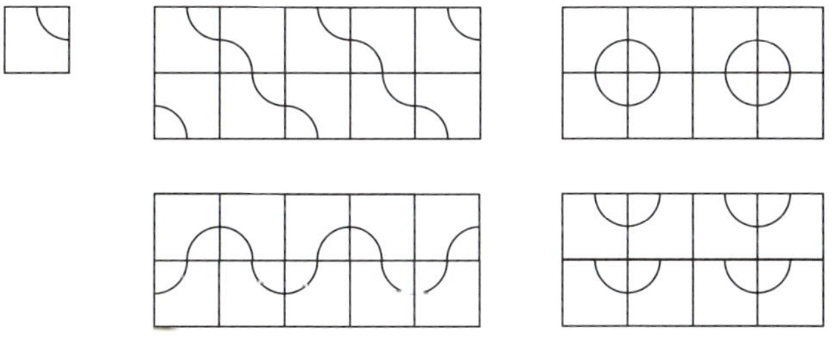

한 도형을 어떤 직선으로 접었을 때 완전히 겹치는 도형을 선대칭도형이라고 한다. 이때 그 직선을 대칭축이라고 한다.

선대칭도형의 성질

- 선대칭도형에서 대응변의 길이와 대응각의 크기는 같다.
- 선대칭도형에서 대칭축은 대응점을 이은 선분을 수직이등분한다.
- 각각의 대응점에서 대칭축까지의 거리는 같고 대칭축과 대응점을 이은 선분은 수직으로 만난다.

연습문제 선대칭도형이 되도록 그림을 완성하시오.

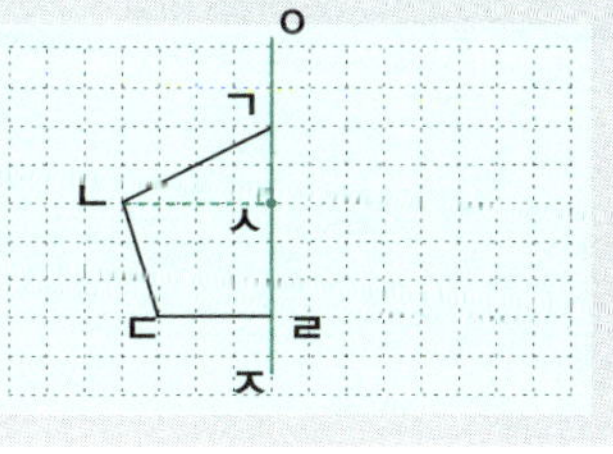

8

6학년, 소수에 집중하라

8

6학년,
소수에
집중하라

6학년이 되면 아이들은 연산의 늪에 빠진다. 이 시기의 학부모들은 연산이 수학의 끝인 것마냥 아이들에게 연산을 잘할 것을 당부하기도 한다. 그런데 과연 그것이 중요할까? 이때 나오는 원주율 3.14는 그렇게 곱하고 나누고 하느라 아이들을 지치게 만들지만, 초등학교를 졸업하는 순간 사라진다.

아이들이 중학교에 들어와서 π를 접하는 순간, 상당한 배신감을 느끼는 부분이기도 하다. 좋은 의미에서는 3.14가 사라진 연유로 다시 수학에 흥미를 붙이는 학생들도 있다. 그렇다고 우리는 이러한 소수를 무시할 수 없다. 이 소수 부분이 6학년 수학에서 상당히 중요한 부분을 차지하니 말이다.

영역 단계	수와 연산	도 형	측 정	확률과 통계	규칙성과 문제 해결
6-1	(가) 분수와 소수의 나눗셈 • 나누는 수가 분수인 나눗셈 • 나누는 수가 소수인 나눗셈 (나) 소수와 분수 • 소수와 분수의 관계 • 소수와 분수의 크기 비교	(가) 각기둥과 각뿔의 성질 • 각뿔의 이해, 구성 요소와 성질 • 각기둥의 전개도 (나) 공간감각 • 주어진 모양을 쌓기, 나무로 만들기	(가) 겉넓이와 부피 • 직육면체와 정육면체의 겉넓이 이해 • 1㎤와 1㎥ 단위의 이해 • 직육면체와 정육면체의 부피 (나) 측정값 • 이상, 이하, 초과, 미만의 뜻, 수의 범위 나타내기	(가) 비율 그래프 • 띠그래프와 원그래프의 이해와 활용	(가) 비와 비율 • 비와 비율의 이해 • 비율을 여러 가지 방법으로 나타내기 (나) 비례식 • 비례식의 이해와 활용
6-2	(가) 분수와 소수의 나눗셈 • 나누는 수가 분수인 나눗셈 • 나누는 수가 소수인 나눗셈 • 분수와 소수의 혼합 계산	(가) 여러 가지 입체도형 • 원기둥과 원뿔의 이해, 구성 요소와 성질 • 원기둥의 전개도 • 회전체의 이해	(가) 원주율과 원의 넓이 • 원주율의 이해 • 원주와 원의 넓이 (나) 원기둥의 겉넓이와 부피 • 원기둥의 겉넓이와 부피	(가) 경우의 수와 확률 • 경우의 수의 이해와 구하기 • 확률의 이해	(가) 문제 해결 방법 • 여러 가지 문제 해결 방법 비교하여 적절한 방법 선택하기 • 문제 해결 과정의 타당성 검토 (나) 규칙과 대응 • 대응 관계를 식으로 나타내기

영역 단계	수와 연산	도 형	측 정	확률과 통계	규칙성과 문제 해결
6-2					(다) 연비와 비례 배분 • 연비의 이해 • 연비로 나타 내기 • 비례 배분의 이해 • 주어진 양을 비례 배분하기

1 분수의 나눗셈

초등학교에서 다루는 나눗셈의 방법은 일반적으로 '똑같이 덜어내는 나눗셈(포함제)'과 '똑같게 나누는 나눗셈(등분제)' 이 있다. 이전에 학습한 자연수로 나누는 경우는 대개 등분제를 사용하였으며, 분수로 나누는 경우는 포함제를 사용한다. 포함제에 의한 나눗셈의 원리를 이해하며, 여러 가지 분수의 나눗셈에 활용할 수 있도록 한다.

(자연수)÷(단위분수)는 (자연수)×(단위분수의 분모)로 계산한다

예 1) $1 \div \frac{1}{4}$ 의 계산

$\frac{1}{4}$	$\frac{1}{4}$	$\frac{1}{4}$	$\frac{1}{4}$

1은 같은 수 $\frac{1}{4}$ 로 똑같이 4번을 거듭해서 뺄 수 있다.

즉, $1 - \frac{1}{4} - \frac{1}{4} - \frac{1}{4} - \frac{1}{4} = 0$이기 때문에 $1 \div \frac{1}{4} = 1 \times 4 = 4$라는 생각을 할 수 있다.

예 2) $3 \div \frac{1}{2}$ 의 계산

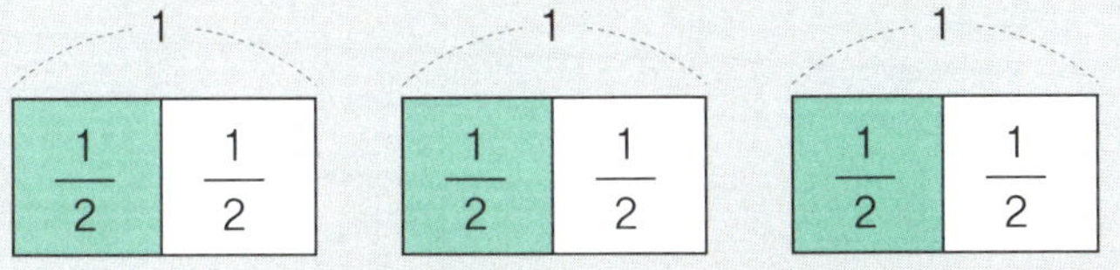

1에서 $\frac{1}{2}$ 을 2번씩 뺄 수 있으므로, 3에서 $\frac{1}{2}$ 을 2번씩 거듭해서 6번 뺄 수 있다. 즉, $3 \div \frac{1}{2} = 3 \times (1 \div \frac{1}{2}) = 3 \times 2 = 6$

분모가 같은 진분수끼리의 나눗셈은 분자들의 나눗셈과 같다

$$\frac{6}{9} \div \frac{2}{9} = \square \div \square$$

$\frac{6}{9}$ 은 $\frac{1}{9}$ 이 6개이고, $\frac{2}{9}$ 는 $\frac{1}{9}$ 이 2개이므로 $\frac{6}{9} \div \frac{2}{9}$ 는 결국 $6 \div 2$와 같다.

(진분수) ÷ (자연수)와 (가분수) ÷ (자연수)에서는 자연수를 분수로 고쳐서 곱한다

$$\frac{1}{3} \div 5 = \frac{1}{3} \times \frac{1}{5} = \frac{1}{15}$$

$$\frac{8}{5} \div 5 = \frac{8}{5} \times \frac{1}{5} = \frac{8}{25}$$

대분수의 나눗셈

$$5\frac{3}{5} \div 1\frac{1}{3}$$ 대분수를 가분수로 고친다.

$$= \frac{28}{5} \div \frac{4}{3}$$ 나누는 분수의 분모와 분자를 바꾸어 곱한다.

$$= \frac{\overset{7}{\cancel{28}}}{5} \times \frac{3}{\underset{1}{\cancel{4}}}$$ 계산 중간 과정에서 약분 가능하면 약분한다.

$$= \frac{21}{5}$$ 계산 결과가 가분수이면 대분수로 고쳐서 나타낸다.

$$= 4\frac{1}{5}$$ 가분수를 대분수로 고친다.

2 소수의 나눗셈

★ 소수÷소수에서는 나누는 수와 나눠지는 수의 소수점을 오른쪽으로 두 자리씩 옮겨 자연수의 나눗셈으로 고쳐서 계산한다.

$$0.25\overline{)\,2.25} \rightarrow \begin{array}{r} 9 \\ 25\overline{)\,225} \\ \underline{225} \\ 0 \end{array} \qquad \begin{array}{r} 9 \\ 0.25\overline{)\,2.25} \\ \underline{2.25} \\ 0 \end{array}$$

몫의 자리

★ 자릿수가 다른 두 소수의 나눗셈에서는 나누는 수가 자연수가 되도록 나누는 수와 나눠지는 수의 소수점을 오른쪽으로 같은 자리씩 옮겨 계산한다.

```
                                        8.6                   8.6
0.53 ) 4.558     →     53 ) 455.8        0.53 ) 4.558
                              424                  424
                              318                  318
                              318                  318
                                0                    0
```

0.53이 자연수가 되려면 소수점을 오른쪽으로 두자리 옮긴다.

★ 자연수÷소수에서는 나누는 수가 자연수가 되도록 나누는 수와 나눠지는 수의 소수점을 오른쪽으로 같은 자리씩 옮긴다. 나눠지는 수의 오른쪽에 소수점을 옮길 수 없으면 0을 쓴다.

```
                                                   5
13.4 ) 67     →     13.4 ) 67.0     →     134 ) 670
                                                670
                                                  0
          5
13.4 ) 67.0
       67.0
          0
```

★ 소수의 나눗셈에서 나머지 알기

몫의 소수점은 나눠지는 수의 옮겨진 소수점의 위치와 같은 자리에 찍고 나머지의 소수점은 나눠지는 수의 처음 소수점의 위치와 같은 자리에 찍는다. '몫을 자연수 부분까지 구하고 나머지를 구하시오.' 라는 문제에서 확인해 볼 수 있다.

```
         4
2.6 ) 10.9
      10.4
       0.5
```

└ 나눠지는 수의 처음 소수점의 위치와 같다.

10.9 ÷ 2.6 = 4 ⋯ 0.5

검산식: 2.6 × 4 + 0.5 = 10.9

③ 분수와 소수의 혼합 계산

분수를 소수로, 소수를 분수로 바꿀 수 있게 한다. 분수를 소수로 만드는 방법에서 분모를 10, 100, 1000을 만들어 바꾸는 방법을 이용하여, 분수와 소수의 크기를 비교할 수 있다. 나누는 수가 분수인 나눗셈에서는 (자연수) ÷ (진분수), (진분수) ÷ (진분수), (가분수) ÷ (진분수), (대분수) ÷ (대분수) 등 여러 가지 유형의 분수 나눗셈을 지도한다. 또, 계산의 편의를 위해 분수를 소수로, 소수를 분수로 고쳐서 계산할 수 있음을 알게 하여, 연산을 할 때 융통성 있게 지도하여 준다. 이러한 과정을 통해 분수, 소수의 혼합 계산을 할 수 있다.

연습문제

[소수와 분수의 관계] 1. 수직선의 눈금에 분수와 소수를 써 보시오.

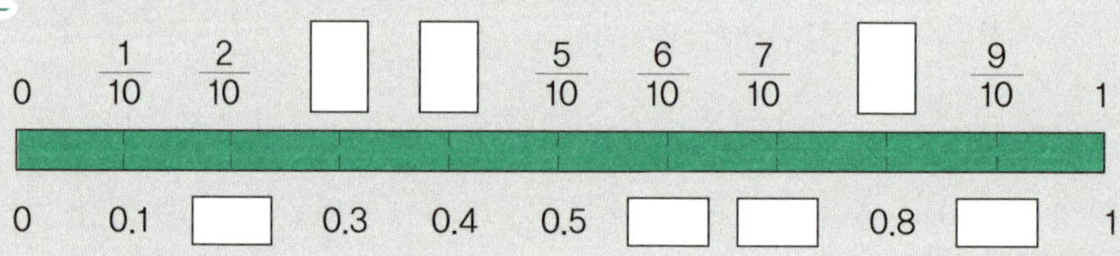

[소수와 분수의 관계] 2. 대분수를 분모가 100인 분수로 고쳐서 소수로 나타내려고 한다. □ 안에 알맞은 수를 써 넣으시오.

$$1\frac{3}{4} = 1 + \frac{3 \times \square}{4 \times 25} = 1 + \frac{\square}{100} = \square$$

[소수와 분수의 관계] 3. 소수를 기약분수로 고치는 과정이다. □ 안에 알맞은 수를 써 넣으시오.

(1) $0.04 = \frac{4}{100} = \frac{\square}{\square}$　　(2) $0.25 = \frac{\square}{\square} = \frac{1}{4}$

[소수와 분수의 관계] 4. 0.9와의 크기를 비교하시오.

(1) 0.9를 분수로 고치면 $\frac{\square}{10}$ 이다.

(2) $\frac{9}{10}$와 $\frac{4}{5}$를 통분하여라. $(\frac{9}{10}, \frac{4}{5}) \rightarrow (\frac{\square}{10}, \frac{\square}{\square})$

(3) 0.9와 $\frac{4}{5}$ 중 더 큰 수는 □ 이다.

[분수의 나눗셈] 5. 분수의 나눗셈을 하시오.

(1) $\frac{7}{9} \div \frac{9}{5} = \square$　　(2) $2 \div \frac{3}{8} = \square$

(3) $1\frac{4}{5} \div 1\frac{1}{6} = \square$　　(4) $7 \div 3\frac{1}{2} = \square$

6학년

문장제 문제를 어려워할 경우 [분수와 소수의 계산]

다음의 예를 보고, 제대로 지켜지고 있는지 체크해 본다.

승현이는 $4\frac{9}{10}\ell$ 의 우유 중 0.7ℓ 를 마셨고, 나머지는 친구 5명이 똑같이 나누어 마셨습니다. 친구 한 명이 마신 우유는 몇 ℓ 입니까?

1. 그림으로 표현할 수 있는가?

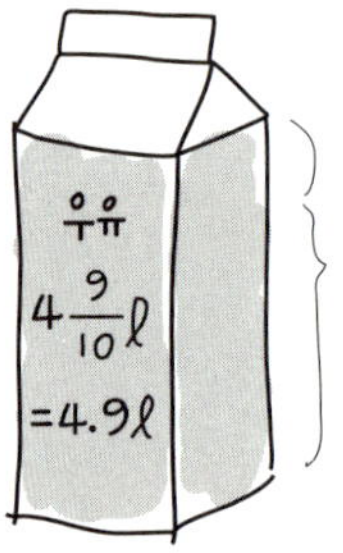

★ 1단계

0.7ℓ → 승현이 마심

★ 2단계

나머지 → 5명 나눔

→ $4.9 - 0.7 = 4.2(\ell)$

2. 식 세우기

$(4.9 - 0.7) \div 5$

$= 4.2 \div 5$

$= 0.84\ (\ell)$

TIP 소수의 나눗셈 계산이 잘 되지 않을 경우 자리매김이 제대로 되는지 확인해 본다.

문장제 문제를 어려워할 경우 **[분수의 나눗셈]**

다음의 예를 보고, 제대로 지켜지고 있는지 체크해 본다.

(17개를 모두 그릴 수 없으므로 몇 개의 짧은 그림 통해 유도)

하나당 길이가 $20\frac{1}{4}$ cm인 리본이 있습니다. 그 리본 17개를 길게 이으려고 합니다. 리본 2개를 이었을 때 겹쳐진 부분이 0.75cm이면, 이은 리본의 전체 길이는 몇 cm입니까?

1. 그림 그리기

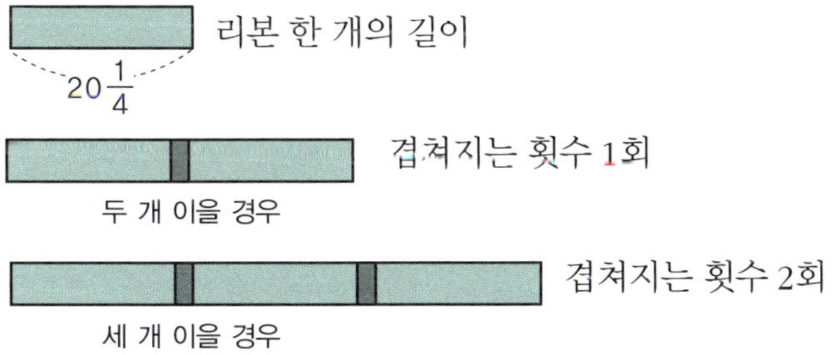

17개 이을 경우 겹쳐지는 횟수 16번

2. 식 세우기

분수와 소수를 하나의 형태로 만들 수 있는가?

$20\frac{1}{4} \times 17 - 075 \times 16$

17개 리본 총길이 / 겹쳐진 부분

분수로

$= 20\frac{1}{4} \times 17 - \frac{3}{4} \times 16$

$= \frac{81}{4} \times 17 - \frac{3}{4} \times 16$

$= \frac{1377}{4} - \frac{48}{4}$

$= \frac{1329}{4} = 332\frac{1}{4}$

소수로

$= 20.25 \times 17 - 075 \times 16$

$= 344.25 - 12$

$= 332.25$

6학년

문장제 문제를 어려워할 경우 [분수의 나눗셈]

다음의 예를 보고, 제대로 지켜지고 있는지 체크해 본다.

길이가 $2\frac{2}{5}$ m인 테이프를 한 사람에게 $\frac{3}{10}$씩 나누어 준다면 몇 명에게 나누어 줄 수 있습니까? ($\frac{3}{10}$ 씩 자르기)

1. 문장을 그림으로 표현

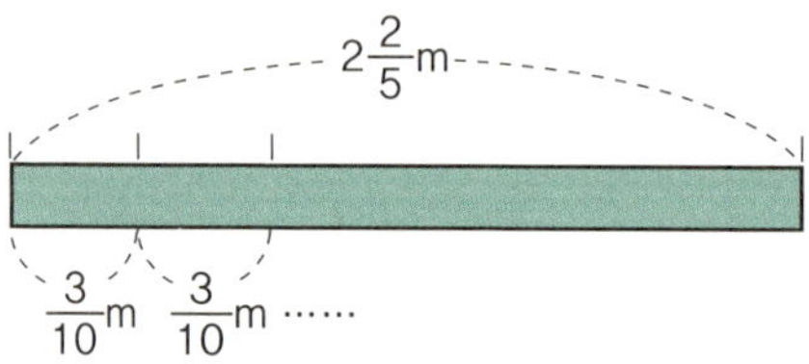

"테이프 길이 $2\frac{2}{5}$ m 안에 $\frac{3}{10}$ m가 몇 번 들어갈 수 있는지"로 표현 가능한가?

2. 식 세우기

$$2\frac{2}{5} \div \frac{3}{10}$$
$$= 2\frac{2}{5} \times \frac{10}{3}$$
$$= \frac{\cancel{12}^{4}}{\cancel{5}_{1}} \times \frac{\cancel{10}^{2}}{\cancel{3}_{1}}$$
$$= 8$$

6학년

문장제 문제를 어려워할 경우 [분수의 나눗셈]

다음의 예를 보고, 제대로 지켜지고 있는지 체크해 본다.

종우는 자전거로 $2\frac{1}{4}$시간 동안 $4\frac{2}{7}$ ㎞를 갈 수 있다고 합니다. 똑같은 빠르기로 자전거를 탄다면, 종우는 1시간 동안 몇 ㎞를 갈 수 있습니까?

1. 정보를 그림으로 표현하면

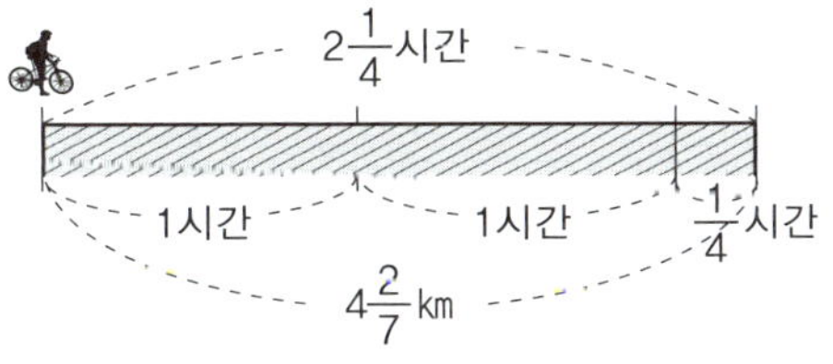

2. 얻은 정보 구체화하기(속력은 1시간 동안 간 거리)

(속력) = (거리) ÷ (시간)

$$4\frac{2}{7} \div 2\frac{1}{4}$$

3. 식 세우기

$$4\frac{2}{7} \div 2\frac{1}{4}$$

$$= \frac{30}{7} \div \frac{9}{4} \quad \text{역수로}$$

$$= \frac{\overset{10}{\cancel{30}}}{7} \times \frac{4}{\underset{3}{\cancel{9}}} \quad \text{대분수로}$$

$$= \frac{10 \times 4}{7 \times 3} = \frac{40}{21} = 1\frac{19}{21}$$

분수의 나눗셈 체크 포인트

- 대분수를 가분수로 바꿀 수 있는가?
- 나누기를 곱하기로 전환할 수 있는가?
- 분모와 분자를 같은 수로 약분할 수 있는가?

6학년

문장제 문제를 어려워할 경우 **[분수의 나눗셈]**

다음의 예를 보고, 제대로 지켜지고 있는지 체크해 본다.

어떤 수에 $2\frac{2}{9}$를 곱했더니 $3\frac{1}{3}$이 되었습니다. 어떤 수를 구하시오.

1. 문장을 수학적으로 표현하도록 유도하기

주어진 정보를 차례대로 나열한다.

	어떤 수	$2\frac{2}{9}$	곱	$3\frac{1}{3}$
	↓		↓	
기호 사용 →	□		×	

2. 식 세우기

$\square \times 2\frac{2}{9} = 3\frac{1}{3}$ (거꾸로 풀기)

$\square = 3\frac{1}{3} \div 2\frac{2}{9}$ → 분수의 나눗셈을 할 수 있는가?

$\square = \frac{10}{3} \div \frac{20}{9}$

$= \frac{\overset{1}{\cancel{10}}}{\underset{1}{\cancel{3}}} \times \frac{\overset{3}{\cancel{9}}}{\underset{2}{\cancel{20}}} = \frac{3}{2} = 1\frac{1}{2}$

6학년 문장제 문제를 어려워할 경우 [분수의 나눗셈]

다음의 예를 보고, 제대로 지켜지고 있는지 체크해 본다.

→ 글을 보고 정보 찾기

오른쪽 삼각형의 넓이는 $2\frac{1}{5}$ ㎠입니다.
이 삼각형의 밑변의 길이는 몇 cm입니까?

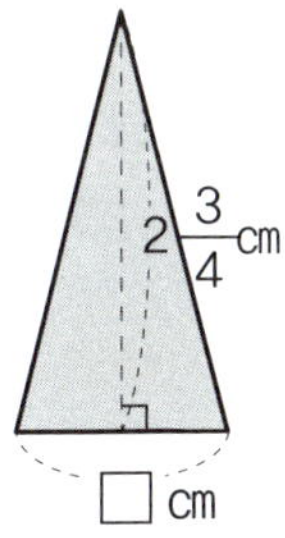

→ 그림을 보고 정보 찾기

1. 글과 그림에서 정보 찾기

그림 정보 → 삼각형 높이 : $2\frac{3}{4}$ cm

삼각형 밑변 : □ cm

글의 정보 → 삼각형 넓이 : $2\frac{1}{5}$ ㎠

2. 삼각형의 넓이 구하는 공식을 알고 있는가?

넓이 = 밑변 × 높이 ÷ 2

↓ 식에 주어진 정보 대입

$2\frac{1}{5} = \square \times 2\frac{3}{4} \div 2$

↓ 거꾸로 풀기 유도

$2\frac{1}{5} \div 2\frac{3}{4} \times 2 = \square$

$\frac{11}{5} \div \frac{11}{4} \times 2 = \square$

$\frac{11}{5} \times \frac{4}{11} \times 2 = \square$

$\square = \frac{8}{5}$

$\square = 1\frac{3}{5}$

6학년

문장제 문제를 어려워할 경우 **[분수의 나눗셈]**

다음의 예를 보고, 제대로 지켜지고 있는지 체크해 본다.

→ 문장을 그림으로 표현한다.

넓이가 $3\frac{1}{3}$ ㎡이고, 밑변이 길이가 $6\frac{1}{4}$ m인 평행사변형의 높이를 구하시오.

1. 그림으로 표현하기

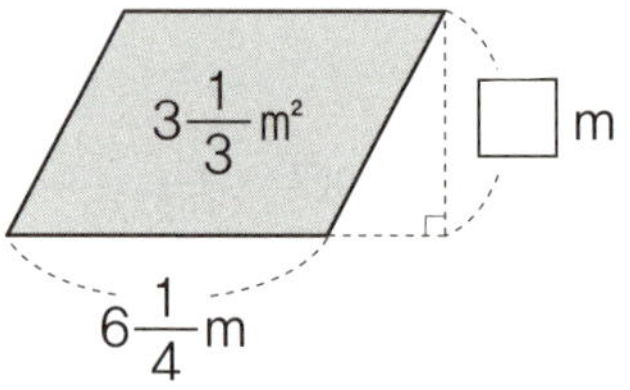

평행사변형의 넓이 구하는 공식을 아는가?

넓이 = 밑변 × 높이

↓ 식에 주어진 정보 대입

$$3\frac{1}{3} = 6\frac{1}{4} \times \square$$

↓ 거꾸로 풀기

$$3\frac{1}{3} \div 6\frac{1}{4} = \square$$

틀린 방법: $3\frac{1}{3} \times 6\frac{4}{1} = \square$

주의 잘못된 식의 변환

(이유: 가분수로 먼저 변환하지 않았다.)

옳은 방법: $3\frac{1}{3} \div 6\frac{1}{4} = \square$

$$\frac{10}{3} \div \frac{25}{4} = \square$$

$$\frac{\cancel{10}^{2}}{3} \times \frac{4}{\cancel{25}_{5}} = \square$$

$$\frac{8}{15} = \square$$

6학년

문장제 문제를 어려워할 경우 [소수의 나눗셈]

다음의 예를 보고, 제대로 지켜지고 있는지 체크해 본다.

→ 문장을 그림으로 표현한다.

4.7ℓ의 휘발유로 5.64㎞를 가는 자동차가 있습니다. 이 자동차는 휘발유 1ℓ로 몇 ㎞를 갈 수 있습니까?

1. 수의 관계 알아보기

4.7ℓ 일 때 5.64㎞

↓ ÷ 4.7 ↓ ÷ 4.7

1ℓ 일 때 ☐ ㎞

2. 식 세우기

5.64 ÷ 4.7 →

```
        11.2   →    1.2
4.7 ) 5.6.4      ) 5.6.4
      4 7
      ----
        94
        94
      ----
         0
```

정답: 1.2㎞

6학년

문장제 문제를 어려워할 경우 [소수의 나눗셈]

다음의 예를 보고, 제대로 지켜지고 있는지 체크해 본다.

쌀이 109.1 kg 있습니다. 이 쌀을 2.6 kg씩 봉지에 나누어 담으면, 봉지는 몇 개가 필요하고 몇 kg의 쌀이 남겠습니까?

1. 문장을 그림으로 표현하기

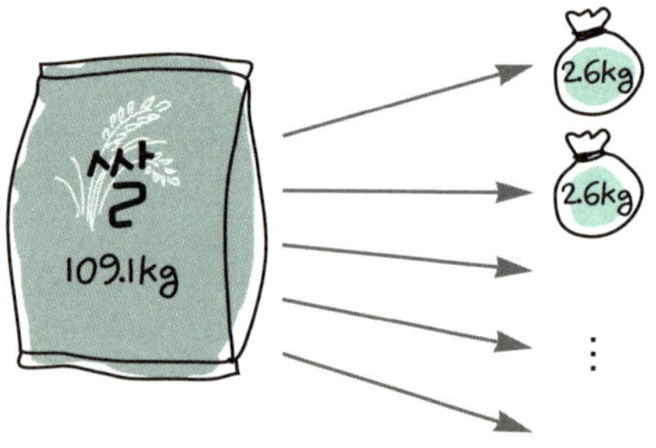

그림을 보며 109.1kg 안에 2.6kg이 몇 번 포함되는지로 유도할 수 있도록 도와준다.

2. 식 세우기

109.1 ÷ 2.6

= 41 ⋯ 2.5

검산이 가능한가?

2.6 × 41 + 2.5

= 106.6 + 2.5 = 109.1

세로식

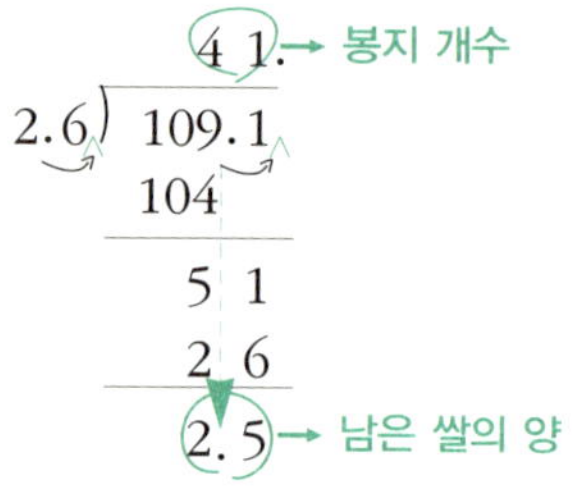

6학년 문장제 문제를 어려워할 경우 **[소수의 나눗셈]**

다음의 예를 보고, 제대로 지켜지고 있는지 체크해 본다.

1시간 30분 동안에 157.9 ㎞를 달린 자동차가 있습니다. 이 자동차는 한 시간에 약 몇 ㎞를 달린 셈입니까? (단, 반올림하여 소수 둘째 자리까지 구하시오.)

↳ 정보 정리 (1시간 30분 동안에 157.9 ㎞를 달린)

↳ 소수 셋째 자리에서 반올림 (반올림하여 소수 둘째 자리)

1. 그림으로 표현

'단위'가 두 개 이상 쓰일 경우 하나로 통합

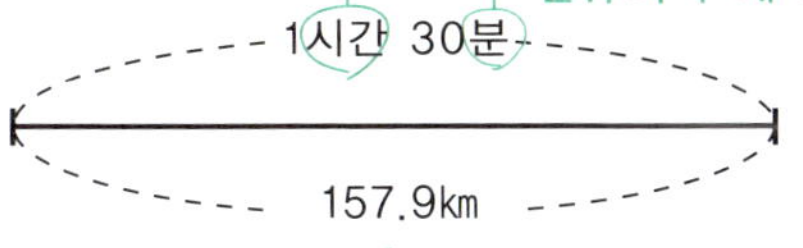

↓

$157.9 \div 1\frac{1}{2}$ 시간

(소수와 분수가 혼합되어 있으므로 한 가지로 통일)

↓

$157.9 \div 1.5$

2. 수의 관계로 표현

1시간 30분 → 157.9㎞

‖ ▼ 30분 = $\frac{30}{60}$시간 = $\frac{1}{2}$시간

$1\frac{1}{2}$ 시간 → 157.9㎞

↓ $\div 1\frac{1}{2}$ ↓ $\div 1\frac{1}{2}$

1 시간 – [ ] ㎞

3. 식 세우기

$157.9 \div 1\frac{1}{2}$

→ $157.9 \div 1.5$

세로식 세우기

```
         105.2666
1.5 ) 157.9
      15
      ---
        79
        75
      ---
         40
         30
      ---
         100
          90
```

↳ 소수 셋째 자리 (6은 올라가는 수)

→ 105.27

6학년 문장제 문제를 어려워할 경우 [원과 원기둥]

다음의 예를 보고, 제대로 지켜지고 있는지 체크해 본다.

밑면의 반지름의 길이가 8㎝이고, 부피가 602.88㎤인 **원기둥**의 높이는 몇 ㎝입니까?

1. 그림 그리고 정보 표시하기

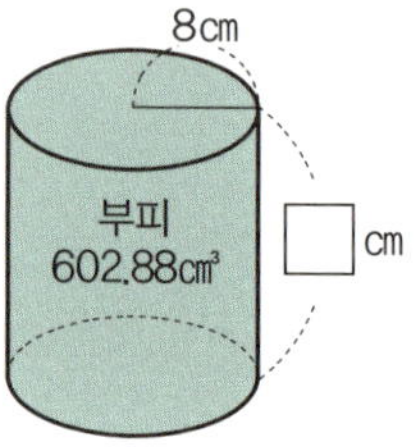

- 원기둥의 부피를 구할 수 있는가?

부피 = 밑넓이 × 높이

└→ 밑면의 모양: 원

↓

- 원의 넓이를 구할 수 있는가?

원넓이 = 반지름 × 반지름 × 3.14

∴ 밑넓이 = 8 × 8 × 3.14

= 64 × 3.14 = [200.96] 새로운 정보 추가

- 부피 = 밑넓이 × 높이

↓ 정보 대입

602.88 = 200.96 × □

↓ 거꾸로 풀기

602.88 ÷ 200.96 = [3]

↓ 분수꼴

$$\frac{602.88}{200.96}$$

TIP 숫자가 커서 나누기 힘들어 하는 경우에는 나눗셈 모양을 분수꼴로 바꾸어 약분 가능하도록 유도해 주는 것도 좋다.

4 지구는 회전체

직육면체와 정육면체를 기본으로 하여 다양한 모양의 각기둥을 추상화하여 정의할 수 있게 지도한다. 또 각 구성 요소를 알아보고, 전개도를 그려보게 하고, 전개도에서 수직과 평행인 곳을 찾을 수 있도록 지도한다. 쌓기 모형의 활용으로 복잡한 모양도 쌓아 보는 활동을 하게 한다.

평면도형을 이용하여 회전축을 중심으로 회전시켰을 경우 만들어지는 입체도형을 추상화할 수 있게 해 준다. 또, 생활 주변에서 회전체의 입체도형을 찾아내어 그 모양을 옆에서, 위에서 보았을 때 보이는 단면도 알 수 있다. 이러한 일련의 과정은 놀이를 통해서도 쉽게 접할 수 있다.

각기둥의 개념 익히기

각기둥은 위와 아래에 있는 면이 서로 평행하고 합동인 다각형으로 이루어진 기둥 모양의 입체도형을 말한다. 각기둥에 서로 평행한 두 면을 밑면이라고 하고, 밑면에 수직인 면을 옆면이라고 한다. 각기둥에서 면과 면이 만나는 선을 모서리라고 하고, 모서리와 모서리가 만나는 점을 꼭짓점이라고 하며, 두 밑면 사이의 거리를 높이라고 한다.

각기둥은 밑면의 모양에 따라 삼각기둥, 사각기둥, 오각기둥 등이 있다.

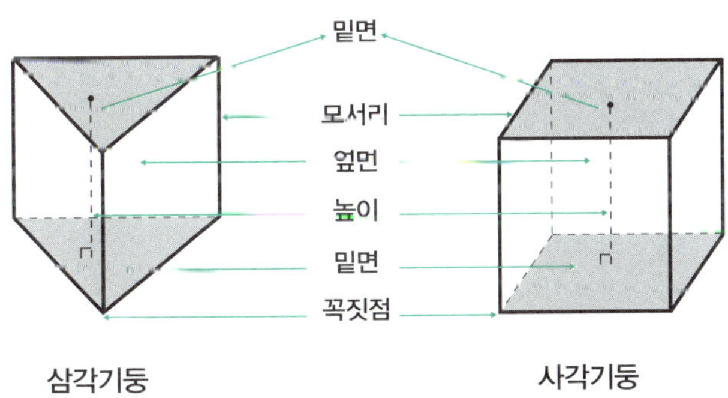

각기둥 파헤치기

① 면의 수 = (한)밑면의 변의 수 + 2

→ 옆면의 수 + 밑면의 수

② 모서리의 수 = (한)밑면의 변의 수 × 3

③ 꼭짓점의 수 = (한)밑면의 변의 수 × 2

각기둥 변, 면, 모서리, 꼭짓점의 수의 관계				
종류	**한 밑면의 변의 수**	**면의 수**	**모서리의 수**	**꼭짓점의 수**
삼각기둥	3	5	9	6
사각기둥	4	6	12	8
오각기둥	5	7	15	10
		+ 2	× 3	× 2

각뿔의 개념 익히기

밑면이 다각형이고 옆면이 모두 삼각형인 입체도형을 각뿔이라고 한다. 각뿔에서 밑에 있는 면을 밑면, 옆으로 둘러싸인 면을 옆면이라고 한다. 각뿔에서 면과 면이 만나는 선을 모서리, 모서리와 모서리가 만나는 점을 꼭짓점, 옆면을 이루는 모든 삼각형의 공통인 꼭짓점을 각뿔의 꼭짓점, 각뿔의 꼭짓점에서 밑면에 수직인 선분의 길이를 높이라고 한다.

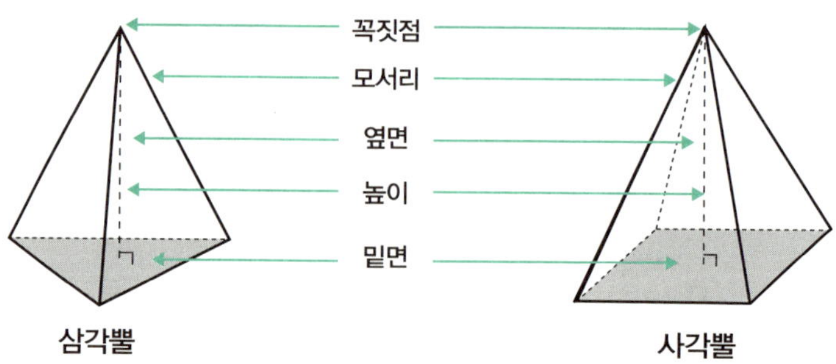

각뿔 파헤치기

① 면의 수 = 밑면의 변의 수 + 1

→ 옆면의 수 + 밑면의 수

② 모서리의 수 = 밑면의 변의 수 × 2

③ 꼭짓점의 수 = 밑면의 변의 수 + 1

→ 밑면 꼭짓점의 수 + 각뿔의 꼭짓점

각기둥 변, 면, 모서리, 꼭짓점의 수의 관계				
종류	한 밑면의 변의 수	면의 수	모서리의 수	꼭짓점의 수
삼각뿔	3	4	6	4
사각뿔	4	5	8	5
오각뿔	5	6	10	6

연습문제

[각기둥의 전개도] 1. 다음은 사각기둥과 그 전개도입니다. 전개도에서 선분 ㄱㄴ의 길이는 몇 ㎝입니까?

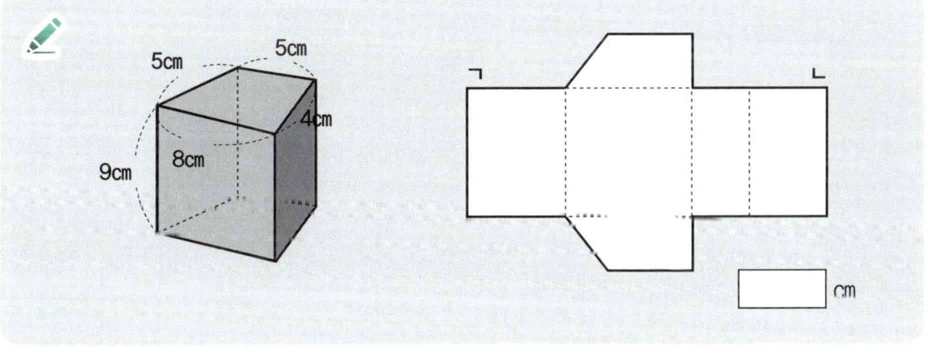

[각기둥의 전개도] 2. 다음은 삼각기둥과 그 전개도입니다. 전개도에서 길이가 4㎝인 선분을 모두 찾아 쓰시오.

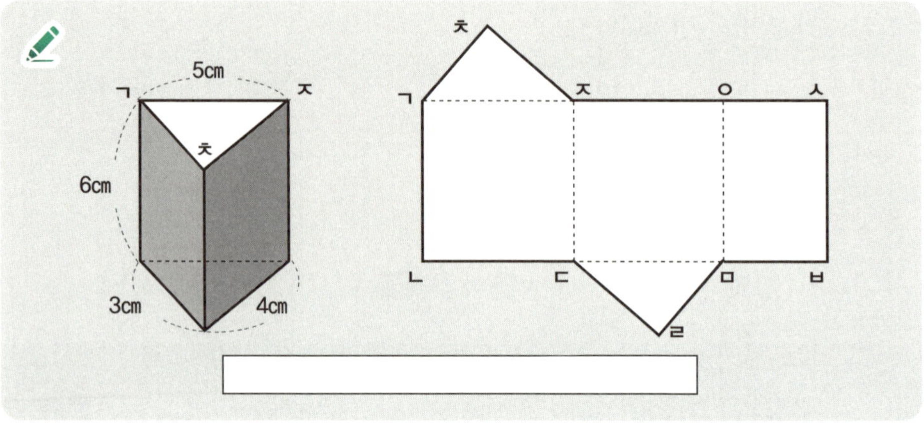

[각뿔의 전개도] 3. 다음 그림은 사각뿔의 전개도입니다. 점선을 따라 전개도를 접어 만든 사각뿔의 밑면의 둘레의 길이를 구하시오.

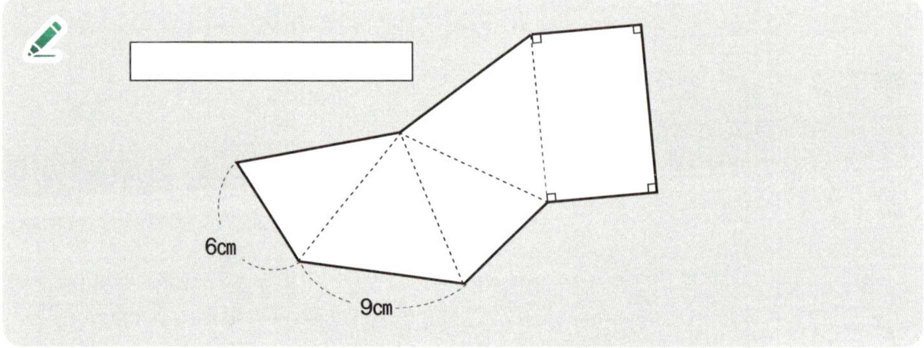

[공간 감각_쌓기 나무] 4. 왼쪽의 바탕 그림에 있는 수는 그 칸에 쌓아 올린 쌓기 나무의 개수입니다. 완성된 모양의 앞, 옆에서 본 모양을 각각 그려 보시오.

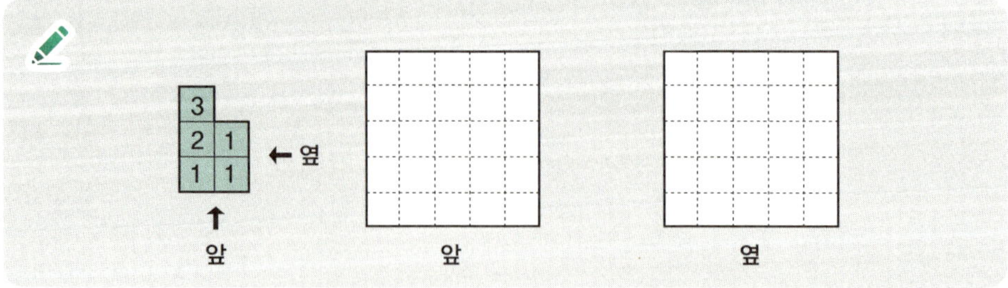

[공간감각_쌓기 나무] 5. 다음과 같은 규칙으로 쌓기 나무를 쌓을 때, 다섯째 번에 올 모양을 만들기 위해서 필요한 쌓기 나무는 몇 개입니까?

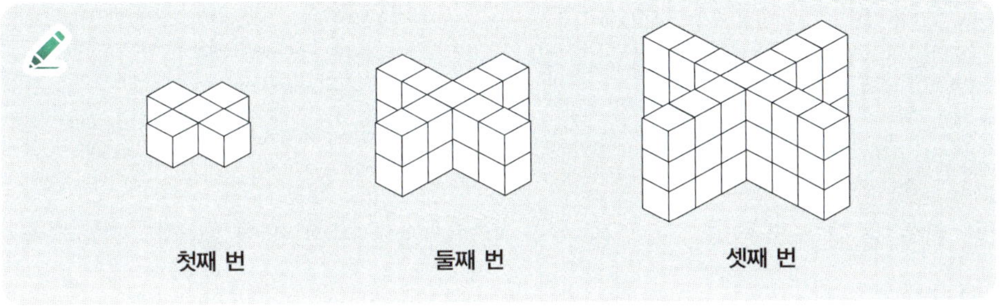

5 원주율이 나오기까지

주변에서 놓인 원 모양을 찾아, 원의 둘레를 재고, 지름을 재는 활동을 통해, 원의 둘레와 원주율의 관계를 발견하도록 도와주고 원주율이 나오기까지 무수히 많은 학자가 원의 둘레를 재고, 또 지름을 재는 행위를 반복했음을 알려 준다.

원의 둘레와 원의 지름 사이의 비율인 3.14를 통해 원의 넓이를 구할 수 있음을 알게 해 준다. 이런 모든 과정은 번거롭더라도, 원 모양의 종이를 오려내어 직사각형으로 최대한 변형시키는 활동을 통해, 원의 넓이를 구하는 과정을 추리할 수 있도록 도와준다. 아이가 도형에 대한 구체화 능력이 좋다면, 간단한 그림을 통해서도 그 원리를 설명할 수 있다. 원의 넓이를 구하게 되면, 원기둥의 부피를 구하는 방법도 알게 된다. 더 나아가서, 간단히 알 수 있는 반원 모양이나 원 모양의 넓이도 구할 수 있는지 알아본다.

원주와 원주율

★원의 둘레의 길이를 원주라고 한다.

★원의 지름에 대한 원주의 비율을 원주율이라고 한다.

(원주) ÷ (지름) = (원주율)

(원주) = (지름) × 3.14

= (반지름) × 2 × 3.14

★원의 넓이 구하는 방법

원을 한없이 잘게 자른 후, 조각을 서로 엇갈리게 붙이면 원의 넓이는 직사각형의 넓이와 같아진다.

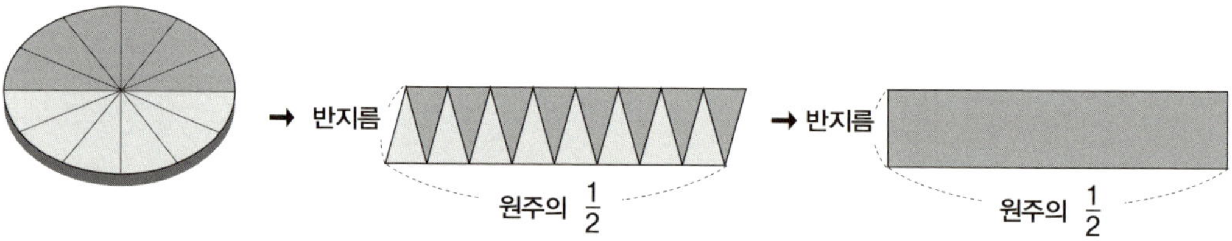

(원의 넓이) = (원주의 $\frac{1}{2}$) × (반지름)

= (지름) × (원주율) × $\frac{1}{2}$ × (반지름)

= (반지름) × (반지름) × (원주율)

= (반지름) × (반지름) × 3.14

연습문제

[원주율의 이해] 1. □ 안에 알맞은 말을 써 넣으시오.

(1) (원주율) = □ ÷ □

(2) (지름) × (원주율) = □

[원주와 원의 넓이] 2. 반지름의 길이와 원의 넓이의 관계를 나타낸 표다. 빈칸에 알맞은 수를 써 넣으시오.

반지름의 길이(㎝)	원의 넓이를 구하는 식	원의 넓이(㎠)
3	3 × 3 × 3.14	28.26
9		
5		

[원주와 원의 넓이] 3. 원주의 길이와 원의 넓이를 구하시오.

(1)

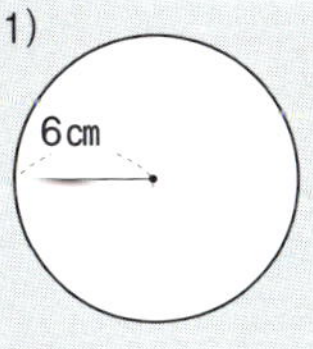

(,)

(2)

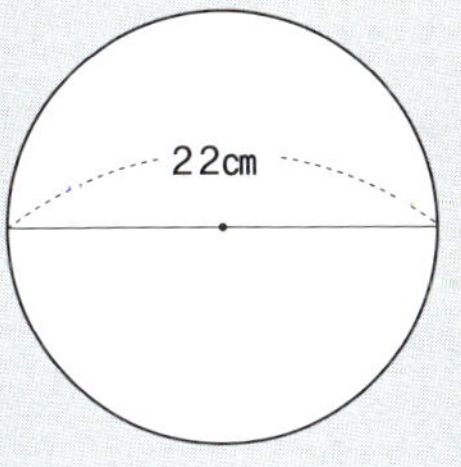

(,)

원기둥 알아보기

두 면이 서로 평행하고 합동인 원으로 되어 있는 기둥 모양의 입체도형을 원기둥이라고 한다.

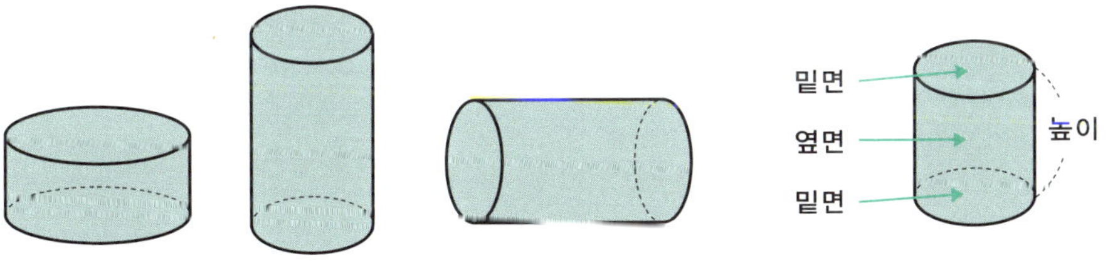

원기둥의 전개도

원기둥을 펼쳐 놓은 그림을 원기둥의 전개도라고 한다.

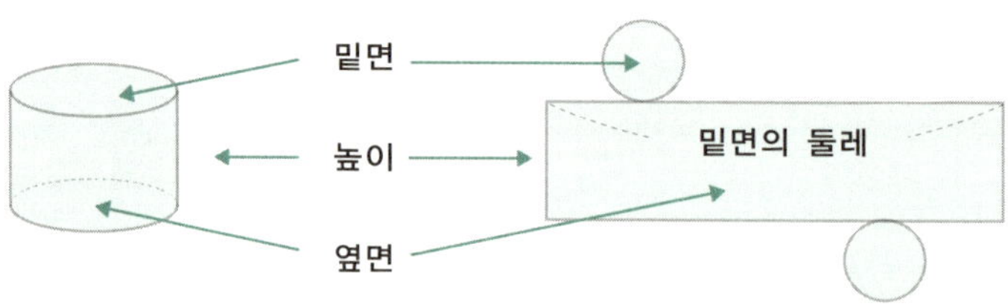

★원기둥 전개도의 특징

- 두 밑면의 모양은 원이고 지름이 같다.
- 옆면의 모양은 직사각형이다.
- 원기둥의 전개도에서 옆면의 가로는 한 밑면의 둘레와 같다.
- 원기둥의 전개도에서 옆면의 세로는 원기둥의 높이와 같다.

원뿔 알아보기

밑면이 원이고 옆면이 굽은 면인 뿔 모양의 입체도형을 원뿔이라고 한다.

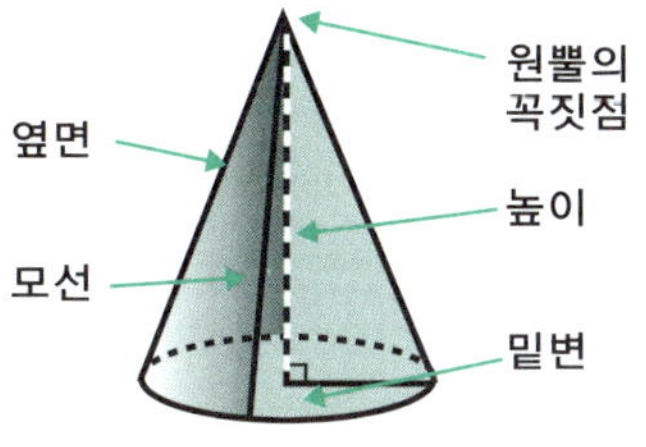

- 원뿔의 꼭짓점: 원뿔의 뾰족한 점
- 모선: 원뿔의 꼭짓점과 밑면인 원 둘레의 한 점을 이은 선분으로 수없이 많고 길이는 똑같다.
- 높이: 원뿔의 꼭짓점에서 밑면에 수직인 선분의 길이

회전체와 회전체의 단면 알아보기

- 평면도형을 한 직선을 축으로 하여 1회전해서 얻어지는 입체도형을 회전체라고 한다. 이때 축으로 사용한 직선을 회전축이라고 한다.
- 입체도형을 평면으로 자를 때 생기는 도형의 면을 단면이라고 한다.

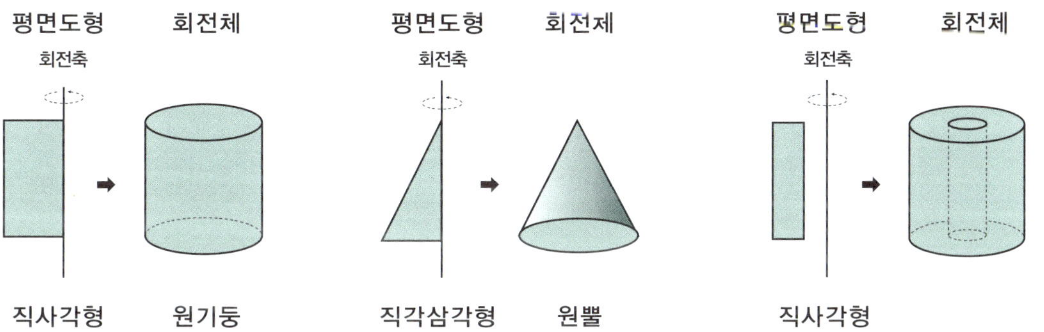

구 알아보기

반원의 지름을 회전축으로 하여 한 번 돌려 얻는 회전체를 말하며, 구를 만들 때, 반원의 중심은 구의 중심이 되고, 반원의 반지름은 구의 반지름이 된다.

평면도형 회전체

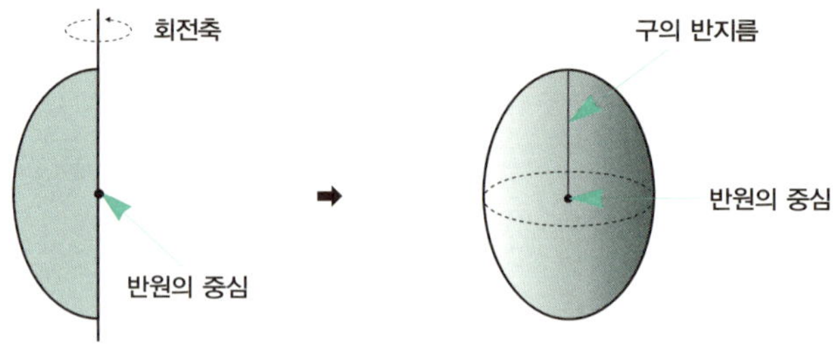

반원 구

회전체의 단면

입체도형을 평면으로 자를 때 생기는 도형의 면을 단면이라고 한다.

평면 회전체	회전축을 품은 평면	회전축에 수직인 평면	그 외의 방향 사선
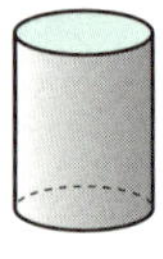 원기둥	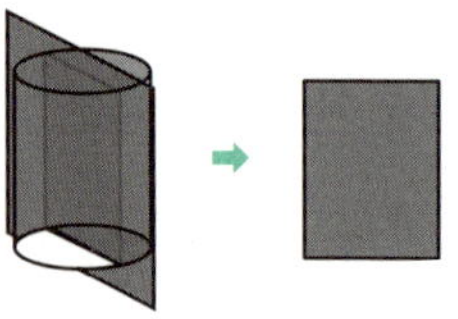 직사각형	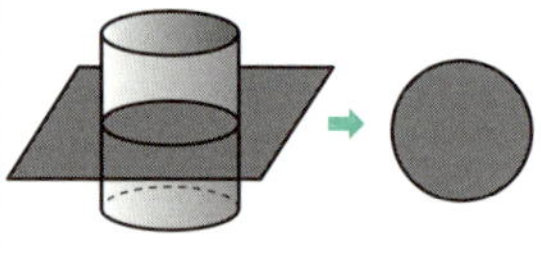 원	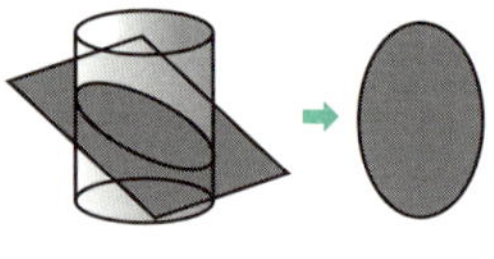 타원
 원뿔	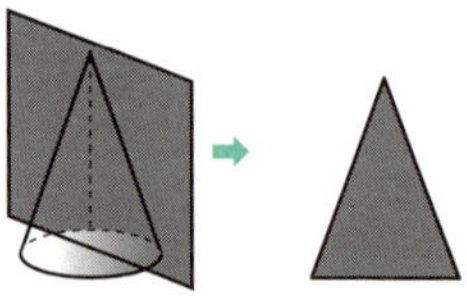 이등변삼각형	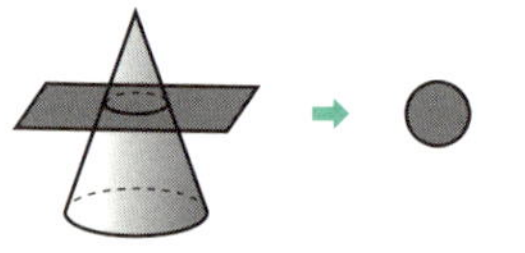 원	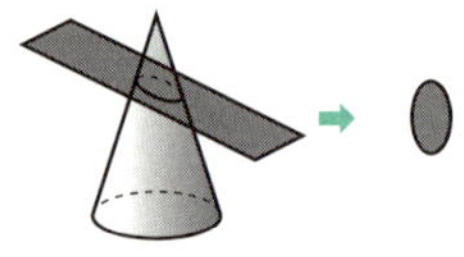 타원
 구	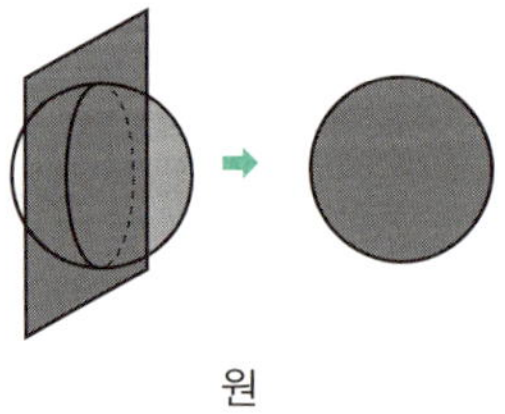 원	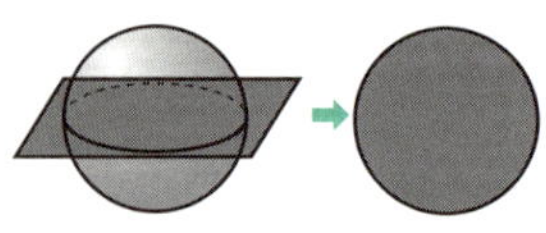 원	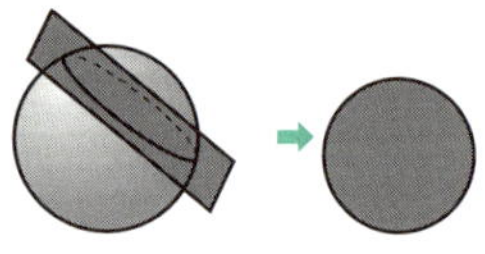 원

연습문제

[회전체의 이해] 1. 다음 중 회전체가 아닌 것은 어느 것인지 고르시오.

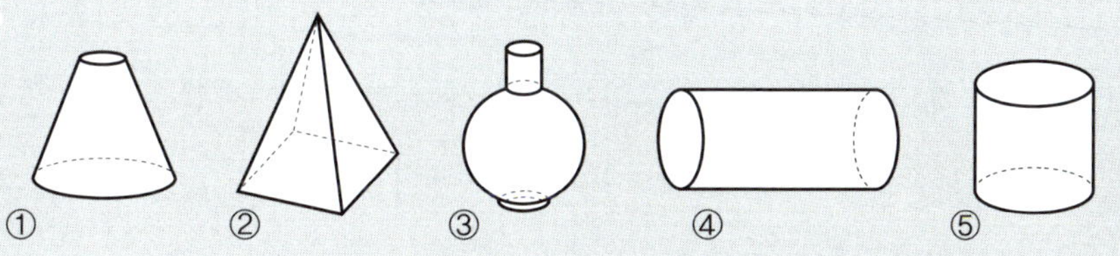

[회전체의 이해] 2. 왼쪽 그림에서 회전축을 나타내는 직선을 쓰시오.

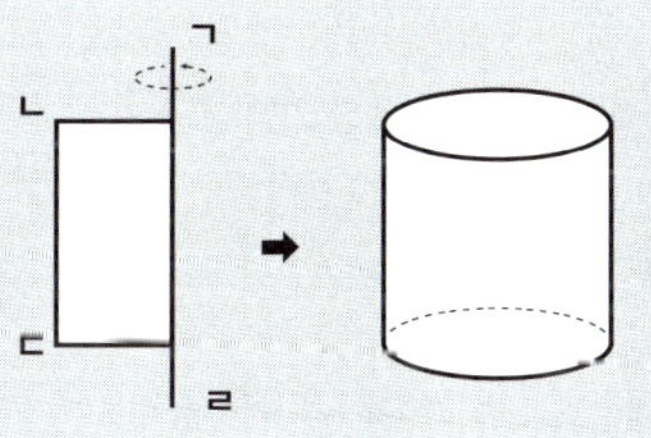

[회전체의 이해] 3. 아래쪽 평면도형을 1회전해서 얻는 회전체의 이름을 쓰시오.

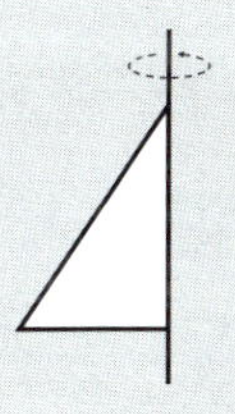

[회전체의 이해] 4. 다음 회전체는 어떤 평면도형을 1회전 시켜서 만든 것인지 그려 보시오.

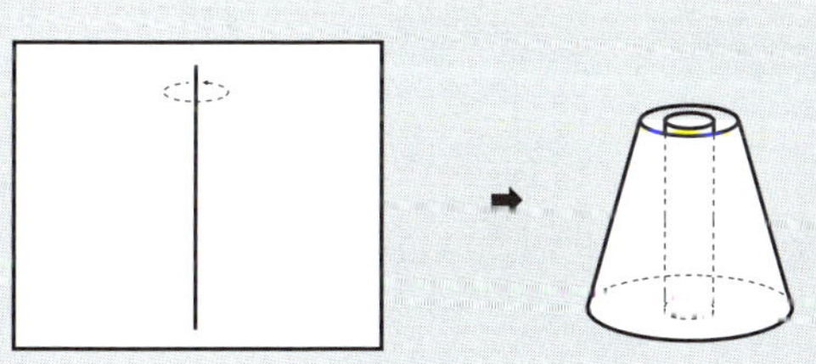

6 단순한 수의 계산이 아닌 종합적인 사고력으로

입체도형의 겉넓이와 부피를 구하는 과정을 본다. 전개도를 이용하여 겉넓이를 구하고, 부피의 개념을 생각하며, 구하는 방식을 유도해 본다. 단순히 수를 대입하여 계산하는 결과보다는 과정이 중요하다. 넓이에서 제곱의 의미를 알았다면, 부피의 단위를 통해 세제곱의 의미를 이해하게 한다. 거듭제곱과 각각의 단위의 통일성을 통해, 아이 스스로 식을 유도할 수 있게 지도해 보는 것도 좋은 방법이다.

직육면체와 정육면체의 겉넓이

직육면체의 겉넓이는 직육면체에서 여섯 면의 넓이의 합을 구하는 것으로, 평면 전개도를 펼친 그림을 머릿속에 쉽게 떠올릴 수 있도록 직접 직육면체를 만들어 펼쳐 보는 것이 도움이 된다.

(직육면체의 겉넓이) = (여섯 면의 넓이의 합)

= (서로 다른 세 면의 넓이의 합) × 2

= (한 밑면의 넓이 × 2) + (옆면의 넓이)

(정육면체의 겉넓이) = (여섯 면의 넓이의 합)

= (한 면의 넓이 × 6)

부피의 단위

한 모서리가 1㎝인 정육면체의 부피를 1㎤ 라 하고, 1세제곱센티미터라고 읽는다.

직육면체의 부피 = (밑면의 가로) × (밑면의 세로) × (높이)

= (한 밑면의 넓이) × (높이)

정육면체의 부피 = (가로) × (세로) × (높이)

부피의 큰 단위

한 모서리가 1m인 정육면체의 부피를 1㎥ 라고 하고 1세제곱미터라고 읽는다.

1㎥ = 1000000 ㎤

부피와 들이 단위 사이의 관계

안치수의 가로, 세로, 높이가 각각 10㎝인 그릇의 들이를 1ℓ 라고 하고, 1리터라고 읽는다.

1000㎤ =1ℓ

안치수의 가로, 세로, 높이가 각각 1㎝인 그릇의 들이는 1㎖라고 하고 1밀리리터라고 읽는다.

1㎤ =1㎖

1ℓ = 1000㎤ 이고, 1㎖= 1㎤ 이므로 1ℓ = 1000㎖이다.

원기둥의 겉넓이 구하기

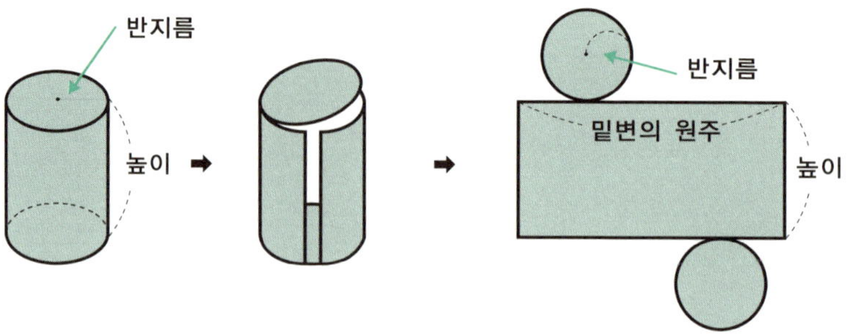

(원기둥의 겉넓이) = (한 밑면의 넓이) × 2 + (옆면의 넓이)

(옆면의 넓이) = 〔밑면의 둘레의 길이(원주)〕 × (기둥의 높이)

원기둥의 부피 구하는 방법

원기둥을 한없이 잘게 잘라 붙이면 원기둥은 직육면체가 되므로 원기둥의 부피는 직육면체의 부피와 같아진다.

$$(\text{원기둥의 부피}) = (\text{원주의 } \frac{1}{2}) \times (\text{반지름}) \times (\text{높이})$$
$$= (\text{지름}) \times 3.14 \times \frac{1}{2} \times (\text{반지름}) \times (\text{높이})$$
$$= (\text{반지름}) \times (\text{반지름}) \times 3.14 \times (\text{높이})$$
$$= (\text{한 밑면의 넓이}) \times (\text{높이})$$

연습문제

[직육면체의 겉넓이와 부피] 1. □ 안에 알맞은 수를 써 넣으시오.

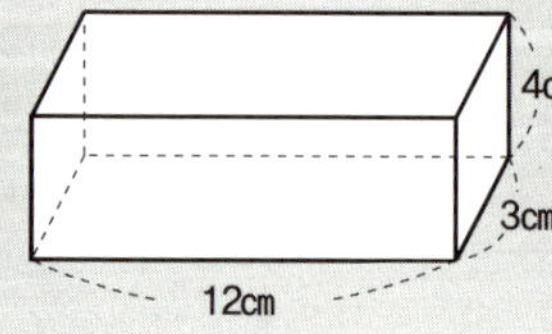

(1) 한 밑면의 넓이 : 12 × [ ] = [ ] ㎠

(2) 옆면의 넓이 : (12 + 3 + 12 + 3) × [ ] = [ ] ㎠

(3) 겉넓이 : [ ] × 2 + [ ] = [ ] ㎠

(4) 부피 : [ ]

[직육면체와 정육면체의 겉넓이] 2. 직육면체와 정육면체의 겉넓이를 구하시오.

(1)

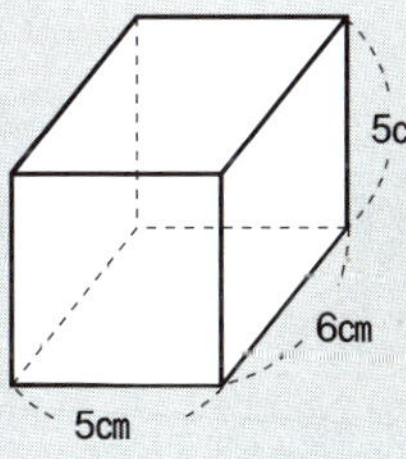

겉넓이 [ ]

(2)

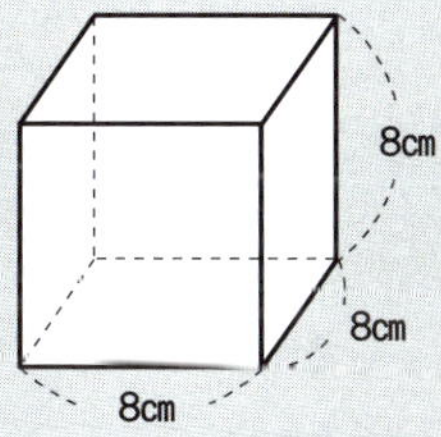

겉넓이 [ ]

[원기둥의 겉넓이] 3. 원기둥의 겉넓이를 구하시오.

(1)

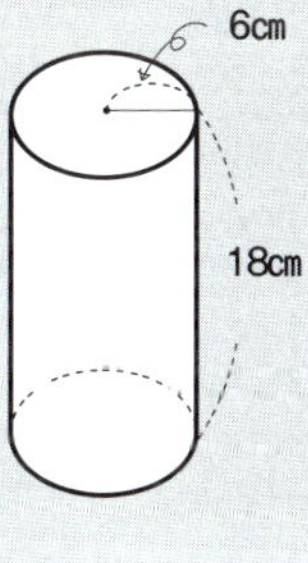

겉넓이 [ ]

(2)

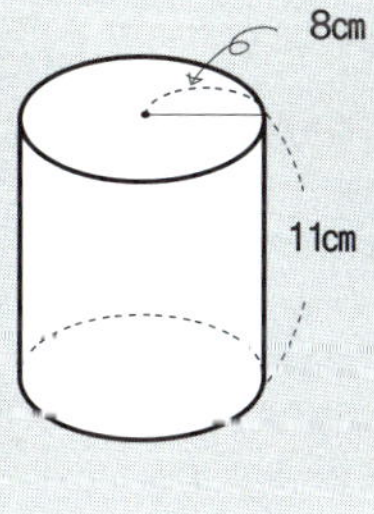

겉넓이 [ ]

[원기둥의 부피] 4. 원기둥의 부피를 구하시오.

(1)

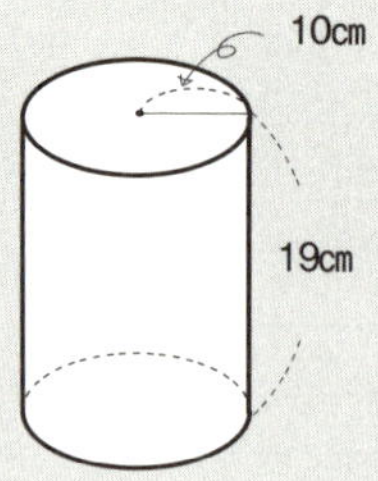

부피

(2)

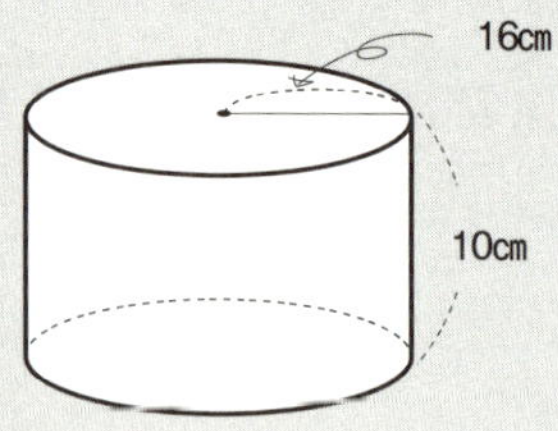

부피

6학년

문장제 문제를 어려워할 경우 **[원기둥의 부피]**

다음의 예를 보고, 제대로 지켜지고 있는지 체크해 본다.

안치수의 지름의 길이가 6㎝, 높이가 10㎝인 원기둥 모양의 그릇에 물을 가득 채우려면 물은 몇 ㎖가 필요합니까?

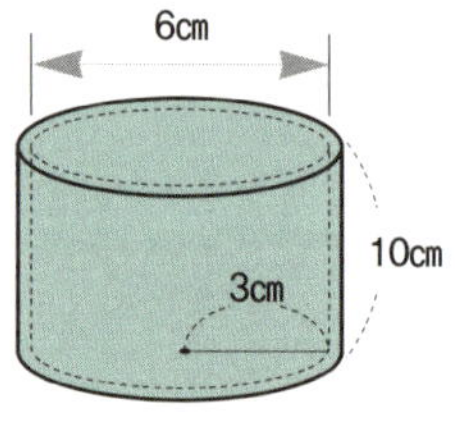

반지름 3cm

1. **풀이**: 지름이 6㎝ 이면 반지름이 3㎝

   들어가는 물의 양 = 들이(부피)를 구하는 식을 알아야 한다.

2. **부피 공식은**

   = (반지름) × (반지름) × 3.14 × (높이)

   = (한 밑면의 넓이) × (높이)

   따라서 3 × 3 × 3.14 × 10 = 282.6㎤

   들이의 단위는 ㎖이므로 282.6㎤ → 282.6㎖

7 지구의 둘레는

소금 가마니를 지고 걷던 당나귀가 꾀를 피우자, 당나귀에게 솜 가마니를 지게 해 당나귀의 버릇을 고쳤다는 일화는 유명하다. 이 일화의 주인공이 바로 지팡이 하나로 피라미드의 높이를 잰 탈레스다.

두 수량 사이의 비를 이용해서 이러한 일이 가능했었다. 6학년의 비와 비율 단원은 생각보다 우리 생활과 밀접하다. 생활에서 비율을 나타내는 방법으로 할 · 푼 · 리와 백분율을 알게 하고, 이를 활용하여 생활 문제를 해결하게 해 본다.

두 수량을 비교할 때 한 쪽의 양을 기준으로 다른 쪽의 양이 몇 배가 되는지를 나타내는 방법으로 비를 도입하고, 비교하는 양, 기준량, 비율을 이해하게 한다. 이 단원은 이선의 분수, 소수 부분의 생활 활용편이라 할 수 있다.

중학교로 올라가면 비례식이 방정식과 함수, 도형, 측정 등 거의 모든 영역에서 문제해결의 한 방법으로 활용된다. 이처럼 중요한 비례식은 처음 배우는 단계에서 그 개념부터 응용까지 확실하게 학습해야 한다. 소홀히 하면 이후 연계되는 중 · 고등학교 수학 학습에도 어려움을 겪게 된다.

- 비 → 어떤 두 양을 비교하기 위하여 기호 ':' 를 사용하여 나타낸 것
- 비율 → 기준량에 대한 비교하는 양의 크기 비의 값(기준량을 1로 볼 때의 비율)
- 비례식 → 비의 값이 같은 두 비를 등식으로 나타낸 식

2 : 3
전항 후항
항

외항
2 : 3 = 4 : 6
내항

비에서 앞에 있는 2를 전항이라고 하고 뒤에 있는 3을 후항이라고 한다. 그리고 비례식에서 바깥쪽에 있는 두 항 2와 6은 외항, 안쪽에 있는 두 항 3과 4는 내항이라고 한다.

★ 비 읽기 → 4 : 3 → '4 대 3', '3에 대한 4의 비', '4의 3에 대한 비' '4와 3의 비'라고 읽는다.

: 를 사용하여 두 수를 비교할 때 : 의 앞과 뒤에 있는 수를 바꾸어 쓰지 않도록 주의한다.

비의 성질

★비의 전항과 후항에 0이 아닌 같은 수를 곱하여도 비의 값은 같다.

2 : 3의 비의 값은 $\frac{2}{3}$ $\boxed{2:3=4:6}$ 4 : 6의 비의 값은 $\frac{4}{6}=\frac{2}{3}$

$$2:3=(2\times2):(3\times2)=4:6 \rightarrow \frac{4}{6}=\frac{2}{3}$$

$$=(2\times3):(3\times3)=6:9 \rightarrow \frac{6}{9}=\frac{2}{3}$$

★비의 전항과 후항을 0이 아닌 같은 수로 나누어도 비의 값은 같다.

16 : 24의 비의 값은 $\frac{16}{24}=\frac{2}{3}$ $\boxed{16:24=2:3}$ 2 : 3의 비의 값은 $\frac{2}{3}$

$$16:24=(16\div2):(24\div2)=8:12 \rightarrow \frac{8}{12}=\frac{2}{3}$$

$$=(16\div4):(24\div4)=4:6 \rightarrow \frac{4}{6}=\frac{2}{3}$$

비례식의 성질

비례식에서 외항의 곱과 내항의 곱은 같다.

외항의 곱 2 × 6 = 12

외항

2 : 3 = 4 : 6

내항

내항의 곱 3 × 4 = 12

연비

연비는 연속되는 비를 표현한 것으로, 셋 이상의 양의 비를 한꺼번에 나타낸 것을 말한다.

사과 : 배 : 오렌지 = 5 : 2 : 3

두 비의 관계를 연비로 나타내기

공통으로 들어있는 항을 기준으로 연비를 나타낸다.

① 가 : 나 = 2 : 7 이고 나 : 나 = 3 : 5 일 때

공통

가 : 나 : 다

2 : 7

3 : 5

2 × 3 : 7 × 3 : 5 × 7 → 6 : 21 : 35

② 가 : 나 = 2 : 3이고 가 : 다 = 4 : 5일 때

가 : 나 : 다

2 : 3

4 : 5

2 × 4 : 3 × 4 : 5 × 2 → 8 : 12 : 10

③ 가 : 다 = 2 : 5이고 나 : 다 = 4 : 3일 때

가 : 나 : 다

2 : 5

4 : 3

2 × 3 : 4 × 5 : 5 × 3 → 6 : 20 : 15

비례식은 비의 값이 같은 두 비를 등식으로 나타내기 때문에 외항의 곱과 내항의 곱이 같아지는 성질이 생긴다. 이것은 매우 중요하며 비례식의 개념을 사용하는 대부분의 문제는 이 성질을 이용하여 해결할 수 있다. 따라서 '외항의 곱과 내항의 곱이 같다.'는 비례식의 성질을 꼭 기억해야 하며 식을 세운 후 답을 구하는 계산 과정도 능숙하게 할 수 있어야 한다.

또한 비례식 문제는 실생활과 연관된 응용문제가 많기 때문에 문제 속에서 구하고자 하는 것이 무엇인지 찾고, 주어진 조건을 이용하여 비례식으로 나타낼 수 있어야 한다. 다음에 제시된 문제를 해결하여 보자.

"자전거를 타고 1시간에 10㎞를 갔다면, 같은 속도로 3시간이면 얼마를 갈 수 있는가?"

먼저, 구하려고 하는 것이 무엇인지 파악한 다음 구하려고 하는 것을 '□'로 놓고 비례식을 세워야 한다. 구하고자 하는 것은 3시간 동안 간 거리이고 이것을 □km라고 놓으면, 1시간에 10km는 1 : 10, 3시간에 □km는 3 : □ 라는 두 개의 비를 찾을 수 있다. 그리고 이 두 비를 같게 놓으면 1 : 10 = 3 : □ 라는 비례식을 세울 수 있다. 여기서 외항의 곱과 내항의 곱이 같은 비례식의 성질을 적용하면, 1×□ = 10×3, □ = 30이다. 따라서 3시간 동안 간 거리는 30km라는 것을 구할 수 있다.

비례식은 중요한 수학적 개념이다. 중요한 만큼 그 기초부터 차근차근 정확하게 학습하도록 하고, 생활에서 활용이 많기 때문에 우리 일상의 한 부분이라고 생각하여 좀 더 관심을 갖고 공부하도록 한다.

전체를 주어진 비로 배분하는 것을 비례 배분이라고 하며 비율로 표시된 자료를 띠그래프나 원그래프로 나타내고, 이를 읽을 수 있게 한다.

50을 3 : 2 로 비례 배분하면

$50 \times \frac{3}{(3+2)} = 30$, $50 \times \frac{2}{(3+2)} = 20$으로 나타낼 수 있도록 한다.

신문이나 잡지 등 생활 주변에서 실생활의 통계 자료를 수집하여 여러 가지 사실을 찾아내고 자료의 특성을 설명할 수 있게 한다.

연습문제

[비와 비율의 이해] 1. □ 인에 알맞은 수를 써 넣으시오.

4에 내한 9의 비 → □ : □

[비와 비율의 이해] 2. 비를 보고, 기준량과 비교하는 양을 각각 쓰시오.

6과 11의 비 기준량 ☐ 비교하는 양 ☐

[비와 비율_여러 가지 방법으로 나타내기] 3. 비의 값을 분수와 소수로 나타내시오.

7의 2에 대한 비 분수 ☐ 소수 ☐

[비와 비율_여러 가지 방법으로 나타내기] 4. 다음을 백분율로 나타내시오.

(1) 0.37 ☐ (2) 8 : 25 ☐

[비와 비율_여러 가지 방법으로 나타내기] 5. 다음 백분율을 소수와 분수로 나타내시오.

(1) 43.1% 소수로 ☐ (2) 128% 기약분수로 ☐

[비와 비율_여러 가지 방법으로 나타내기] 6. 다음 비율을 할 · 푼 · 리로, 할 · 푼 · 리는 소수로 나타내시오.

(1) $\frac{9}{40}$ ☐ (2) 11할 9리 ☐

[비례식의 이해] 7. 비례식에서 내항과 외항을 써 보시오.

3 : 17 = 6 : 34 내항 ☐ , 외항 ☐

[비례식의 이해] 8. □ 안에 알맞은 수를 넣어 비의 값이 같은 비를 만드시오.

(1) 0.4 : 0.5 = (0.4 × □) : (0.5 × 10)

= □ : 5

(2) 0.56 : 0.38 = (0.56 × □) : (0.38 × 100)

= 56 : □

(3) 0.89 : 0.92 = (0.89 × 100) : (0.92 × □)

= 89 : □

[비례식의 이해] 9. □ 안에 알맞은 수를 넣어 비의 값이 같은 비를 만드시오.

(1) 24 : 38 = (24÷2) : (38÷□)

= 12 : □

(2) 63 : 42 = (63÷ □: (42÷21)

= 3 : □

(3) 81 : 99 = (81÷9) : (99÷□)

= 9 : □

[비율그래프] 10. 학생들의 혈액형을 조사하여 나타낸 띠그래프에서 차지하는 비율이 가장 많은 혈액형은 무엇인가?

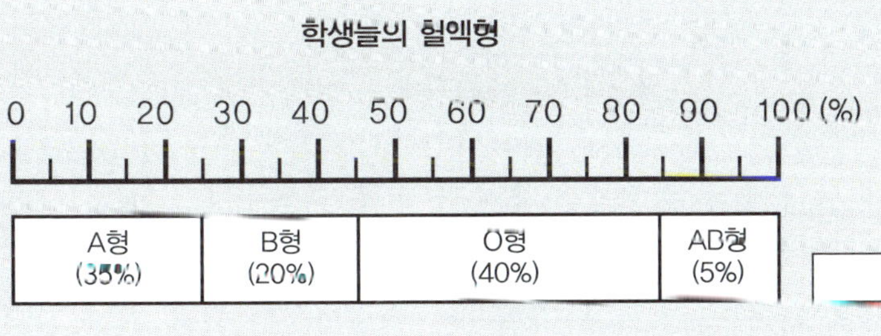

□ 형

[비율그래프] 11. 은수네 학급 80명이 좋아하는 야채를 조사하여 나타낸 띠그래프다. 시금치를 좋아하는 학생은 전체 학생의 몇 %, 몇 명인가?

학생들이 좋아하는 야채

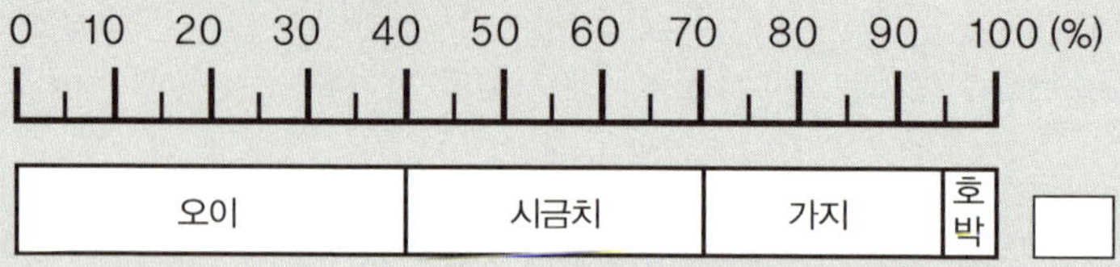

☐ %, ☐ 명

[비율그래프] 12. 학생들의 공책 색깔을 조사하여 나타낸 띠그래프를 보고, 차지하는 비율이 같은 공책 색깔은 무엇인가?

학생들의 공책 색깔

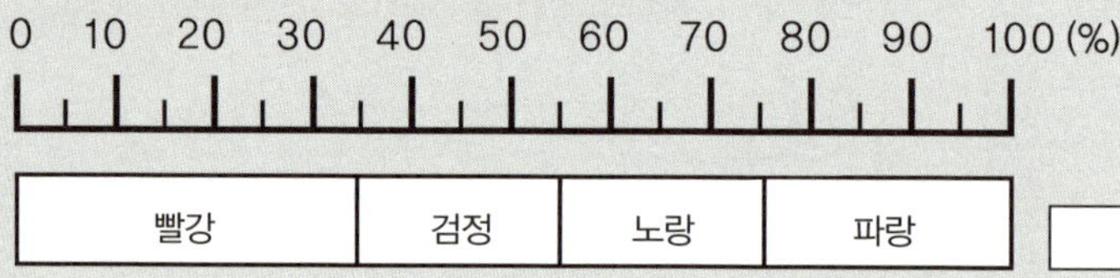

☐ , ☐

[비율그래프] 13. 영이네 반 학생들이 가장 좋아하는 과목을 조사하여 나타낸 표다. 표의 빈칸에 알맞게 채우고, 띠그래프로 나타내시오.

좋아하는 과목별 학생 수

구분	수학	국어	음악	체육	합계
학생 수(명)	360	135	315	90	900
백분율(%)			**35**		100

↓

좋아하는 과목별 학생 수

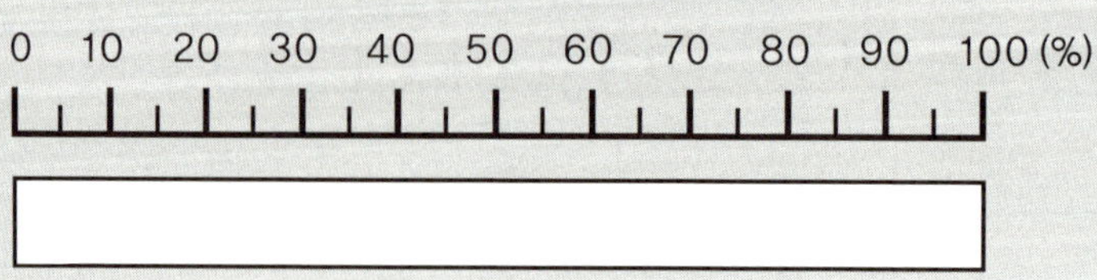

8 자장면을 먹을까? 짬뽕을 먹을까? – 경우의 수와 확률

경우의 수란, 어떤 사건이 일어났을 때 그와 관련되어 생길 수 있는 모든 경우를 말한다. 경우의 수에는 일정한 패턴이 있어야 하는데 첫 번째 사건은 반드시 일어나야 한다는 것이다. 두 번째는 이러한 사건들이 한 가지 이상일 경우 기록되어야 한다는 것이다. 세 번째는 2개 이상의 사건이 겹치는 경우가 있다면 전체에서 이 경우의 수를 빼야 한다.

경우의 수를 배우는 이유는 사건을 이해하고 그 사건이 일어나는 다양한 가능성을 가늠하여 합리적인 판단과 결정을 위한 중요한 도구가 되며, 확률의 기본이 되기 때문이다.

일상생활에서 직접 구할 수 있는 경우의 수는 음식점에서 음식을 주문하는 것이다. 중국집에 가면 음식 종류가 많다. 형과 동생이 자장면, 우동, 짬뽕, 볶음밥, 두부덮밥 중에서 하나를 고른다고 하자. 형은 면 중에서 한 가지, 동생은 밥 중에서 한 가지를 고른다면 경우의 수는 몇 가지가 나올까? 정답은 6가지다. 면은 3가지이고 밥은 2가지이므로 각각 짝을 지어보면 6가지가 된다. 초등학교 6학년 2학기에 나오는 경우의 수는 확률과 통계 영역 중에서 확률에 속하며 2학년 2학기에 배우는 표와 그래프, 3학년 2학기의 자료정리하기, 4학년 2학기의 꺾은선 그래프, 5학년 2학기의 자료의 표현과 연계성이 있고 중학교 1학년의 통계에서 배우게 되는 상대도수와 중학교 2학년의 확률은 초등학교 6학년의 경우의 수와 그 내용이 관련되어 있다. 또한 고등학교의 경우의 수는 다양한 공식을 활용하여 확률과 통계를 심화과정으로 공부하게 된다.

연습문제

[경우의 수의 이해] 1. 봉지 속에 사과맛 사탕이 6개, 오렌지맛 사탕이 5개, 포도맛 사탕이 4개 들어 있다. 봉지에서 사탕을 한 개 꺼낼 때, 사과맛 사탕이 나오거나 포도맛 사탕이 나오는 경우의 수는 얼마인가?

[경우의 수의 이해] 2. ㉮ 도시에서 ㉯ 도시로 가는 길은 기차로 가는 길이 3가지이고, 자동차로 가는 길이 2가지다. ㉮ 도시에서 ㉯ 도시로 가는 길은 모두 몇 가지인가?

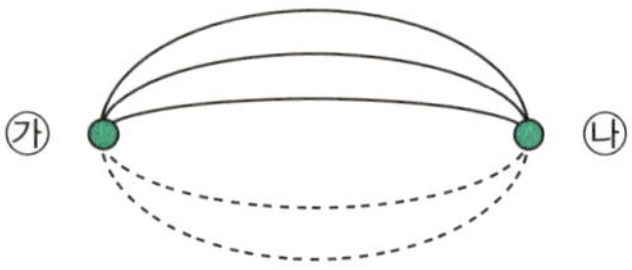

[경우의 수의 이해] 3. 집에서 우체국을 거쳐 학교까지 가는 방법은 모두 몇 가지인가?

[경우의 수의 이해] 4. 동전 한 개와 주사위 한 개를 동시에 던졌을 때, 동전은 숫자 면이 나오고, 주사위는 6의 약수의 눈이 나오는 경우의 수는 얼마인가?

[경우의 수의 이해] 5. 2, 4, 6 숫자 카드를 늘어놓아 세 자리 수를 만들 때, 만들 수 있는 세 자리의 수는 모두 몇 가지인가?

[경우의 수의 이해] 6. 수진, 민수, 영지, 혜민 4명의 후보자가 있다. 반장 1명, 부반장 1명을 뽑는 경우는 몇 가지인가?

[경우의 수의 이해] 7. 6명의 어린이가 각각 서로 한 번씩 악수를 하려고 한다. 악수는 모두 몇 번 해야 하는가?

[경우의 수의 이해] 8. 10원짜리, 50원짜리, 100원짜리, 500원짜리 동전을 각각 한 개 이상 사용하여 900원을 만들 수 있는 경우의 수는 얼마인가?

[경우의 수의 이해] 9. 다음 그림과 같이 길이 나 있다. ㉮ 지점에서 ㉯ 지점까지 가장 가까운 길로 가는 방법은 몇 가지입니까?

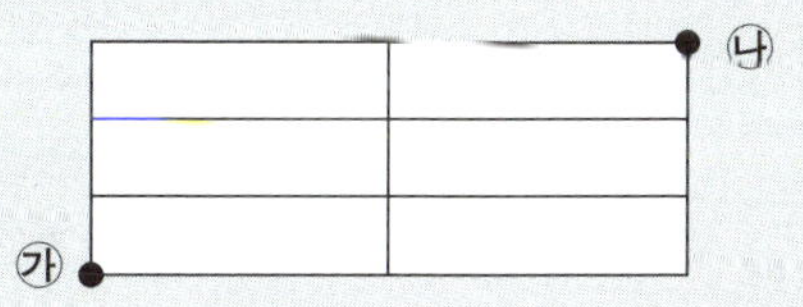

[경우의 수의 이해] 10. 8명의 학생이 다음과 같이 태권도 시합을 하려고 합니다. 우승자를 뽑으려면, 경기를 모두 몇 번 해야 합니까?

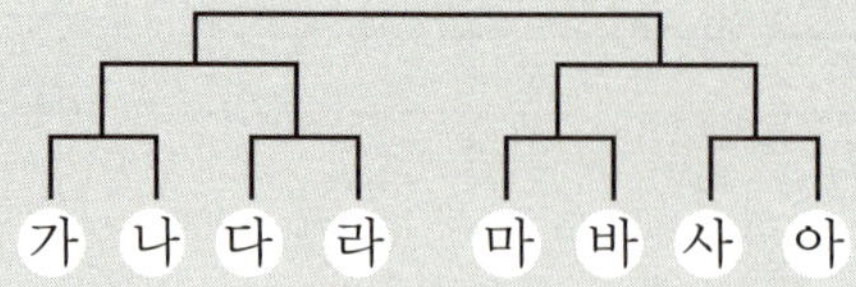

[경우의 수의 이해] 11. (가) 상자에 있는 숫자 카드의 수를 십의 자리의 숫자로, (나) 상자에 있는 숫자 카드의 수를 일의 자리의 숫자로 하는 두 자리 수의 경우의 수는 얼마입니까?

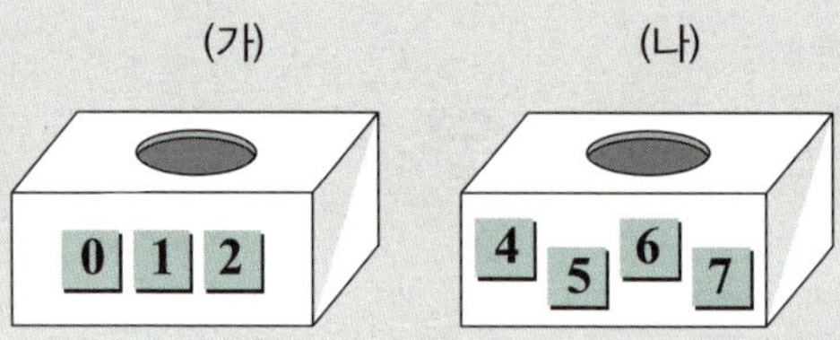

[확률의 이해] 12. 2개의 주사위를 동시에 던질 때, 나온 눈의 합이 8이 될 확률을 구하시오.

[확률의 이해] 13. **0**, **1**, **2**, **3** 4장의 숫자카드 중에서 2장을 뽑아 두 자릿수를 만들 때, 만든 수가 20 이상일 확률을 구하시오.

[확률의 이해] 14. 윷을 한 번 던질 때, 다음 그림과 같이 도가 나올 확률을 구하시오.

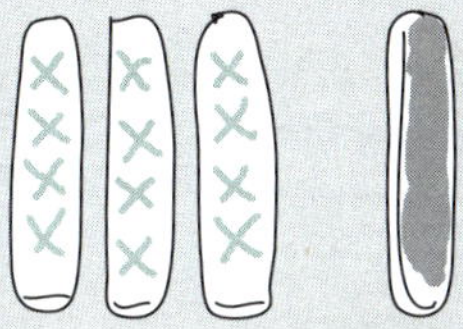

[확률의 이해] 15. 다음 그림과 같은 원판이 있습니다. 활을 두 번 쏘아 첫 번째 맞힌 수를 십의 자리의 숫자로, 두 번째 맞힌 수를 일의 자리의 숫자로 하여 두 자릿수를 만들려고 합니다. 나온 수가 44 이상일 확률을 구하시오.

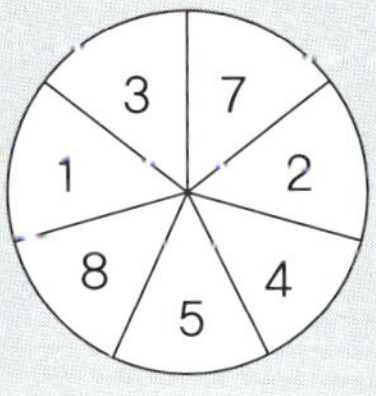

9 정비례와 반비례

★ 대응하여 변하는 두 양 x, y에서 x가 2배, 3배, 4배……로 변함에 따라 y도 2배, 3배, 4배……로 변하는 관계가 있으면 y는 x에 정비례한다고 한다.

y가 x에 정비례 할 때 $y = 2 \times x$, $y = 3 \times x$ ……와 같이 나타낼 수 있다.

★ 두 양 x, y에서 x가 2배, 3배, 4배……로 변함에 따라 y도 $\frac{1}{2}$배, $\frac{1}{3}$배, $\frac{1}{4}$배……로 변하는 관계가 있으면 y는 x에 반비례한다고 한다.

y가 x에 반비례 할 때 $x \times y = 2$, $x \times y = 3$……와 같이 나타낼 수 있다.

연습문제

[정비례 이해] 1. 현우 나이와 현우 아버지의 나이를 대응시켜 나타낸 표입니다. 대응되는 두 수 사이의 규칙을 찾아 표를 완성하고, □ 안에 알맞은 수를 써 넣으시오.

현우 나이 x세	13	14	15	16	17	y = x + □
아버지 나이 y세	45	46	47	48	49	

[정비례 이해] 2. 한 권에 300원 하는 공책을 사려고 합니다. 공책 수를 x권, 지불 금액을 y원이라고 할 때, x와 y의 대응 관계를 식으로 나타내시오.

[정비례 이해] 3. 한 시간에 60㎞를 달리는 자동차가 있다. 달린 시간을 x시간, 달린 거리를 y㎞라고 할 때, 물음에 답하시오.

(1) 표를 완성하시오.

x(시간)	1	2	3	4	5	…	y = □ × x
y(㎞)	60		180				
	60×1	60×2					

(2) y는 x에 정비례합니까?

(3) x와 y의 대응 관계를 식으로 나타내시오.

[반비례 이해] 4. 구슬 18개가 있습니다. 사람 수를 X명, 한 사람에게 돌아가는 구슬의 수를 y개라고 할 때, 물음에 답하시오.

(1) 표를 완성하시오.

X(시간)	1	2	3	6	9	…	
y(개)	18		6				X × y = □
	1×18	2×9					

(2) y는 X에 반비례합니까? (   )

(3) X와 y의 대응 관계를 식으로 나타내시오.

(   )

[반비례 이해] 5. 다음 중 반비례 관계인 것을 찾아 기호를 쓰시오. (   )

㉠ 한자 카드 20장을 두 사람이 나누어 가지는 수량

㉡ 넓이가 36㎠인 평행사변형의 밑변의 길이와 높이

㉢ 원의 반지름과 넓이

[반비례 이해] 6. 서로 맞물려 도는 톱니바퀴 ㉮와 ㉯가 있습니다. 톱니 수가 20개인 ㉮가 한 바퀴 돌아가는 동안 ㉯는 톱니 수에 따라 돌아가는 횟수가 어떻게 변하는지 물음에 답하시오.

(1) ㉯의 톱니가 4개라면 ㉯ 톱니바퀴는 몇 번 돌아가게 됩니까? (   )

(2) ㉯의 톱니가 10개라면 ㉯ 톱니바퀴는 몇 번 돌아가게 됩니까? (   )

(3) ㉯의 톱니 수를 x개로 하고, 돌아가는 횟수를 y번이라고 할 때, x와 y 사이의 대응 관계를 식으로 나타내시오. (   )

(4) 톱니 수가 20개인 ㉮가 한 바퀴 돌아가는 동안 톱니 수가 5개인 ㉯는 y번 돌아간다는 것을 식으로 나타내시오. (   )

(5) ㉯의 톱니 수가 5개라면 몇 번 돌아가겠습니까? (   )

10 단순 지식을 넘어 종합적인 사고력을 키운다

수학의 모든 영역의 내용을 공부할 때 문제를 다각적인 측면에서 종합적인 방법으로 해결할 수 있도록 도와준다. 문제 해결의 여러 가지 방법을 비교할 수 있도록 유도하고, 적절한 방법을 선택하여 해결할 수 있도록 하며, 자신의 해결 과정 및 다른 사람의 해결 과정의 타당성을 검토할 수 있도록 한다.

연습문제

[문제 해결 방법_그림으로 해결하기] 1. 넓이가 27m²인 벽에 페인트를 칠하려고 합니다. 어제는 전체의 $\frac{4}{9}$를, 오늘은 그 나머지의 $\frac{3}{5}$을 칠하였습니다. 아무것도 칠하지 않은 벽의 넓이는 얼마인지 그림을 그려서 알아보시오.

(1) 페인트를 칠한 부분을 그림에 나타내시오.

(2) 아무것도 칠하지 않은 벽의 넓이는 전체의 몇 분의 몇입니까? [ ]

(3) 아무것도 칠하지 않은 벽의 넓이는 몇 m²입니까? [ ]

[문제 해결 방법_식 세워 해결하기] 2. 다음을 식을 만들어 알아보시오.

넓이가 27m²인 벽에 페인트를 칠하려고 한다.
어제는 전체의 $\frac{4}{9}$를, 오늘은 그 나머지의 $\frac{3}{5}$을 칠하였습니다.

(1) 어제 칠한 벽의 넓이는 전체의 $\frac{\square}{9}$ 입니다.

(2) 오늘 칠한 벽의 넓이는 전체의 $(1-\frac{\square}{9})\times\frac{3}{5}=\frac{\square}{3}$ 입니다.

(3) 아무것도 칠하지 않은 벽의 넓이는 전체의 $1-\frac{\square}{9}=\frac{\square}{9}$ 입니다.

(4) 아무것도 칠하지 않은 벽의 넓이는 $27\times\frac{\square}{9}=\square(m^2)$입니다.

TIP 동일한 문제를 여러 가지 방법으로 해결할 수 있도록 지도한다.

[문제 해결 방법_적절한 방법 선택] 3. 한초는 10,900원을 가지고 아이스크림과 빵을 합하여 10개를 사려고 합니다. 아이스크림은 한 개에 1,300원, 빵은 한 개에 600원인데, 한초는 되도록 아이스크림을 많이 사고 싶습니다.

(1) 각각 몇 개씩 사면 되는지 예상과 확인의 방법으로 알아보시오.

① 아이스크림을 8개 산다고 예상하면 총 금액은 얼마입니까?

② 예상한 아이스크림의 개수를 늘려야 합니까? 줄여야 합니까?

③ 아이스크림을 6개 산다고 예상하면 총 금액은 얼마입니까?

④ 예상한 아이스크림의 개수를 늘려야 합니까? 줄여야 합니까?

⑤ 아이스크림과 빵은 각각 몇 개씩 사야 합니까?

(2) 각각 몇 개씩 사면 되는지 표를 만들어 알아보시오.

① 표를 완성하시오.

아이스크림(개)	10	9	8	7	6
빵(개)					
합계(원)					

② 아이스크림과 빵은 각각 몇 개씩 사야 합니까?

[문제 해결 방법_적절한 방법 선택] 4. 상연이는 연필을 가지고 있습니다. 한솔이에게 8자루를 주고 형에게 6자루를 얻었습니다. 그런 다음, 가지고 있는 연필의 $\frac{1}{5}$ 을 동생에게 주었더니 20자루가 남았습니다.

(1) 상연이가 처음에 가지고 있던 연필은 몇 자루인지 거꾸로 생각하여 알아보시오.

① 동생에게 연필을 주기 전에는 몇 자루를 가지고 있었습니까?

② 형에게 연필을 받기 전에는 몇 자루를 가지고 있었습니까?

③ 한솔이에게 연필을 주기 전에는 몇 자루를 가지고 있었습니까?

④ 상연이가 처음에 가지고 있던 연필은 몇 자루입니까?

(2) 상연이가 처음에 가지고 있던 연필이 몇 자루인지 □를 사용한 식을 만들어 알아보시오.

① 구하려고 하는 것은 무엇입니까?

② 구하려고 하는 것을 □라 하여 식을 만드시오.

③ 식을 풀어서 □의 값을 구하시오.

④ 상연이가 처음에 가지고 있던 연필은 몇 자루입니까?

[규칙과 대응] 5. 두 수의 합은 40이고, 두 수의 곱은 384입니다. 두 수 중에서 큰 수는 얼마인지 다음 표를 완성하고 답을 구하시오.

큰 수	21	22	23	24	25	26
작은 수	19					
곱	399					

[규칙과 대응] 6. 예진이와 친구 6명이 공기놀이를 하려고 합니다. 서로 한 번씩 놀이를 할 때, 모두 몇 번을 하게 됩니까?

친구 수(명)	2	3	4	5	6	7
놀이(번)						

[규칙과 대응] 7. 그림과 같이 앉을 수 있는 탁자를 가로로 붙여서 앉으려고 합니다. 탁자 7개를 붙이면, 모두 몇 명이 앉을 수 있습니까?

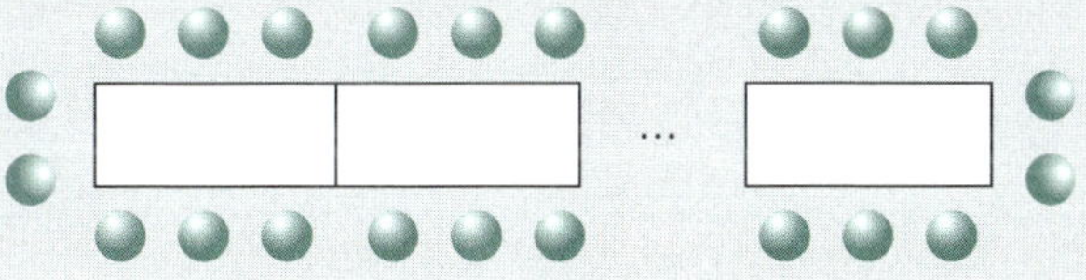

[규칙과 대응] 8. 1부터 100까지의 수를 쓸 때, 7은 몇 번 씁니까?

[규칙과 대응] 9. 다음과 같은 규칙으로 점이 배열되어 있을 때, 6번째까지 배열되어 있는 점은 모두 몇 개입니까?

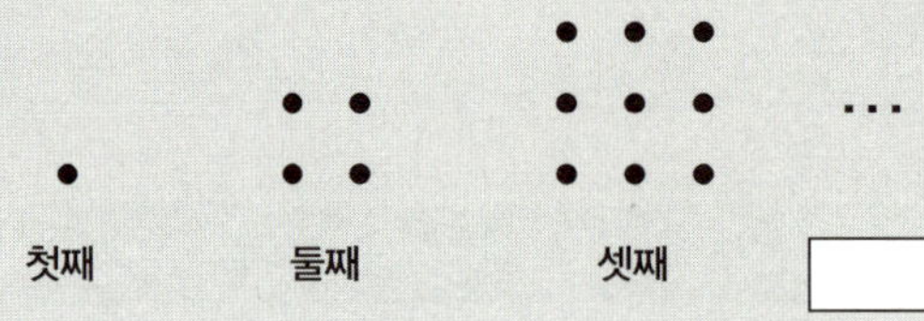

[규칙과 대응] 10. 원 모양의 종이를 그림과 같은 방법으로 접어서 접은 선을 따라 잘랐다. 이와 같은 방법으로 5번 접어서 잘랐을 때 생기는 조각의 수를 구하시오.

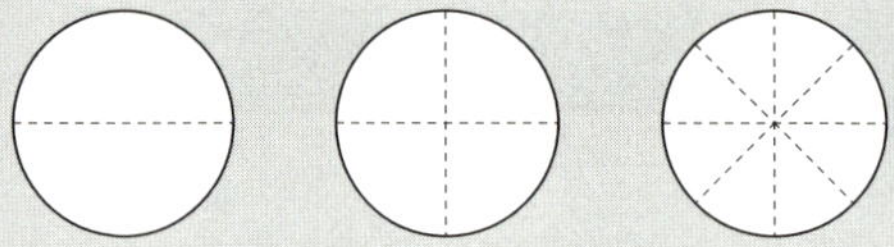

[규칙과 대응] 11. 다음 그림과 같이 삼각형 모양의 그림 카드를 붙이려고 합니다. 길이가 같은 테이프를 이용하여 카드를 서로 붙인다면 35장의 카드를 붙이는 데는 몇 도막의 테이프가 사용되겠습니까?

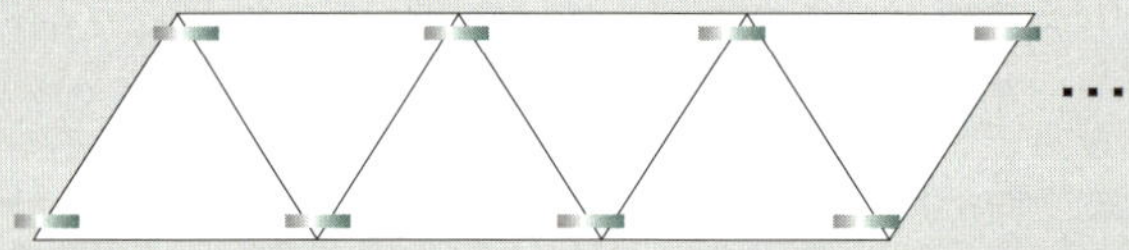

[문제 해결 방법_적절한 방법 선택] 12. 과녁 맞히기 놀이를 하였습니다. 화살 2개를 던졌을 때, 나올 수 있는 점수의 합은 모두 몇 가지 입니까(단, 화살은 과녁의 점수 부분에만 맞습니다)?

[문제 해결 방법_적절한 방법 선택] 13. 정민이네 반 학생 6명이 테니스를 치려고 합니다. 서로 한 번씩 경기를 하려면 모두 몇 번을 해야 하는지 나뭇가지 그림을 그려서 알아보시오.

학생 6명을 ①, ②, ③, ④, ⑤, ⑥이라고 하면

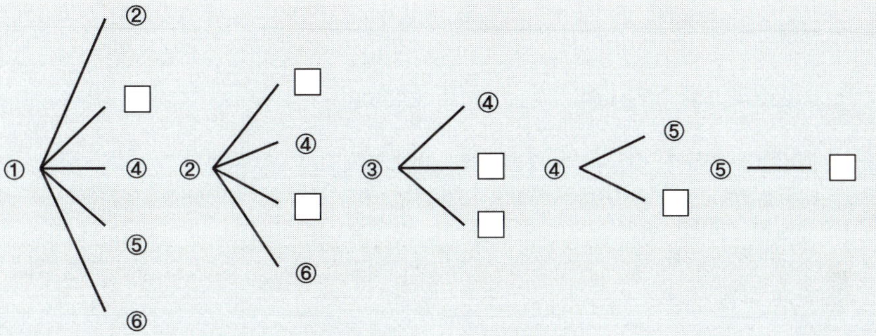

초등 고학년(4~6학년)을 위한 수학동화

1. **수학 귀신** 비룡소
2. **원리로 양념하고 재미로 요리하는 수학파티 1, 2** 휘슬러
3. **옛날 옛날에 셈돌이가** 민들레
4. **이야기 수학** 다림
5. **꼬물꼬물 수학 이야기** 뜨인돌어린이
6. **천재 아빠가 수학을 싫어하는 딸에게 들려주는 수학 편지** 일출봉
7. **판타지 수학대전 5~17 학습만화** 랜덤하우스
8. **탈출! 수학나라** 창비
9. **10일간의 보물 찾기** 창비
10. **(어린이 수학자) 각양각색, 수를 그려 보아요(통계)** 랜덤하우스
11. **원탁의 기사들** 승산
12. **수학 상점** 예림당
13. **파이의 비밀** 승산
14. **원뿔 속의 엑스칼리버** 승산
15. **수학왕 막스와 숫자 도둑** 담푸스
16. **가우스의 수학 노트** 녹색지팡이
17. **앗! 시리즈 수학이 수군수군** 주니어김영사

18. **수학이 숨어 있는 명화** 시공아트주니어

19. **세상 밖으로 날아간 수학** 맑은 소리

20. **플라톤 삼각형의 비밀** 주니어김영사

21. **놀라운 도형의 세계** 에코리브르

22. **놀라운 수의 세계** 에코리브르

23. **수학자 납치 사건** 쿠폰북

연습문제 답안

74

1 [5] → [6] → [7] → [8] → [9]

[10] → 11 → [12] → 13 → [14]

2 69 − [70] − [71] − 72

[57] − 58 − 59 − [60]

[40] − 50 − [60] − 70 − 80 − [90]

75

3

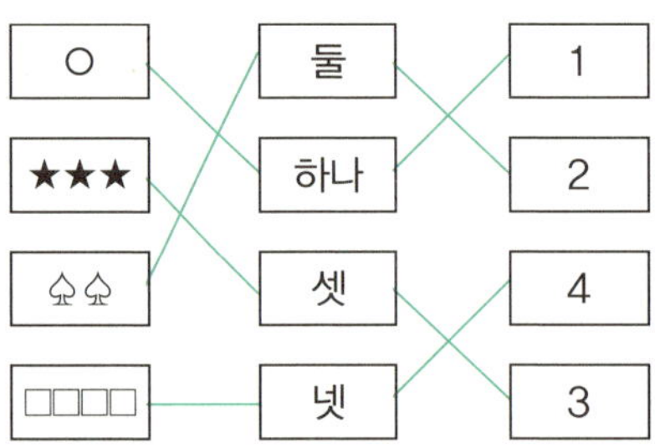

4

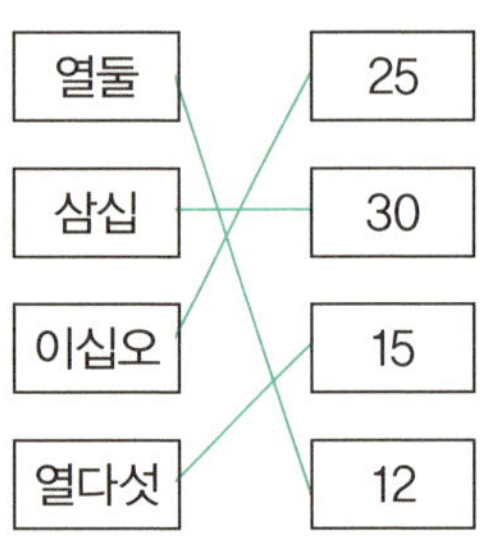

5

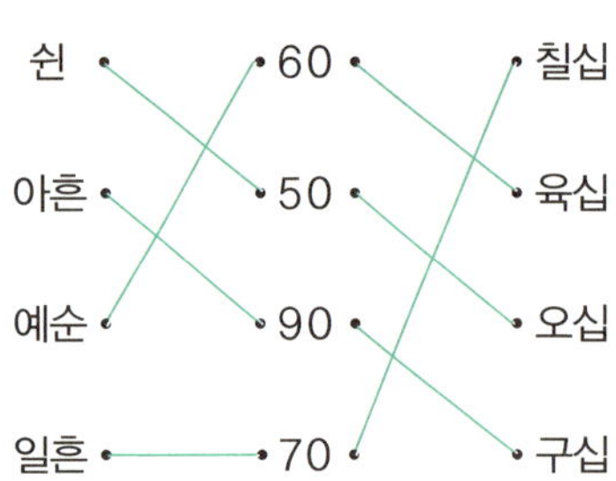

76

6 6 | 9 , 7 | 8

7 4, 6

8 3에 0

9 ④

10 83 ⃝> 68　　69 ⃝< 96

67 ⃝< 78　　89 ⃝> 78

81

1

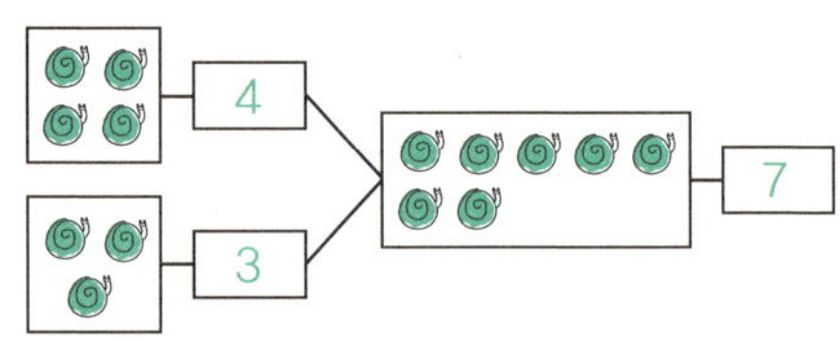

2 10개씩 [4] 묶음과 낱개가 [5] 개 이므로 모두 [45] 개입니다.

3 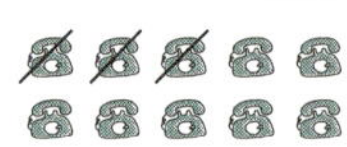 10 − [3] = 7

82

4 (1) 7, (2) 1, (3) 4, (4) 5

5 | (22) | 19 |　| 37 | (47) |　| (29) | 25 |

6 (1) 10, (2) 10, (3) 10, (4) 10

7 (1) 8, (2) 4, (3) 2, (4) 1

8 [6] + [2] = [10]

[10] − [2] = [8]

83

1 (1) ○ (2) □ (3) △

84

2

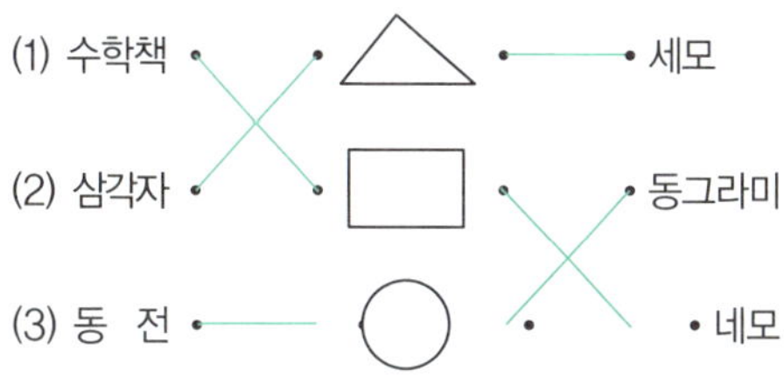

3 (1) 책상, 노트, 컴퓨터 등
(2) 삼각자, 트라이앵글, 세모 연필꽂이
(3) 시계, 공, 두루마리 휴지

87

1

(△) (○) ( )

2

(○) ( )

3

(1) (○) ( ) (2) (○) ( )

88

4 (1) [12]시 (2) [2]시

5 (1) [2]시[30]분 (2) [7]시[30]분

89

1

모양	△	○	◇	☆	♡	♧
개수	11	7	3	9	4	2

(△)

90

2 십자가 모양

3 거북

91

4 ☆ □ ○ ☆ (□) ○ ☆ (□)

5

92

1 (1) 9 (2) 9 (3) 9 (4) 6 (5) 0

2 (1) 73 (2) 53 (3) 90 (4) 70

3 [7] + [3] = [10]

4장 2학년, 곱셈과 친숙하게 한다

99

1 (300), (500)

2 (1000), (천)

100

3 (40), (90)

103

1 (536)

2 529 − 394 = 135
영미가 135장 더 가지고 있다.

3 사백팔십칠

4 707

5 390

6 3, 8, 7

7 526 ⓒ 562

8 (1) 85 (2) 63
(3) 35 (4) 48

104

9 (1) 2 , 2, 65, 10, 10, 65
(2) 3, 3, 57, 10, 10, 57

10 [15], [37] − [15] = [22]

11 [12]

12 (1) 27 (2) 42 (3) 31 (4) 56

105

13 (1) 7 (2) 9 (3) 6

14 (1) 36 + 7 − 5 = 38
(2) 85 + 8 − 3 = 90
(3) 234 + 306 = 540
(4) 363 + 204 = 567

15 (1) 689 (2) 787

108

1 [4] 개씩 [3] 묶음, 모두 [12] 개
[4] + [4] + [4]
[4] × [3]
[4 곱하기3]
4 × 3 = 12

109

2 [3] 개씩 [6] 묶음, 모두 [18] 개
[3] + [3] + [3] + [3] + [3] + [3]
[3] × [6]
[3 곱하기6]
3 × 6 = 18

3 3 × 4 = 12 [4묶음]

4 → 6 + 6 + 6 + 6 = 24
→ 6의 4배는 24
→ 곱셈식 6 × 4 = 24

110

5 (1) ① 6 × 7 = 42
② 6의 7배는 42입니다.

6 (1) ① 5 × 3 = 15
② 15개

7 (1) 10 (2) 35 (3) 24 (4) 8 (5) 6

112

1 (1)

113

2 사각형
3 (3)
4 직선
5 (1) 3개, (2) 5개, (3) 6개, (4) 4개

115

1 3배
2 (2)

3 직접 잘라보기

4 (1) 2, 덜, 2
(2) 3, 더, 3

5 (1) [7] m [70] cm
(2) [1] m [10] cm
(3) [7] m [39] cm

116

6 식) 2m 56cm + 1m 13cm = 3m 69cm
답) [3] m [69] cm

7 식) 2m 65cm + □ = 3m
3m − □ = 2m 65cm
답) [35] cm

8 (1) [1], [16]
(2) [105]
(3) [32]
(4) [21]
(5) [18]
(6) [3]

9 (1) 화요일
(2) 8시 40분 + 30분 = [9] 시 [10] 분

117

1 식) 16 − 7 = 9 답) 9마리

118

2 식) 48 + □ = 64
□ = 64 − 48 = 16 답) 16가마

3 식) □ + 17 = 48
□ = 48 − 17 = 31 답) 31명

4 (1) 식) 12 + 20 = 32 답) 12, 20
(2) 식) 13 + 19 = 32 답) 13, 19
(3) 식) 14 + 18 = 32 답) 14, 18
(4) 식) 15 + 17 = 32 답) 15, 17

5 식) □ − 13 + 12 = 15
□ = 15 + 13 − 12 = 16 답) 16개

119

6 식) 20 × 4 + 15 = 95 답) 95쪽

7 예시 답) 준용이는 공원에서 비둘기에게 먹이를 주었다. 처음 23 마리가 있었는데 9마리가 더 날아왔고 장난으로 발을 굴렸더니 14 마리가 날아가 버렸다. 남아 있는 비둘기는 모두 몇 마리인가?

8 (1) [5]
(2) [4]
(3) [5]
(4) [2]
(5) 예) 사각형 모양이고 구멍이 2개인 단추는 몇 개입니까?

TIP 각 문제마다 다른 모양으로 지워 가면서 세는 연습을 하여 중복되지 않게 세는 방법을 연습하게 한다.

120

9

과일	토마토	배	사과	딸기	복숭아	참외	계
개수	3	2	2	1	2	2	12

(1) 2 (2) 1 (3) 2 (4) 2 (5) 1
(6) 개수에 맞게 색질하기

122

1 배열표에 맞게 △, ○표 하기

2 (1) 14, 34, 36
(2) 44, 53, 55, 62, 66

3 아이와 함께 색칠 후 구구단 수만큼 건너뛰어 세어 보기 연습을 한다.

123

4 (1) 4줄
(2) 6 × 4 = 24
(3) 6줄
(4) 4 × 6 = 24
(5) 서로 같다.

5 예) • 4 × 9 = 36
• (8 × 3) + (4 × 3) = 36
• (6 × 4) + (3 × 4) = 36

5장 3학년, 나눗셈에 주목하게 한다

129

1 900, 40

130

2 (1) 10
(2) 100, 백
(3) 800

3 2, 7

4 4220, 4310, 5210

132

1 (1) ① 3
② 400, 658
③ 3, 655
(2) ① 640
② 15
③ 640 + 15 = 655

2 (1) 11, 5
(2) 15, 7
(3) 4, 1, 175

133

3 식) 1586 + 645 = 2231
(1) 1 (2) 31 (3) 231 (4) 2231 (5) 2231

4 (1) 400 + 600 = 1000, 499 + 699 = 1198
(2) 3700 + 100 = 3800, 3799 + 199 = 3998
(3) 300 + 900 = 1200, 399 + 999 = 1398
가장 큰 수: (2), 가장 작은 수: (1)

134

5 (1) 9 (2) 79 (3) 779 (4) 1779

136

1 각 분수의 크기만큼 색칠한다.

2 분수의 크기 $\frac{3}{5}$ 공: 2개씩 3묶음 색칠한다.

137

3 (1) $\frac{2}{3}$ (2) $\frac{1}{5}$ (3) $\frac{7}{8}$ (4) $\frac{1}{2}$

4 (1) 7분의 1 (2) 4분의 3

5 (1) $\frac{3}{5}$ (2) $\frac{6}{8}$ (3) $\frac{1}{4}$ (4) $\frac{5}{7}$

6 (1) $\frac{1}{4}$ (2) $\frac{8}{8}$ (3) $\frac{3}{5}$ (4) $\frac{3}{4}$

136

7 $\frac{1}{2}$ (>) $\frac{1}{3}$ $\frac{1}{6}$ (<) $\frac{1}{5}$ $\frac{1}{3}$ (>) $\frac{1}{5}$

$\frac{1}{4}$ (<) $\frac{1}{3}$ $\frac{1}{2}$ (>) $\frac{1}{4}$ $\frac{1}{2}$ (>) $\frac{1}{6}$

8 (1) 6 (2) 5 (3) 5 (4) 48 (5) 32

9 (1) [8] • • [4]
(2) [6] • • [5]
(3) [7] • • [8]
(4) [5] • • [6]
(5) [4] • • [7]

10 (1) 식) 60 ÷ 10 = 6 답) 6개
(2) 식) 72 ÷ 8 = 9 답) 9개

137

11 2 × 12 = 24

$$\begin{array}{r} 2 \\ \times 12 \\ \hline 24 \end{array} \Rightarrow \begin{array}{r} 12 \\ \times \ 2 \\ \hline 24 \end{array}$$

큰 수가 위로 올라오게 쓰도록 지도해 준다.

12 156개, 4상자
156 × 4 = 624

$$\begin{array}{r} 156 \\ \times \ \ 4 \\ \hline 624 \end{array}$$

624개

142

1 직접 자를 이용하여 그려 보도록 지도한다.
2 (1) 3개 가, 다, 아
(2) 2개 가, 아
(3) 2개 나, 라 (정사각형은 직사각형이다.)

143

3 6개, 3개, 4개, 2개, 2개, 1개, 18개

144

1. 2. 3 직접 그려 보도록 지도한다.

145

1 [17] cm, [18] cm
2 컴퍼스를 이용하여 그리도록 지도한다.

146

3 (1) 컴퍼스의 침과 연필심의 길이를 같게 한다.
(2) 컴퍼스를 반지름의 길이만큼 자에 대어 벌려 준다.
(3) 컴퍼스의 침을 꽂은 쪽에 힘을 준다.
(4) 컴퍼스를 바로 세워 돌린다.
4 컴퍼스 사용 방법대로 그릴 수 있도록 지도한다.

148

1 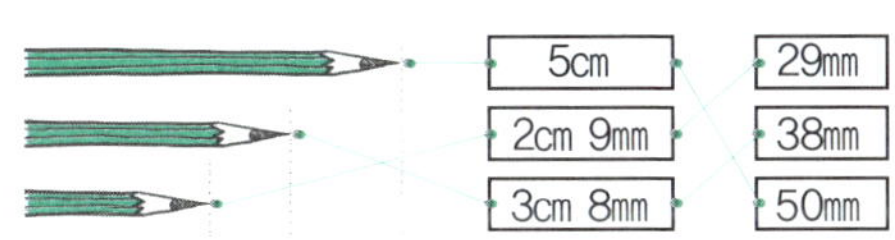

2 [10] cm [8] mm [2] cm [6] mm
3 [4] 시 [30] 분

149

4 [1] 시간 [35] 분
5 [31] 시간
6 (1) 4 (2) 2

150

7 (1) 10 (2) 18 (3) 6
(4) 19 (5) 6, 700 (6) 1, 200

151

1 윷 5칸, 제기 3칸, 고누 2칸, 칠교 4칸을 정확히 표시하였는지 확인한다.

2

과목	국어	수학	음악	체육
학생수 (명)	🙂🙂🙂	😀 🙂🙂	😀 🙂🙂🙂🙂	😀 🙂🙂

😀 : 10명
🙂 : 1명

152

3 기쁨, 행복, 소망, 사랑

153

1 (6, 12, 6, 15)
2 6, 300, 4가지

6장 4학년, 분수에 집중하라

162

1 (1) 7000 (2)10000, 만, 일만
2 4, 6, 4, 0, 7, 46407, 사만육천사백칠
3 10000

163

4 (1) 육천삼백이십칠조구천오백십사억-이천칠백팔십구만삼천칠백오십삼
(2) 칠천사십이조이천삼백육십칠억-오백사십일만구천육십칠
(3) 67760000000000
(4) 5080001709800080
(5) 칠천육백오십삼억이천구백팔십육만-칠천백사십육
(6) 육천오백팔십이억삼천팔백구십육만-칠천육백오십삼
(7) 59673
(8) 20718

164

1 (1) 57
(2) 48

165

2 식) 16 + 18 − 30 = 4 답) 4명
3 (1) 7 × $\boxed{5}$ = ○35
(2) 51 − ○35 = △16
(3) △16 + 6 = $\boxed{22}$
(4) 51 − $\boxed{7}$ × $\boxed{5}$ + 6 = 22
(5) 22개

TIP 스토리텔링 문제에서는 (1) ~ (5) 풀이과정이 생략된 형식으로 문제가 나올 것이다. 세부 풀이과정을 통하여 문제해결할 수 있도록 지도한다.

166

4 (1) 600 (2) 823000
(3) 6000 (4) 8230000
5 10000
6 (1) 2 (2) 29
7 (1)
```
      25
20) 508
     40
    108
    100
      8
```
검산: 25 × 20 + 8 = 508

(2)
```
      20
24) 487
     48
      7
```
검산: 24 × 20 + 7 = 487

(3) $\begin{array}{r} 20 \\ 40\overline{)824} \\ \underline{80} \\ 24 \end{array}$ 검산: 40 × 20 + 24 = 824

(4) $\begin{array}{r} 21 \\ 35\overline{)759} \\ \underline{70} \\ 59 \\ \underline{35} \\ 24 \end{array}$ 검산: 35 × 21 + 24 = 759

167

8 $\begin{array}{r} 4768 \\ \times\ \ 74 \\ \hline \boxed{19072} \\ \boxed{333760} \\ \hline \boxed{352832} \end{array}$ $\begin{array}{r} 4768 \\ \times\ \ 4 \\ \hline \boxed{19072} \end{array}$ $\begin{array}{r} 4768 \\ \times\ \ 70 \\ \hline \boxed{333760} \end{array}$

9 (4)

168

10 238, 188, 15, 23, 14

11 (1) 20, 42

(2) (1) 78, (2) 26, (1) 12, (2) 2

12 (1) 1600, 25 (2) 40, 4

169

13 (1) 82

(2) 86

(3) 324

(4) 32

(5) 178

(6) 32

170

1 숫자에 맞는 스토리텔링형 문제를 만들 수 있고, 식을 세울 수 있도록 지도한다.

171

2 (2) 3 (3) $\frac{1}{4}$ (4) 6cm (5) $\frac{1}{2}$

172

3 $\frac{2}{4}$, $\frac{3}{4}$, $\frac{4}{4}$, $\frac{4}{4}$

4 (1) $3\frac{4}{7} = \frac{\boxed{3} \times 7 + \boxed{4}}{7} = \frac{\boxed{25}}{7}$

(2) $4\frac{5}{8} = \frac{\boxed{4} \times 8 + \boxed{5}}{8} = \frac{\boxed{37}}{8}$

5 (1) $\frac{7}{5}$, $\frac{6}{4}$

(2) $1\frac{2}{3}$, $6\frac{2}{7}$

173

6 $\frac{6}{6}$, $\frac{9}{9}$

7 (1)

8 (1) $\frac{20}{9}$ (2) $\frac{16}{10}$

9 (1) 8, 3, $4\frac{3}{8}$

(2) 4, 4, 1, $4\frac{1}{4}$

174

10 (1) 0.23 (2) 6.07 (3) 3.16 (4) 0.002

11 (1)

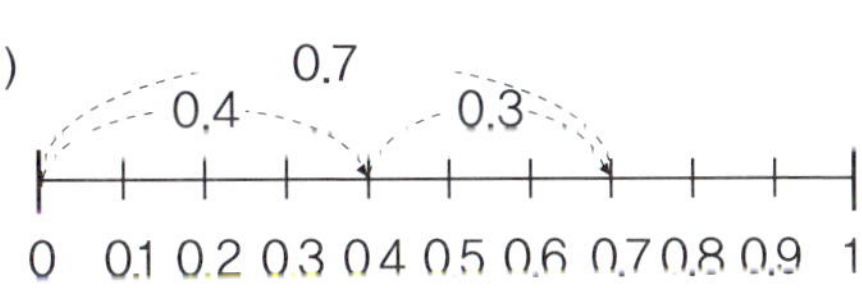

(2) $\begin{array}{r} 0.4 \\ +\ \ 0.3 \\ \hline \boxed{0.7} \end{array}$

175

12 (1) → (4) → (2) → (3) → ⑤

13

2.381	1.481	2.581
2.471	**2.481**	2.491
2.48	3.481	2.482

180

2 (1) 4개의 변이 있다.
(2) 4개의 꼭짓점이 있다.
(3) 4개의 각이 모두 직각이다.
(4) 마주 보는 두 쌍의 변이 평행이다.

3 (2), (3)

181

4 자로 확인한다.

5 정삼각형

6 (1) 나, 다, 마, 아
(2) 정삼각형
(3) 정사각형
(4) 가
(5) 다섯 개의 각의 크기와 변의 길이가 모두 같지 않다.

182

7 정삼각형

8 (1) 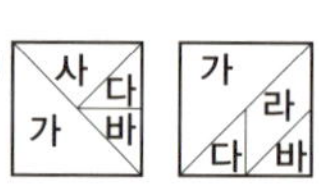

(2) 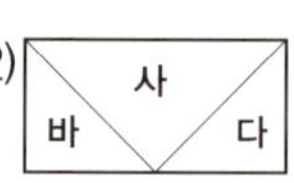

(3) 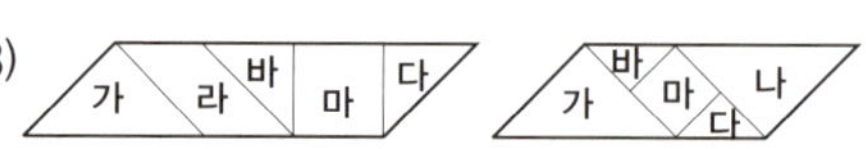

(4) 

185

2 (1) 2분
(2) 3분 20초
(3) 5분 10초

186

3 (1) 8시 50분 27초
(2) 10시 8분 43초
(3) 1시 30분 10초
(4) 3시 39분 46초

4 1분

5 (1) 9시간 30분 16초
(2) 8시간 13분 21초

6 (1) 4시간 42분
(2) 2시간 24분 9초

187

7 각 ㄹㅁㅂ

8 (1) 4개 (2) 2개

9 (4)

10 (2), (3)

188

11 (1) 9000
(2) 5700
(3) 6, 800
(4) 5, 670
(5) 가 – 나 – 다

12 (1) 1000, 300, 1300
(2) 2, 600
(3) 50, 58000

13 500, 1kg 250g, 1kg 750g

189

14 작은 한 칸이 100g임을 알고 표시하도록 도와준다.

15 8kg 500g, 11kg 300g, 6kg 580g, 71kg 150g

16 (1) 낱권, 452권

(2) 10권, 460권

(3) 100권, 500권

190

17 (1) 27430 (2) 27400

(3) 27000 (4) 20000

18

수	천의 자리	백의 자리	십의 자리	일의 자리
379765	380000	380000	379800	379770
643913	640000	644000	643900	643910
73676	70000	74000	73700	73680

192

2 (1)

월	1	2	3	4	5	6	7	8	9	10	11	12
기온(℃)	3	1	5	19	20	23	26	27	23	19	11	8

(2) 2월, 8월

(3) 2월~8월

(4) 3월~4월

(5) 그래프의 기울기

195

3 (1)

상명	◎◎●○○○○○○○○
은진	◎●●●●○○○○○
동현	◎◎●●●●○○○
건민	◎◎●●●●
효은	◎●●●●●●●●○○○○○○

(2) 동현

(3) 은진

(4) 98

196

1 (1) ① 목 ② 금 ③ 7 ④ 금 ⑤ 금

(2) ③ → ④ → ⑤ → ⑤ → ①

(3) 토

2 (1) 5개

(2) 4개

(3) 19개

197

1 (1)

의자 수	1	2	3	4	5	6
의자 다리 수	4	8	12	16	20	24

(2)

병아리 수	1	2	3	4	5	6
병아리 다리 수	2	4	6	8	10	12

(3)

개미 수	1	2	3	4	5	6
개미 다리 수	6	12	18	24	30	36

198

2 (1)

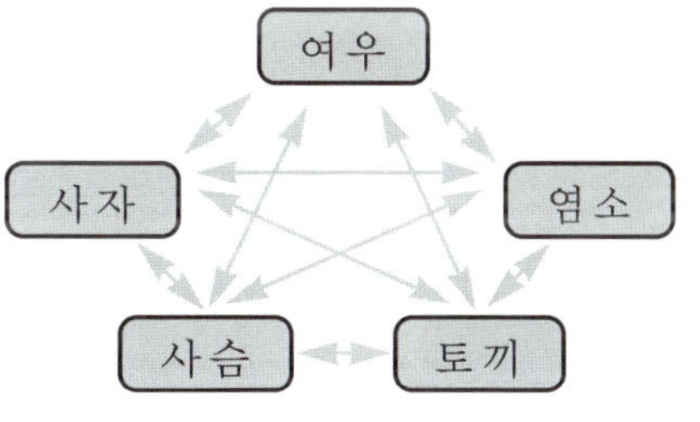

(2) 4개

(3) 각각 4개

(4) 4 + 3 + 2 + 1 = 10경기

(5) 6 + 5 + 4 + 3 + 2 + 1 = 21경기

199

3 (1) 1, 3, 6, 10

(2) 1 3 6 10 15 21 (+2 +3 +4 +5 +6) 답) 21개

4 (1) 1, 4, 9, 16

(2) 1, 2 × 2, 3 × 3, 4 × 4이므로
다음은 5 × 5 = 25개가 온다.

200

5

형	10	11	12	13	14	15	16
동생	8	9	10	11	12	13	14

(1) 9 (2) 13 (3) 2

6 1반이 다른 반과 경기하는 경우
(1, 2), (1, 3), (1, 4), (1, 5) → 4가지
2반이 다른 반과 경기하는 경우
(2, 3), (2, 4), (2, 5) → 3가지
3반이 다른 반과 경기하는 경우
(3, 4), (3, 5) → 2가지
4반이 다른 반과 경기하는 경우
(4, 5) → 1가지
5반은 이미 1, 2, 3, 4반 모두와 경기하였다.
따라서 4+3+2+1=10번 경기를 하게 된다.

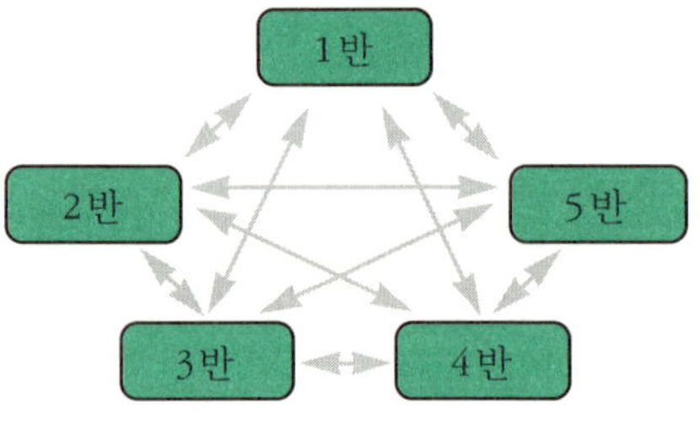

7장 5학년, 약수와 배수를 공략하라

217

1 (1) 4 (2) 8 (3) 12 (4) 16 (5) 20

2 (1) 4 (2) 8 (3) 12 (4) 16 (5) 20

3 (○ : 3, 6, 9, 12, 15, 18, 21, 24, 27, 30
□ : 4, 8, 12, 16, 20, 24, 28)

218

4 (1) 6 (2) 3 (3) 2 (4) 없다 (5)없다 (6) 1

5 (1) 6, 3, 2, 1 ⋯ 2, 1 ⋯ 1, 1

(2) 1, 2, 3, 6
1, 2, 3, 6

219

6 (1) 10, 5
(2) 1, 2, 5, 10
(3) 2, 5, 약수

7 (1) 배수 (2) 약수 (3) 1, 2, 3, 6

8 (1) 12, 16 (2) 6, 8 (3) 3, 4 (4) 없다.

220

9 (1)

12의 약수	1	2	3	4	6	12
16의 약수	1	2	4	8	16	

(2) ○ ⇒ 1, 2, 4 (3) 1, 2, 4, 1, 2, 4
(4) 4, 4

10 (1, 2, 3, 4, 6, 12)

11

수	8, 12	10, 15
공약수	1, 2, 4	1, 5
최대공약수	4	5
공배수	24, 48, 72⋯	30, 60, 90⋯
최소공배수	24	30

221

12 9, 18, 27, 36, 45

13 12와 18의 공배수는 36, 72, 108 ⋯

정답) 36분 후

14 (1) $\frac{2}{4}$, $\frac{4}{8}$, $\frac{8}{16}$

(2) 같다

222

15

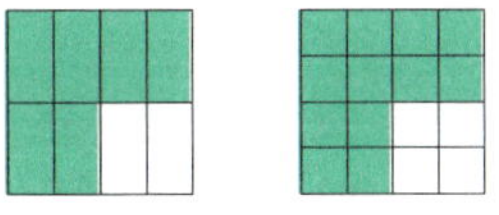

(1) 8

(2) 2, 4, 4

16 (1) 3 (2) 8, 12

(3) 6, 10 (4) 4, 2

17 $\frac{3 \times \boxed{2}}{4 \times 2} = \frac{3 \times \boxed{4}}{4 \times \boxed{4}}$

↓

$\frac{3}{4} = \frac{\boxed{6}}{8} = \frac{\boxed{12}}{16}$

18 (1) $\frac{2}{6}$, $\frac{3}{9}$, $\frac{4}{12}$

(2) $\frac{6}{8}$, $\frac{9}{12}$, $\frac{12}{16}$

223

19 $\frac{9}{20}$

20 (1)

$(\frac{5}{6} = \frac{5 \times \boxed{8}}{6 \times 8} = \frac{\boxed{40}}{48}$,

$\frac{5}{8} = \frac{5 \times \boxed{6}}{8 \times 6} = \frac{\boxed{30}}{48})$

→ $\boxed{\frac{40}{48}, \frac{30}{48}}$

(2) $(\frac{3}{4} = \frac{3 \times \boxed{10}}{4 \times 10} = \frac{\boxed{30}}{\boxed{40}}$,

$\frac{9}{10} = \frac{9 \times \boxed{4}}{10 \times 4} = \frac{\boxed{36}}{\boxed{40}})$

→ $\boxed{\frac{30}{40}, \frac{36}{40}}$

21 (1) $(\frac{5}{6} = \frac{5 \times \boxed{4}}{6 \times 4} = \frac{\boxed{20}}{24}$,

$\frac{5}{8} = \frac{5 \times \boxed{3}}{8 \times 3} = \frac{\boxed{15}}{24})$

→ $\boxed{\frac{20}{24}, \frac{15}{24}}$

(2) $(\frac{3}{8} = \frac{3 \times \boxed{3}}{8 \times 3} = \frac{\boxed{9}}{24}$,

$\frac{7}{12} = \frac{7 \times \boxed{2}}{12 \times 2} = \frac{\boxed{14}}{24})$

→ $\boxed{\frac{9}{24}, \frac{14}{24}}$

224

22 (1) $(\frac{9}{12}, \frac{10}{12})$ (2) $(\frac{6}{12}, \frac{2}{12})$

23 (1) $\frac{1}{3} + \frac{1}{5} = \frac{5}{15} + \frac{3}{15} = \boxed{\frac{8}{15}}$

(2) $\frac{1}{2} + \frac{2}{5} = \frac{5}{10} + \frac{4}{10} = \boxed{\frac{9}{10}}$

24 $\frac{3}{5} + \frac{1}{3} = \frac{9}{15} + \frac{5}{15} = \frac{14}{15}$

답) $\frac{14}{15}$ 쪽

25 $\frac{2}{3} + \frac{1}{5} = \frac{10}{15} + \frac{3}{15} = \frac{13}{15}$

$\frac{1}{2} + \frac{2}{5} = \frac{5}{10} + \frac{4}{10} = \frac{9}{10}$

130 $\frac{13}{15}$ $<$ $\frac{9}{10}$ 135

26 (1) $\frac{3}{4} - \frac{1}{12} = \frac{3 \times \boxed{3}}{4 \times \boxed{3}} - \frac{\boxed{1}}{12}$

$= \frac{\boxed{8}}{12} = \frac{\boxed{8}}{12} = \boxed{\frac{2}{3}}$

(2) $\frac{3}{5} - \frac{1}{6} = \frac{\boxed{18}}{30} - \frac{\boxed{5}}{30} = \boxed{\frac{13}{30}}$

225

27 $\frac{\boxed{2}}{\boxed{3}} + \frac{\boxed{2}}{\boxed{3}} + \frac{\boxed{2}}{\boxed{3}} + \frac{\boxed{2}}{\boxed{3}} = \frac{\boxed{2}}{\boxed{3}} \times \boxed{4}$

$= \frac{2 \times 4}{3} = \frac{8}{3} = \boxed{2}\frac{\boxed{2}}{\boxed{3}}$

28 (1) $\frac{3 \times \boxed{3}}{4} = \frac{\boxed{9}}{4} = \boxed{2\frac{1}{4}}$

(2) $\frac{\boxed{6}}{8} = \boxed{\frac{3}{4}}$

29 (1) $\frac{16}{3} = \boxed{5\frac{1}{3}}$ (2) $\frac{3}{5} \times 10 = \boxed{6}$

(3) $\frac{2}{7} \times 3 = \boxed{\frac{6}{7}}$ (4) $\frac{5}{6} \times 12 = \boxed{10}$

226

30 식) $\frac{3}{4} \times 5 = \frac{15}{4} = 3\frac{3}{4}$ 답) $3\frac{3}{4}$ ℓ

228

(1) 자와 각도기로 그린다.
(2) 자와 각도기로 그린다.
(3) 자와 컴퍼스로 그린다.

232

1 12장

233

2 (1) 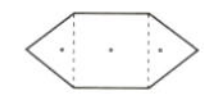 (2) 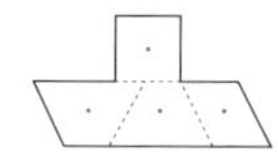

(3) 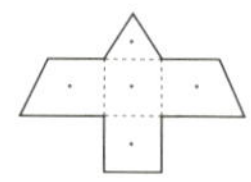 (4) 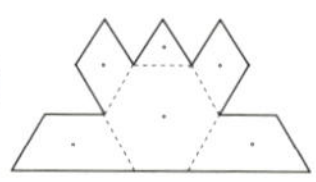

3 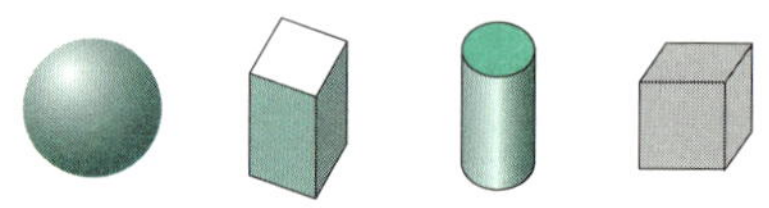

( ) (○) ( ) (○)

234

4 (1) 직육면체
(2) 면
(3) 모서리
(4) 꼭짓점

5 (1) 같다.
(2) 12개
(3) 정사각형
(4) 6개
(5) 직육면체

6 (1)

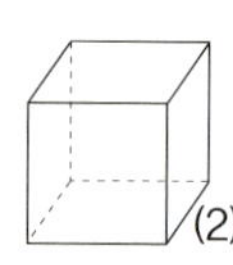

(2) 6개

235

7 28 + 24 = 52cm

238

1 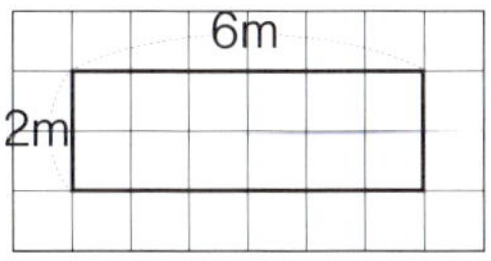

(2) $6 + 6 + 2 + 2 = 16m$

(3) $(6 + 2) \times 2 = 16m$

2 (1) 30cm (2) 30cm

239

3 (1) 28㎝ (2) 24㎝

4 4개

5 (1) $10 \times 6 = 60㎠$

(2) $4 \times 11 = 44㎠$

246

1 (1) 머리, 몸통, 꼬리의 길이

(2) 꼬리

(3) 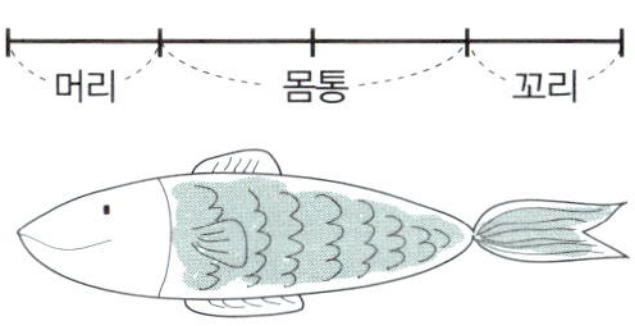

머리 [15]㎝ 몸통 [30]㎝ 꼬리 [15]㎝

247

2

이름/나라	독일	영국	미국	프랑스
창용	○	×	×	×
채영	×	○	×	×
수진	×	×	○	×
준섭	×	×	×	○

창용(독일), 채영(영국), 수진(미국), 준섭(프랑스)

3 뒤에서부터 계산한다.

$10 \times 2 = 20$

$20 + 4 = 24$

$24 \div 2 = 12$

$12 - 9 = 3$

[3] (+9) [12] (×2) [24] (−4) [20] (÷2) [10]

4 12조각의 $\frac{1}{3}$ = 4조각: 형준

나머지: $1 - \frac{1}{3} = \frac{3}{3} - \frac{1}{3} = \frac{2}{3}$

동생: $\frac{2}{3}$의 $\frac{1}{2} = \frac{2^{1}}{3} \times \frac{1}{2_{1}} = \frac{1}{3}$,

12조각의 $\frac{1}{3}$ = 4조각 동생: 4조각

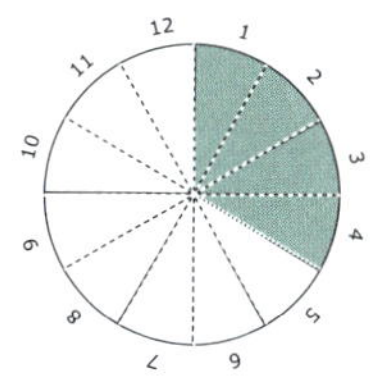

250

(1)

잎(네모 모둠)	줄기	잎(세모 모둠)
4	7	0
2 4 8	8	4 8
0	9	0 8

(2) 네모 모둠의 평균:

$$\frac{74 + 90 + 82 + 88 + 84}{5} = \frac{418}{5} = 83.6$$

세모 모둠의 평균:

$$\frac{84 + 97 + 70 + 90 + 88}{5} = \frac{430}{5} = 86$$

●평균의 차 $86 - 83.6 = 2.4$

(3) 줄기와 잎 그림에서 같은 수의 잎은 지우고 남은 점수의 합을 각각 5로 나누어 차를 구한다. 즉, $\frac{74 + 82}{5}$와 $\frac{70 + 98}{5}$의 차.

$33.6 - 31.2 = 2.4$

257

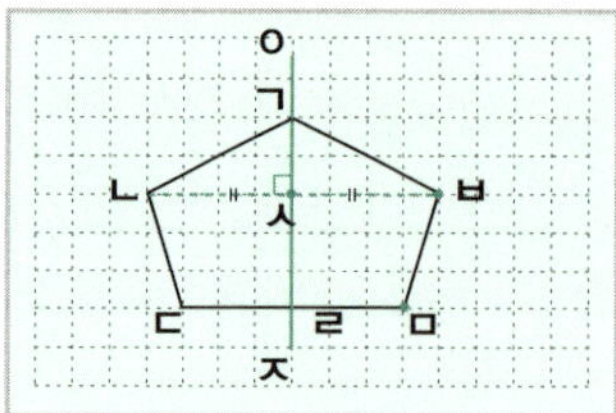

8장 6학년, 소수에 집중하라

260

1 0, $\frac{1}{10}$, $\frac{2}{10}$, $\boxed{\frac{3}{10}}$, $\boxed{\frac{4}{10}}$, $\frac{5}{10}$, $\frac{6}{10}$, $\frac{7}{10}$, $\boxed{\frac{8}{10}}$, $\frac{9}{10}$, 1

0, 0.1, $\boxed{0.2}$, 0.3, 0.4, 0.5, $\boxed{0.6}$, $\boxed{0.7}$, 0.8, $\boxed{0.9}$, 1

2 $1\frac{3}{4} = 1 + \frac{3 \times \boxed{25}}{4 \times 25} = 1 + \frac{\boxed{75}}{100}$

$= \boxed{1 + 0.75 = 1.75}$

261

3 (1) $\frac{\boxed{1}}{\boxed{25}}$ (2) $\frac{\boxed{25}}{\boxed{100}}$

4 (1) $\boxed{9}$

(2) $\frac{\boxed{9}}{10}$, $\frac{\boxed{8}}{\boxed{10}}$

(3) $\boxed{0.9}$

5 (1) $\frac{7}{9} \div \frac{9}{5} = \frac{7}{9} \times \frac{5}{9} = \boxed{\frac{35}{81}}$

(2) $2 \div \frac{3}{8} = 2 \times \frac{8}{3} = \frac{16}{3} = \boxed{5\frac{1}{3}}$

(3) $1\frac{4}{5} \div 1\frac{1}{6} = \frac{9}{5} \div \frac{7}{6} =$

$\frac{9}{5} \times \frac{6}{7} = \frac{54}{35} = \boxed{1\frac{19}{35}}$

(4) $7 \div 3\frac{1}{2} = 7 \div \frac{7}{2} = \overset{1}{7} \times \frac{2}{\underset{1}{7}} = \boxed{2}$

275

1 5cm + 5cm + 8cm + 4cm = $\boxed{22}$ cm

276

2 선분 ㅈㅊ, 선분 ㄷㄹ

3 6 + 9 + 6 + 9 = $\boxed{30}$ cm

4

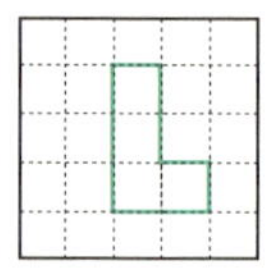

앞

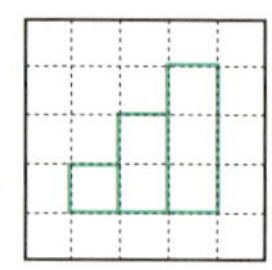

옆

277

5

```
  1            4            9
1-1-1 →      4-2-4 →      9-3-9 →
  1            4            9
(1) 5개      (2) 18개     (3) 39개

   16            25
16-4-16 →    25-5-25
   16            25
(4) 64개     ⑤ 105개
```

278

1 (1) 원주율 = 원주 ÷ 지름

(2) 지름 × 원주율 = 원주

279

2

반지름의 길이(cm)	원의 넓이를 구하는 식	원의 넓이(cm²)
9	9 × 9 × 3.14	254.34㎠
5	5 × 5 × 3.14	78.5㎠

3 (1) 원주: 6 × 2 × 3.14 = 37.68cm

넓이: 6 × 6 × 3.14 = 113.04㎠

(2) 원주: 22 × 3.14 = 69.08cm
넓이: 11 × 11 × 3.14 = 379.94㎠

283

1 (2)

2 (직선 ㄱㄹ)

3 (원뿔)

4

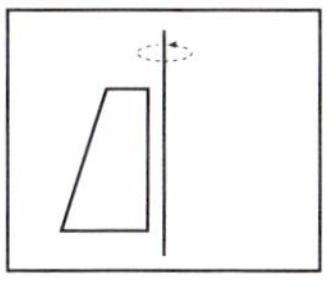

287

1 (1) 12 × 3 = 36㎠

(2) (12 + 3 + 12 + 3) × 4 = 120㎠

(3) 36 × 2 + 120 = 192㎠

(4) 부피: 12 × 3 × 4 = 144 ㎤

2 (1) (5 × 6 × 2) + (5 + 6 + 5 + 6) × 5 = 60 + 110 = 170㎠

(2) 8 × 8 × 6 = 384㎠

3 (1) (6 × 6 × 3.14 × 2) + (12 × 3.14 × 18) = 226.08 + 678.24 = 904.32㎠

(2) (8 × 8 × 3.14 × 2) + (16 × 3.14 × 11) = 401.92 + 552.64 = 954.56㎠

288

4 (1) 10 × 10 × 3.14 × 19 = 5966㎤

(2) 16 × 16 × 3.14 × 10 = 8038.4㎤

293

1 9 : 4

294

2 기준량 11, 비교하는 양 6

3 7 : 2 이므로 분수 $\frac{7}{2}$ 소수 3.5

4 백분율(%) = (비율) × 100

(1) $0.37 = \frac{37}{100}$ → 37%

(2) $\frac{8}{25} = \frac{32}{100}$ 0.32×100 = 32(%)

5 (1) 43.1% → 0.431

(2) 128% → $1.28 = \frac{128}{100} = \frac{32}{25}$

6 (1) $\frac{9}{40} = \frac{225}{1000}$ = 0.225 = 2할 2푼 5리

(2) 11할 9리 = 1.19

7 내항) 17, 6 외항) 3, 34

295

8 (1) 10, 4

(2) 100, 38

(3) 100, 92

9 (1) 2, 19

(2) 21, 2

(3) 9, 11

10 ㅇ 형

296

11 30%, 24명 80 × 30% = 24명

12 검정, 노랑

13 수학: 360 ÷ 900 × 100 = 40%

국어: 135 ÷ 900 × 100 = 15%

체육: 90 ÷ 900 × 100 = 10%

40%(수학)	15%(국어)	35%(음악)	10%(체육)

298

1 6 + 4 = 10 **10개**

2 3 + 2 = 5 **5가지**

3 3 × 4 = 12 **12가지**

4 • 동전 숫자면 1

• 6의 약수 1, 2, 3, 6 1 × 4 = 4 **4가지**

299

5 3 × 2 × 1 = **6가지**

풀이) 2 — 4 − 6, 6 − 4

6 — 2 − 4, 4 − 2

4 — 2 − 6, 6 − 2

6 4명 중 반장 1명, 부반장 1명 뽑는 경우

반장	부반장	반장	부반장	반장	부반장	반장	부반장
수진	민수	민수	수진	영지	수진	혜민	수진
	영지		영지		민수		민수
	혜민		혜민		혜민		영지

3 × 4 = **12가지**

7 1 — 2, 3, 4, 5, 6 2 — 3, 4, 5, 6 3 — 4, 5, 6 4 — 5, 6 5 — 6

풀이) 1. 5 + 4 + 3 + 2 + 1 = **15가지**

풀이) 2. 인원 − 1 = 악수 횟수

경우의 수 = 인원 × 악수 횟수 ÷ 2

6 × 5 ÷ 2 = 15 **15가지**

8 900원을 만들기 위해서 500원짜리 동전은 반드시 한 개가 사용된다.
500원이 한 개 들어가야 되므로 100원짜리, 50원짜리, 10원짜리로 만들어야 하는 금액을 알아본다.

100원짜리(개)	3	2	2	2	1	1	1	1	1
50원짜리(개)	1	3	2	1	5	4	3	2	1
10원짜리(개)	5	5	10	15	5	10	15	20	25

따라서 경우의 수는 9이다.

9 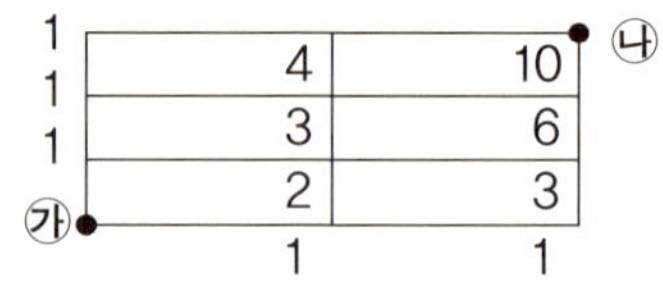

10가지

300

10 이긴 팀끼리 경기할 때,
경기 횟수 = (팀 수) − 1 8 − 1 = 7번

11 (가)의 0은 십의 자리 숫자가 안되므로, 1, 2 가능

1 — 4, 5, 6, 7 2 — 4, 5, 6, 7 8가지

12 6 − 2
5 − 3
4 − 4
3 − 5
2 − 6

답) $\frac{5}{36}$

· 주사위 2개의 모든 경우의 수 = 36

13 • 20 이상인 수

2 — 0, 1, 3 3 — 0, 1, 2

• 전체 두 자릿수 만들 경우의 수

3 — 0, 1, 2 2 — 0, 1, 3 1 — 0, 2, 3

$\frac{6}{9} = \frac{2}{3}$

301

14 • 전체 경우의 수

$2 \times 2 \times 2 \times 2 = 16$가지

• 도가 나올 경우의 수 =

(앞, 앞, 앞, 뒤), (앞, 앞, 뒤, 앞),

(앞, 뒤, 앞, 앞), (뒤, 앞, 앞, 앞)

$\Rightarrow$ 4가지 $\frac{4}{16} = \boxed{\frac{1}{4}}$

15 전체 경우의 수 $7 \times 7 = 49$

44 이상일 경우

(1, 2, 3, 4, 5, 7, 8)

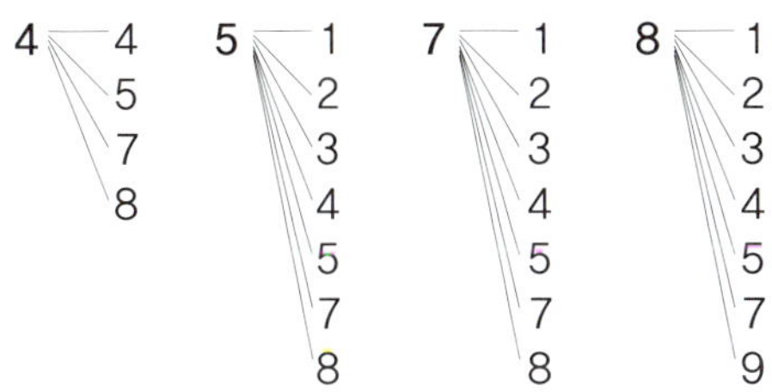

확률 = $\boxed{\frac{25}{49}}$ 　 $\boxed{25가지}$

302

1 $y = x + 32$ 　 2 $y = 300x$

3 (1)

X(시간)	1	2	3	4	5	…	$y = \boxed{60} \times X$
y(km)	60	120	180	240	300		
	60×1	60×2	60×3	60×4	60×5		

(2) 정비례한다. 　 (3) $y = 60 \times x$

303

4 (1)

x(시간)	1	2	3	6	9	…	$X \times y = \boxed{18}$
y(개)	18	9	6	3	2		
	1×18	2×9	3×6	6×3	9×2		

(2) 반비례한다. 　 (3) $x \times y = 18$

$y = \frac{18}{X}$

5 ㉠ $x + y = 20$

㉡ 반비례식) $x \times y = 36$

㉢ $y = x^2\pi$

6 (1) 5바퀴 　 $20 \times 1 = 4 \times 5$

(2) 2바퀴 　 $20 \times 1 = 10 \times 2$

(3) $x \times y = 20$

(4) $20 \times 1 = 5 \times y$

(5) $y = \frac{20}{5} = 4$

304

1 (1) 

(2) $\boxed{\frac{2}{9}}$

(3) $27 \times \frac{2}{9} = 6$ 　 $\boxed{6m^2}$ (3, 1)

2 (1) $\boxed{4}$

(2) $\boxed{4}$, $\boxed{1}$

(3) $\boxed{7}$, $\boxed{2}$

(4) $\boxed{2}$, $\boxed{6}$

305

3 (1) (1) $1300 \times 8 = 10,400$원

(2) 줄여야 한다.

(3) $1300 \times 6 = 7,800$원

(4) 늘여야 한다.

⑤ 아이스크림 7개, 빵 3개

$(1300 \times 7) + 600 \times 3 = 10,900$원

(2) (1)

아이스크림(개)	10	9	8	7	6
빵(개)	0	0	0	3	4
합계(원)	13000	11700	10400	10900	10200

(2) 아이스크림 7개, 빵 3개

306

4 (1) ① $x - \frac{1}{5}x = 20$

∴25자루의 $\frac{1}{5}$인 5자루를 준 후 20자루 남음.

$\frac{4}{5}x = 20$

$x = 25$ [25자루]

② $x + 6 = 25$

$x = 19$ [19자루]

③ $x - 8 = 19$

$x = 27$ [27자루]

④ 전체문장을 검산하기

$27 - 8 + 6 = 25$

$25 - (25 \times \frac{1}{5}) = 20$

최후에 남은 연필

처음 연필은 [27자루]

(2) ① 처음에 가지고 있던 연필 수

② $(\square - 8 + 6) \times (1 - \frac{1}{5}) = 20$

③ $(\square - 2) \times \frac{4}{5} = 20$

$\square - 2 = 20^{5} \times \frac{5}{4_{1}}$

$\square = 25 + 2$

$\square = 27$

④ 27자루

307

5

큰 수	21	22	23	24	25	26
작은 수	19	18	17	16	15	14
곱	399	396	391	384	375	364

답) 24

6

친구 수(명)	2	3	4	5	6	7
놀이(번)	1	2	3	4	5	6

답) 5번

7

탁자 수(개)	1	2	3	4	5	6	7
인원 수(명)	10	16	22	28	34	40	46

답) 46명

8 • 1 ~ 69까지: 7번

• 70 ~ 79까지: 11번

• 80 ~ 100까지: 2번

답) 20번

308

9 $1^2 \rightarrow 2^2 \rightarrow 3^2 \rightarrow 4^2 \cdots 6^2$

$1 \times 1 \rightarrow 2 \times 2 \rightarrow 3 \times 3 \rightarrow 4 \times 4 \cdots 6 \times 6$

정답) 36개

10 $2 \rightarrow 4 \rightarrow 8 \rightarrow 16 \rightarrow 32$

정답) 32조각

11

카드 수	3	4	5	…	35
테이프 수	5	6	7	…	37

답) 37도막

309

12 2점 (1,1)

3점 (1, 2), (2, 1),

4점 (1, 3), (2, 2), (3, 1)

5점 (1, 4), (2, 3), (3, 2), (4, 1)

6점 (2, 4), (3, 3), (4, 2),

7점 (3, 4), (4, 3),

8점 (4, 4)

점수의 합의 가짓수는 [7가지]

나올 수 있는 점수의 총 가짓수는 16가지

13

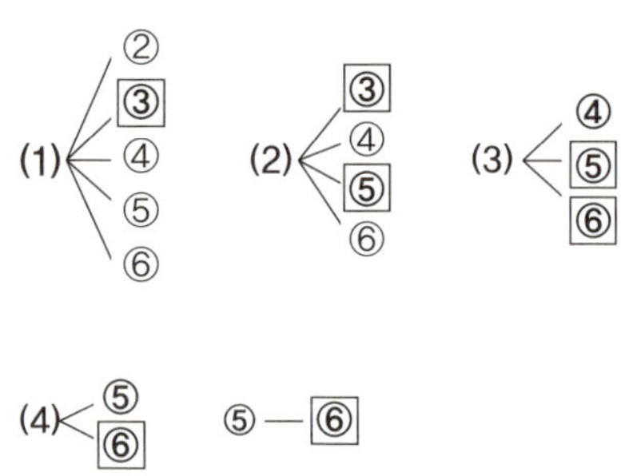

{ 수학 자기주도학습 지도 전략 }

부 록

부록

2013년 교과과정 개편 안내

2013년 3월부터 초 · 중 · 고등학교의 수학 교과서가 '스토리텔링' 형으로 바뀐다고 한다. 수학 교과서에서 단순암기형이나 중복되는 내용을 없애고 학생들이 수업 중 스스로 이해하고 생각할 수 있는 시간을 주기 위해 총 학습량을 20%가량 줄이기로 했다고 한다. 2007년 개정 교육과정부터 사용해 온 수학익힘책을 없앴지만, 일부 교과서는 뒷부분에 부록 형태의 단원별 문제를 추가로 제공하여 익힘책 역할을 대신하도록 한다. 세부 내용은 다음과 같다.

개정 방향

- 수학적 창의성 및 과정의 강조(사고력과 창의성 중시)
- 교과 내용양의 20% 경감
- 1~2, 3~4, 5~6의 세 개 학년군으로 구분
- 7차 교육과정의 5개 영역 중 '규칙성과 문제 해결'에서 '문제 해결'은 각 영역의 활용으로 흡수하고 '규칙성'이라는 영역으로 변경

삭제 내용

- 방정식(초 6-2학기에서 다시 중학교로 이동-2013년)
- 네 자릿수의 덧셈과 뺄셈
- 선대칭의 위치, 점대칭의 위치에 있는 도형

- 각뿔의 전개도
- 회전체
- 쌓기 나무를 활용한 규칙 찾기
- 여러 가지 물체를 위, 앞, 옆에서 본 모양
- 1㎤와 1㎥의 단위 환산
- 부피와 들이 사이의 관계
- 곱셈표 활용
- 할, 푼, 리
- 연비
- 줄기와 잎 그림 중등으로 이동

1 학년별 '수와 연산' 단원

	1학년	2학년	3학년	4학년	5학년	6학년
1학기	1. 5까지의 수 2. 9까지의 수 4. 더하기와 빼기 6. 50까지의 수	1. 세 자릿수 2. 덧셈과 뺄셈 (1) 4. 덧셈과 뺄셈 (2) 8. 곱셈	1. 10000까지의 수 2. 덧셈과 뺄셈 4. 나눗셈 6. 곱셈 7. 분수	1. 다섯자리 이상의 수 2. 곱셈과 나눗셈 5. 혼합계산 6. 분수 7. 소수	1. 배수와 약수 3. 약분과 통분 5. 분수의 덧셈과 뺄셈 7. 분수의 곱셈	1. 분수와 소수 1. 분수의 나눗셈 3. 소수의 나눗셈 5. 분수와 소수의 계산
2학기	1. 100까지의 수 3. 10을 가르기와 모으기 4. 덧셈과 뺄셈 (1) 6. 덧셈과 뺄셈 (2)	1. 곱셈구구 2. 덧셈과 뺄셈 (1) 4. 덧셈과 뺄셈 (2) 5. 분수	1. 세자릿수의 덧셈과 뺄셈 2. 곱셈 4. 나눗셈 6. 소수	1. 분수의 덧셈과 뺄셈 2. 소수의 덧셈과 뺄셈	1. 소수의 곱셈 2. 분수의 나눗셈 4. 소수의 나눗셈	

2013년에는 1~2학년 세 자릿수와 네 자릿수를 동시 지도함으로써 연계성을 강화하고, 두 자릿수의 덧셈과 뺄셈을 통합하여 지도함으로써 차시를 감축하며 2학년에 짝수, 홀수를 도입한다.

초등 저학년이 어렵다고 느끼는 세 자릿수의 덧셈, 뺄셈 내용이 3~4학년 교육과정에 포함 변경되고, 스토리텔링이 접목된 이야기 수학 형태로 크게 바뀌게 되며, 3~4학년 네 자릿수의 덧셈과 뺄셈을 삭제하고 자연수의 혼합 계산을 간단한 계산으로 제한하여 학습량을 감축시키고, 여러 가지 분수에서 연속량(길이, 넓이 등)과 이산량(조각, 갯수 등)의 같은 크기의 나눔(등분함)을 통한 분수의 이해를 통합하여 지도하도록 개정된다. 5~6학년에서는 분수와 소수의 사칙연산, 분수를 소수로 고치기 등 간단한 계산을 다루고 복잡한 계산은 계산기를 활용하도록 하고 간단한 계산으로 학습량을 감축하도록 개정된다.

그동안 초등학교 수학 내용이 어려웠다는 지적에 따라 내용 자체도 이전보다 쉽게 개정된다.

2 학년별 '도형' 단원

	1학년	2학년	3학년	4학년	5학년	6학년
1학기	3. 여러 가지 모양	3. 여러 가지 모양	3. 평면도형 5. 평면도형의 이동	4. 삼각형	4. 직육면체	2. 각기둥과 각뿔 4. 쌓기 나무
2학기	2. 여러 가지 모양		3. 원	3. 수직과 평행 4. 사각형과 다각형 5. 평면도형의 둘레와 넓이	3. 도형의 합동 5. 도형의 대칭	2. 입체 도형 4. 원과 원기둥

2013년에는 2학년 선분과 직선을 3~4학년군으로 이동하고 수학적 정의가 아닌 직관적 분류를 통해 평면도형을 이해하고 오각형, 육각형을 함께 학습한다.

2학년의 선분, 직선을 상향 이동하고 반직선의 도입, 각, 직각, 예각, 둔각 통합 지도, 수직과 평행을 통합 지도한다. 현행 3학년 8단원의 무늬 꾸미기를 통합하고, 4학년의 삼각형, 사각형을 통합적으로 다루고 사각형의 포함 관계를 다루지 않는다.

5학년의 선대칭, 점대칭의 위치에 있는 도형을 삭제하고 6학년의 각뿔의 전개도는 다루지 않게 된다. 회전체, 쌓기 나무를 활용한 규칙 찾기와 여러 가지 물체를 위, 앞, 옆에서 본 모양을 삭제하고 쌓기 나무 수준으로 국한시킨다.

3 학년별 '측정' 단원

	1학년	2학년	3학년	4학년	5학년	6학년
1학기	5. 비교하기 5. 시계	5. 길이 재기 7. 시간 알아보기	5. 들이와 무게 8. 길이와 시간	3. 각도	6. 평면도형의 둘레와 넓이	3. 수의 범위 5. 겉넓이와 부피
2학기		3. 길이 재기		5. 평면도형의 둘레와 넓이 6. 수의 범위와 어림	6. 넓이와 무게	4. 원과 원기둥

2013년 개정 교육과정에서는 '몇 시' '몇 시 30분' '몇 시 몇 분'을 통합하고 시각에 대한 정의는 엄밀하게 하지 않는다. 2학년의 길이의 덧셈과 뺄셈은 3~4학년군에서 통합한다.

시간의 덧셈과 뺄셈은 상황을 통한 이해, 단순 계산은 약화시키고 길이, 들이, 무게의 덧셈과 뺄셈을 약화시키고, 둘레를 재어 보는 측정 활동을 강조하고 현행 5학년의 1㎡와 ㎠를 통합, 직육면체와 원기둥 통합, 1㎤와 1㎥ 단위 환산 삭제, 부피와 들이 사이의 관계가 삭제되며, 7차 교육과정의 어림하기, 수의 범위가 현행 교과과정에 추가된다.

4 학년별 '확률과 통계' 단원

	1학년	2학년	3학년	4학년	5학년	6학년
1학기	3. 여러 가지 모양					8. 비율 그래프
2학기		6. 표와 그래프	7. 자료 정리	7. 꺾은선그래프	7. 자료의 표현	6. 경우의 수

3~4학년의 그래프 그리는 순서를 강조하지 않고 가능성(확률)은 0, $\frac{1}{2}$, $\frac{1}{4}$, $\frac{3}{4}$, 1 정도로 표현하며 줄기와 잎 그림을 중등으로 이동하며 비율그래프에서 공학적 도구(엑셀, GPS) 활용을 삽입한다.

5 학년별 '규칙성과 함수' 단원

	1학년	2학년	3학년	4학년	5학년	6학년
1학기	6. 50까지의 수	1. 세 자릿수		8. 규칙 찾기	2. 무늬 만들기	6. 비와 비율 7. 비례식
2학기	1. 100까지의수	1. 곱셈 구구	3. 원	7. 꺾은선그래프	3. 도형의 합동 5. 도형의 대칭	7. 연비

1~2학년 규칙 찾기 관련 내용을 통합하고 축소시키며 곱셈표 활용을 삭제한다.

3~4학년의 문제 해결 방법 중 규칙 찾기 전략을 활용하고 규칙적인 무늬 만들기는 평면도형의 이동으로 통합 이동하며, 규칙과 대응의 문제 해결 방법 중 표 만들기 전략을 활용하며, 5~6학년의 합 · 푼 · 리, 방정식, 연비를 삭제한다.

저자 소개

전도근 공주대학교 일반사회교육과를 졸업하고, 경희대학교 교육대학원에서 교육공학을 공부하였으며, 홍익대학교에서 평생교육정책으로 박사학위를 받았다. 의정부고등학교와 의정부여자고등학교, 하수고등학교에서 16년간 교사로 학생들을 지도하였고, 2년간 경기도 교육청에서 경기지역 평생교육정보센터를 운영하였으며, 강남대학교에서 5년간 강의하였다. 지금까지 교육, 컴퓨터, 요리, 자동차, 서비스 등과 관련된 50개의 자격증을 취득하였으며, 각 대학교, 지자체, 교육청, 평생교육원, 국가전문행정연수원 및 각종 기업체 연수원 등에서 3,000여 회 이상 특강을 하였다. 제1회 평생학습대상 특별상을 수상하였으며, SBS「순간포착 세상에 이런일이」, KBS「한국 톱텐」 등에 소개되었다. 지금까지 『엄마는 나의 코치』『공부하는 부모가 공부 잘하는 자녀를 만든다』『생산적 코칭 명강사를 위한 명강의 전략』『자기주도적 공부습관을 길러주는 학습코칭』 등 150여 권의 저서를 집필하였다.

도기섭 공주대학교 수학교육과를 졸업하고, 동 교육대학원에서 석사과정으로 수학교육을 전공하였다. 평택여자중학교, 안성중학교, 평택여자고등학고, 평택고등학교에서 교사로 학생을 지도하였으며, 현재에는 청북중학교에서 수학교사로 근무하고 있다.

주요 경력은 안성교육청 퍼스널 컴퓨터 경진대회 평가위원 및 컴퓨터 일반연수강사, 경기도 중 · 고등학교 수학과 교과교육연구회 연구위원, 공주대학교 중등학교 수학분야 지능형 사이버 학습 프로그램 개발 연구위원, 경기도 교육청 중 · 고등학생 수학 · 과학 경시대회 수학분야 평가위원, 경기도 교육청 주관 전국학업성취도평가 고등학교 수리영역 출제위원, 2004년 중등교사 임용시험 채점위원, 고입자격 · 고졸학력 검정고시 출제위원, 경기도 교육청 교수–학습지원센터 자료개발 및 심의 위원으로 활동하였다.

김경애 제주국제대학교, 제주대학교 대학원을 졸업하였다. 한우리독서논술문화원 원장을 역임하였으며, 현재 한국 수학자기주도학습코치협회 전문연구원으로서 제주지부장으로 일하고 있다. 평생교육실천포럼의 제주지부장이며, 한국라이프코치연합회 전문코치를 수행하고 있다. 평생교육사, 수학 자기주도 학습지도사, 학습캠프 전문가, 학습코치 자격증을 취득하였다.

김영아 경북대학교 일반대학원 간호학 석사학위를 취득하였고, 가톨릭상지대학 연구원으로 근무하였으며, 가톨릭상지대학, 포항선진대학에서 강의를 하였다. 수학에 대한 관심이 높아 중등수학지도사, 초등수학지도사, 아동수학지도사, 학습코치, 자기주도학습지도사 자격증을 취득한 후 각급 평생교육원에서 수학자기주도학습 지도사 강의를 하였다.

김윤선 건국대학교를 졸업하고 자기주도학습에 관심이 많아서 하자교육연구소에서 학습코치 자격증과 학습캠프 전문가 자격증을 취득하였고 학습코칭을 다년간 지도하여 학생들의 학습능력 향상을 체험한 결과를 바탕으로 수학자기주도학습 지도방법을 만들었다. 현재 수학자기주도학습코치협회장으로서 평생교육실천포럼의 자문위원 및 한국자기주도학습 코치협회 전문연구원으로 있으며 전국에서 학부형들과 학생들을 위해서 수학자기주도 학습방법에 대한 강의를 하고 있다.

수학 자기주도학습 지도 전략

※ 초등학교 편 ※

2013년 4월 10일 1판 1쇄 인쇄
2013년 4월 15일 1판 1쇄 발행

지은이 | 전도근 · 도기섭 · 김경애 · 김영아 · 김윤선
펴낸이 | 김진환
펴낸곳 | (주)학지사
121-837 서울특별시 마포구 서교동 352-29 마인드월드빌딩 5층
대표전화 • 02)330-5114 팩스 • 02)324-2345
등 록 | 2006년 11월 13일 제313-2006-000238호

홈페이지 | http://www.hakjisa.co.kr
커뮤니티 | http://cafe.naver.com/hakjisa

ISBN 978-89-997-0058-3 03370

정가 16,000 원